U0361446

1 "Y 路径" 演化模型

"Y 路径" 演化模型将数字化产品的演化路径结构化，用来帮助传统企业确定数字化转型业务的大方向，回答在现阶段该做什么，不该做什么。详细解读见 1.1 节。

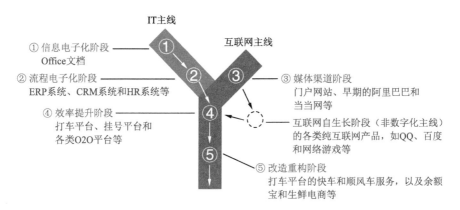

2 数字化恐怖谷效应

数字化恐怖谷效应用来描述传统企业在数字化转型过程中经常走的典型弯路，帮助企业"避坑"。详细解读见 2.2.3 小节。

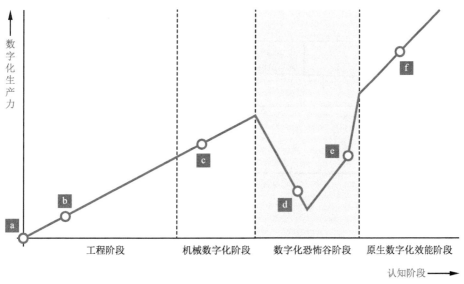

3 优势－变量推演框架

优势－变量推演框架用来论证产品创新的可能性并寻找突破口。详细解读见 2.3 节。

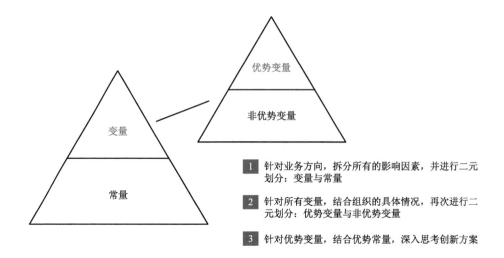

1　针对业务方向，拆分所有的影响因素，并进行二元划分：变量与常量

2　针对所有变量，结合组织的具体情况，再次进行二元划分：优势变量与非优势变量

3　针对优势变量，结合优势常量，深入思考创新方案

4 用户场景画布

用户场景画布应用场景思维思考产品策划方案的具体方法。详细解读见 3.2.3 小节。

谁 Who	在怎样的条件下 with What	有什么需求 Need or Want
会用什么方式满足需求 How to		
当前方式有什么问题 Problem		
我们可以为他做什么 How Might We		

5 价值－体验金字塔

价值－体验金字塔用来平衡用户价值与用户体验之间的关系，以便在不同的市场环境中找到适合的策略。详细解读见 3.4.2 小节。

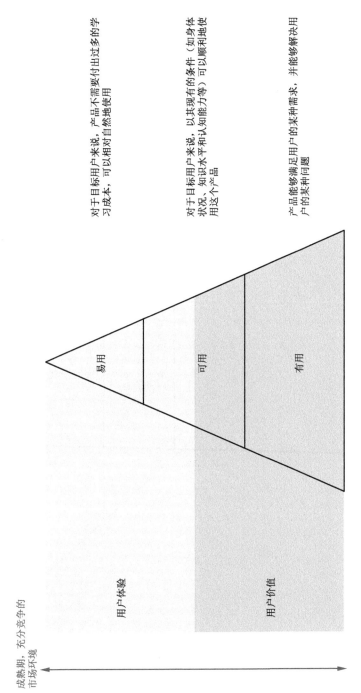

易用

对于目标用户来说，产品不需要付出过多的学习成本，可以相对自然地使用

可用

对于目标用户来说，以其现有的条件（如身体状况、知识水平和认知能力等）可以顺利地使用这个产品

有用

产品能够满足用户的某种需求，并能够解决用户的某种问题

用户体验

成熟期，充分竞争的市场环境

用户价值

早期，非充分竞争的市场环境

6 数字化思维金字塔

数字化思维金字塔用来从整体视角全方位概括数字化产品策划的原则和方法论（并非适用于所有业务）。详细解读见3.7 节。

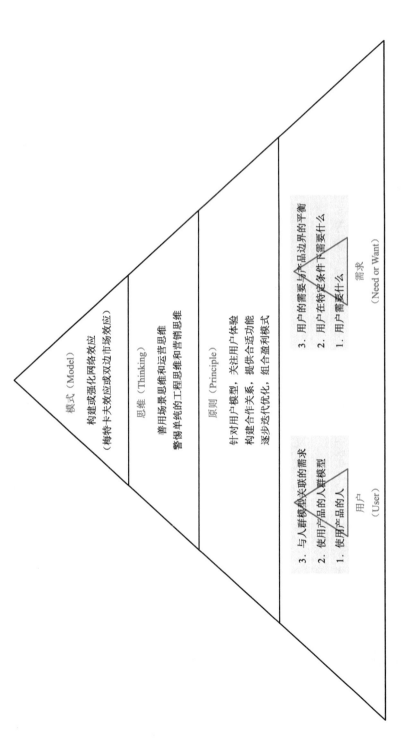

模式（Model）

构建或强化网络效应
（梅特卡夫效应或双边市场效应）

思维（Thinking）

善用场景思维和运营思维
警惕单纯的工程思维和营销思维

原则（Principle）

针对用户模型，关注用户体验
构建合作关系，提供适合功能
逐步迭代优化，组合盈利模式

3. 与人群模型关联的需求
2. 使用产品的人群模型
1. 使用产品的人

用户
（User）

3. 用户的需要与产品边界的平衡
2. 用户在特定条件下需要什么
1. 用户需要什么

需求
（Need or Want）

数字化

THE DIGITAL
THINKING

思 维

传统企业数字化转型指南

刘涵宇 / 著

机械工业出版社

China Machine Press

图书在版编目（CIP）数据

数字化思维：传统企业数字化转型指南 / 刘涵宇著. —北京：机械工业出版社，2021.12
（2023.1 重印）

ISBN 978-7-111-69859-3

Ⅰ.①数… Ⅱ.①刘… Ⅲ.①数字技术－应用－企业管理 Ⅳ.①F272.7

中国版本图书馆 CIP 数据核字（2021）第 270959 号

数字化思维：传统企业数字化转型指南

出版发行：机械工业出版社（北京市西城区百万庄大街 22 号　邮政编码：100037）

责任编辑：刘立卿　　　　　　　　　　　　责任校对：姚志娟

印　　刷：北京建宏印刷有限公司　　　　　版　　次：2023 年 1 月第 1 版第 2 次印刷

开　　本：170mm×230mm 1/16　　　　　印　　张：15　　插　　页：2

书　　号：ISBN 978-7-111-69859-3　　　　定　　价：89.80 元

客服电话：（010）88361066　68326294

版权所有·侵权必究

封底无防伪标均为盗版

在这个颠覆性很强的数字时代，管理和组织往往会遇到巨大的挑战。大部分企业管理者并不了解数字化对企业的深层次影响，以及如何通过数据技术驱动组织绩效的提升。涵宇的这部《数字化思维》强调思维、方法论和业务层面的转型与重构，而不仅是 IT 技术层面的分享，能为企业管理者全面思考数字化战略提供一个独特的参考视角。

——永辉创始人　张轩宁

我在腾讯从事智慧零售的工作时，接触了众多零售业头部企业的领军人物。数字化转型几乎是每个人都关注的话题。前些年，我们对这个话题的认识还没有那么深刻，甚至以为只要上一套 IT 系统就能实现数字化转型。现在我们知道，这是一个系统性的工程，涉及 IT 系统的变革、工作方式的变革、经营理念的变革、组织的变革及文化的变革。涵宇的这部《数字化思维》成书恰逢其时，它不仅揭示数字化转型的系统化进程，而且通过众多的真实案例，充分比较最难的部分：理念的差异。相信阅读完本书，读者能够真切地体会到这种差异，并由此知道自己身处哪里，要到哪里去，这就非常有价值了。

——前腾讯产品专家　刘军育

我有幸和涵宇一起创业，合作的 3 年时间中涵宇的一个能力让我最为佩服：那就是把复杂的概念用常人都能听得懂的语言简单清晰地讲述出来，也就是"说人话"。每当我苦于和传统行业的"大佬"无法沟通新的互联网思路和逻辑时，涵宇都可以轻而易举地化解难题。我非常高兴地看到涵宇愿意花时间将数字化转型的这套方法论系统地整理成书。可以说，这是一部可以一口气读完的书，也是一部非常值得读者反复精读的书，书中讲述的很多概念和案例都是我们在工作中碰到的。希望更多正在和传统行业打交道的互联网行业从业者看到本书，也衷心地希望每一位读者都可以从本书中获得帮助。

——何不食品牌联合创始人 / 前腾讯智慧零售总监 /

前贝恩咨询资深咨询顾问　张鹏

近年来数字化转型的概念非常流行，但市面上相关的指导书籍却寥寥无几。本书从理论出发，解读数字化转型的演进历史，构建数字化思维的战略框架，拆解数字化产品的核心要素，给大家呈现一个完整的理论体系。作者通过对自己亲身经历的几个数字化转型项目的复盘，从正反两方面验证理论的完整性和可行性。希望本书能给处在转型迷津中的技术管理者带来一个行之有效的方向性指导。

——京东云技术总监　刘启荣

我与涵宇本科同期毕业，毕业后恰逢移动互联网时代的技术变革和产业变革，并且有幸在这十几年里始终激荡在浪潮之巅，得以窥见信息化、智能化和数字化这一系列演化的全貌。在涵宇酝酿此书的前期，我和他亦有几次较为深入的交流与探讨。当前有很多传统企业对数字化转型这件事趋之若鹜但又无从下手，本书对这些企业应该有很好的启发和指导作用。"Y 路径"演化模型形象地剖析 IT、互联网和数字化转型，从概念的定义到转型方法论的解析，面面俱到。不论是传统企业还是非传统企业，在实施数字化转型的时候，不能简单"抄作业"，只追求"形"似，更要领会它的"神"，从意识层面改变对这件事的认知，从战略高度和思维层面构建顶层设计，这样才能最大限度地少走弯路，让数字化转型赋能企业稳健、高效地持续发展。

——启航教育助理总裁 /CTO　陈龙

近些年，随着互联网全面进入下半场，越来越多的企业开始专注于数字化，也在积极寻求数字化转型，希望通过组织变革与创新实现新一轮的增长与升级。可是所谓的"转型",正如当年很多人提及的区块链一样,仅仅是一个名词,或者只是一个概念而已。数字化转型的关键是变革者的数字化思维,只有充分认知和了解组织数字化的底层逻辑与思维方式,才能探索如何从数据化到数字化,以及未来的数智化。涵宇老师作为互联网大厂的资深数字化解决方案专家,恰恰是从最底层的数字化思维与逻辑讲起,帮助组织的领导者与落地执行者在不同维度上进行认知,掌握相关的方法论,从而推动落地。打破界限,即是增长。数字化转型,从思维起步。

——互联网思维效能专家 / 前腾讯集团人才发展总监 /
前壳牌、伊朗国家石油公司人力资源负责人 　袁野

为什么你请了优秀的 CTO，却做不好数字化转型

最初，我并不喜欢"数字化转型"这个词，因为作为一个互联网行业的从业者，我觉得这个词从字面上看实在没有什么新意。

这些年来，类似的概念层出不穷，从"无纸化"到"信息化"，再到成为国家战略的"互联网＋"，以及各行各业为了应对互联网公司的渗透而提出的"＋互联网"，然后是互联网公司战略升级所提出的"产业互联网"，再到近几年开始流行的"数字化转型"。几年换一次的新概念，实在是让人眼花缭乱。

今年是我在互联网行业从业的第 12 个年头，可以说我几乎完整地经历了中国互联网最高速发展的时期。最近 6 年来，我一直从事与产业互联网相关的工作，即研究互联网与传统行业融合的可能性，并且有两年的创业实践。同时，我对外讲授过近百场与互联网思维、产品策划及创新相关的内训课程，授课学员不低于万人，他们中大部分是传统企业的中层或高层管理人员。

在这个过程中我发现了一个明显的问题，大多数人对于前面提到的这些概念的理解都只停留在技术层面。他们认为这些概念只涉及技术手段，因此当他们决定拥抱互联网的时候，往往会高薪聘请一位技术专家加盟公司，给予他 CTO（首席技术官）或者技术总监的职位，或单独的部门经理的职位，然后以此为核心组建并优化开发团队。然而，随着团队越来越大，线上业务越来越多，问题也开始逐渐出现。最常见的问题是技术团队做了很多工程层面的开发工作，但是做出来

的产品并没有多少人用，对公司整体的市场竞争力也无明显的提升。这使得老板们很苦恼。

在我看来，这是一个很容易解释的问题。仅仅将互联网看作技术能力是不可能做好相关业务的。技术能力只是互联网的底层属性，在此之上，互联网至少还有两层属性，分别是应用属性和思维属性。近些年来，真正借鉴互联网思维而获得巨大成功的现象级公司，大多数都是基于技术能力，重点在应用层和思维层进行创新、迭代和重构，然后将其综合运用而发展壮大的。在我看来，各打车平台、余额宝、贝壳找房、喜茶和超级猩猩等均是如此。

因此，在我的课程中，一直希望传达给学员的核心观点是不要只看技术层面，特别是对于企业的中高层管理人员来说，更要重视应用层和思维层。也就是说，只有 CTO 是做不好互联网产品的。

后来，我无意中看到了《清华管理评论》杂志上的一篇文章，其对"数字化转型"概念的解释让我眼前一亮。在这篇文章中，作者着重强调当前"数字化转型"与之前的各类概念相比，最大的不同是要以构建一种新的商业模式为目标，并且特别提到数字化转型不仅涉及 IT，而要对方方面面进行重新定义。这与我之前的观点不谋而合。后来我深入地查询了不少资料，试图弄清楚从 2020 年开始流行的这个叫作"数字化转型"的新概念的具体定义。我发现一部分描述真的与以往的类似概念很不一样，它们突破了技术和业务层面，更多地关注模式和思维。

我特别认同上述文章对数字化转型的解释，它并不是在以往的类似概念上"炒冷饭"，而是代表了一种新的认知。我认为上述数字化转型的定义基本上等同于我所理解的"产业互联网"，只是视角不同。于是，我决定写一本书，将我最近几年做产品、内训、咨询以及在创业过程中总结的经验进行梳理，给正在面临数字化转型难题的企业提供一个思考问题的框架性参考。

与其他同类书籍相比，本书最大的特色是最大限度地弱化技术层面的问题，更多地聚焦思维、方法论与业务方案，在案例层面更倾向于讲求层次、逻辑和洞察，而不是泛泛而谈。但并不是说技术不重要，相反，技术能力是转型的基础。然而当下各行各业在数字化转型过程中的最大问题恰恰是"做得太多，想得太少"，也就是过于"工程化"。只有从思维层面重构自身认知，然后推导业务逻辑，最后再落实到技术实现上，才有可能真正做好数字化转型。

本书的目标读者是传统企业的中高层管理人员，同时兼顾有互联网背景且有丰富经验的专业人员，另外还有咨询公司的项目经理等。我写作本书的目的是描绘一个数字化转型的大体框架，引发读者的思考，从而推动读者着手把相应的工作做起来。

需要强调的是，书中介绍的框架只是我个人的理解。这意味着：一方面它的有效性会受到我自身认知的局限、不断变化的市场以及新技术和新模式的出现等诸多因素的影响；另一方面，框架并不是"公式"，因此没办法直接套用在具体问题上。这意味着读者需要客观地看待书中的内容，一定要在理解其核心逻辑的前提下，再结合自身的具体情况做出综合判断和决策。

读者在阅读本书的过程中有任何问题和感想，或者希望对本书内容进行斧正，可以关注我的微信公众号"产品经理刘涵宇"（uxcafe）进行交流。

最后，祝各位读者用好数字化思维，形成数字化能力，在自己的领域创造更大的价值。

刘涵宇 Harry Liu

2021 年 7 月于深圳

| 目录 |

概念
和约定

在本书中，你会遇到很多概念，这些概念在不同读者的意识里往往有着不尽一致的含义。这种不一致并不是错误，可以看作一种多样性，但是为了更加准确地表述，我们还是要先明确一些常见概念在本书中所代表的含义。同时，对于一些有可能引发误解的内容以及一些表述习惯，我们也要先做一个约定，这样有利于你的阅读。

IT/IT 行业

理论上，IT 是一切信息技术的统称，互联网应该是 IT 的一部分。但是在当前大多数互联网公司的日常语境下，"互联网"是一个独立于 IT 的行业。"IT 行业"一般指硬件制造和传统的软件开发行业，商业模式类似于制造业，它们主要售卖的是产品本身；而"互联网行业"则被定义为以线上方式为用户提供服务的公司所组成的群体，它们售卖的主要是服务。举例来说：联想是一家典型的 IT 公司，它的主要产品是台式计算机、笔记本电脑等硬件设备；而腾讯是一家典型的互联网公司，它的主要产品是互联网上的各类服务，如微信。本书会将 IT 和互联网作为两个独立的行业来看待。

传统行业

本书的写作视角基于一个互联网行业的从业者，因此在本书中，传统行业指除互联网行业之外的其他行业，包括 IT 行业。需要强调的是，传统行业是一个中性词，"传统"既不意味着权威，也不意味着落后；同样，"创新"也并不意味着成功或先进。

产品

虽然互联网公司售卖的主要是服务，但是在互联网公司，大家习惯称自己创造出的东西为"产品"，而称负责产品策划和协调研发的人员为"产品经理"。因此在本书中，诸如实体形式的计算机和手机等，以及虚拟形式的微信和支付宝等，都被称为"产品"。

电子化

电子化一般指将原来在现实世界中所做的某些工作转移到计算机等设备和网络中，它可以看作"数字化"的子集，是全面数字化的基础。但实际上，由于数字化的概念在当下并未被完全定义清楚，所以电子化是书中有些地方为了避免混淆而更改的一种表述方式。例如，在第 1 章提到的数字化"Y 路径"演化模型中，第一个阶段叫作"信息电子化阶段"，其实理论上称作"信息数字化阶段"也是可以的，但是这样就会显得这个阶段与整体之间缺失了某种从属关系。

数字化与互联网

笔者认为，数字化的概念包含互联网，互联网公司及其方法、思维和模式是数字化体系中的标杆。因此在具体叙述过程中会提到"数字化如何如何"，以及"在互联网公司如何如何"，这两者之间并无冲突，总体上都是在谈论"数字化"这个大的概念。

数字化转型与产业互联网

依照本书选定的数字化转型的定义，同时依照笔者在本书第 1 章中提到的数字化"Y 路径"演化模型的观点来看，在当下"数字化转型"基本等同于"产业互联网"。二者的最大区别在于视角不同，前者更多的是传统行业的视角，而后者则是互联网视角。在本书的表述中可能会根据具体语境中的视角混用这两个名词，读者可以将二者视为同义词。

产品与服务

理论上讲，产品是指提供服务的主体。例如，洗衣机是一个产品，它可以为用户提供洗衣服的服务。但是对于很多数字化产品来说，其产品部分并非实体，因此我们在讨论数字化产品时，产品和服务之间的界限就相应变得模糊了。在本书的具体表述中，很多时候字面上说的是产品，但实际讲的是它提供的服务。例如，书中提到"支付宝和微信支付这类非现金方式已经成为日常付款和收款的主流方式"，在该语境中，讲的并不是支付宝和微信 App 本身，而是它们的服务属性。

用户、客户与顾客

在互联网公司中，用户一般是指用产品的人，强调"使用"这个客观行为，不论他们是否付费，同时也泛指 2C 产品的使用者；客户则是指付钱的人，同时也泛指 2B 产品的使用者；而顾客则是服务业常用的表述方式，用来代指其服务的对象。

对于传统行业来说，它们的用户大多数是先付费后使用，理论上一个用户只要可以使用其产品或服务，就一定是付过费的，因此在传统行业中一般称这些人为"客户"。因为互联网产品经常是先免费使用，再付费转化，所以在互联网公司中习惯称这群人为"用户"。在本书中，笔者认为用户、客户和顾客是近义词，都是指我们的产品或服务所作用的人（对于互联网来说还有更深的解读，比如人群模型），但是在不同的语境中会使用不同的表述。例如，在描述一个餐厅的线下业务时，笔者使用的是"顾客"，而在描述一般的互联网产品时使用的是"用户"。

另外，本书提到的很多专有名词中可能含有"用户"二字，如用户场景和用户体验等。由于是专有名词，所以当"用户"二字作为一个元素组成另外一个词的时候，一般不会根据不同的语境进行替换，因此并不会出现客户体验或者顾客体验之类的说法。

2B

2B 是 To Business 的缩写，意为"面向商业／企业"，强调服务的主体是"机构"。它可以作为元素构成其他词汇，如"2B 产品"，其含义为"面向商业／企业的产品"，企业微信、百度推广和财务软件等都是 2B 产品。

2C

2C 是 To Customer 的缩写，意为"面向用户"，强调服务的主体是"个体"。同样，它可以作为元素构成其他词汇，如"2C 产品"，其含义为"面向终端用户的产品"，如微信、爱奇艺和摩拜单车等都是 2C 产品。另外，虽然 Customer 直译成中文应该是"顾客或客户"的意思，而 User 才是"用户"，但在互联网公司的一般语境中，2C 的 C 并不区分用户、客户或顾客，可统一理解为"面向用户"。

公司与企业

公司与企业在本书中被看作同义词，只是有时候用"公司"听起来更顺耳，如"互联网公司"，而有时候用"企业"则显得更自然，如"传统企业"。

> **说明：**本书提到的所有真实案例及对其进行的分析，均只代表笔者自己的观点，而与笔者当时任职公司的观点无关。

第 1 章
认知：数字化的前世今生

1.1 数字化的"Y 路径"演化

在人类历史上发生过很多次重要的社会变革，其中有为数不少的一部分是由于生产力要素的变革而产生的。蒸汽机的发明推动了工业革命，极大地提高了生产效率；铁路的铺设让人们可以快速到达远方，将不同的区域和资源更加紧密地联系在一起；而电力的广泛应用，则从底层改变了人们的工作和生活方式。

从 20 世纪中叶起至 21 世纪初，先后出现了三次重要的生产力要素变革，分别是计算机、互联网及移动互联网。这三者很特别，与以往的变革不太一样。首先，计算机、互联网和移动互联网三者有很明显的承接性：计算机的发明开启了数字化进程，互联网的应用让数据广泛地流动起来，而移动互联网的出现，则将人和数据绑定在一起，使其合二为一，创造了更多前所未有的数字化场景。其次，这三者表面上看起来是生产力要素，但实际上，特别是在中国，其更深层次的意义是聚集了一批人，并产生了一套思维方式。可以将优秀的互联网公司看作数字化的标杆，所谓的"互联网思维"（其实互联网行业对这个概念并无共识）在过去 10 年间创造了很多奇迹，也在大力推动着社会发展。

在本书中，我们把从计算机硬件和软件到互联网，再到移动互联网，以及未来可能引发新革命的 AI（人工智能）等都纳入数字化的讨论范畴。只是计算机硬件和软件所代表的时代已经成为历史，我们不做重点讨论，而互联网、移动互联网和 AI 等要素，则是我们当下应该重点关注的。

如果去搜索"数字化转型"这个关键词，会看到各类不同的定义和描述。笔者倾向于百度百科中的描述，这些描述内容主要来自《清华管理评论》杂志上的一篇文章，具体是这样的：

数字化转型（Digital Transformation）是建立在数字化转换（Digitization）、数字化升级（Digitalization）基础上，进一步触及公司核心业务，以新建一种商业模式为目标的高层次的转型。数字化转型是开发数字化技术及支持能力，以新建一个富有活力的数字化商业模式。

只有企业对其业务进行系统性的、彻底的（或重大和完全的）重新定义——不仅仅是 IT，而是对组织活动、流程、业务模式和员工能力的方方面面进行重新定义的时候，数字化转型才会成功。

上面这段对于数字化转型的描述，与以往诸如无纸化、信息化、"互联网 +"和"+ 互联网"等类似概念很不一样。**它着重强调的是要"新建一种商业模式"，并且"不仅仅是 IT，而是对方方面面进行重新定义"。**

当下，各行各业对数字化的理解大多还停留在技术层面。笔者认为**数字化转型的核心并不在技术层面和实施环节，而是在实施之前的总体策划上**。这么说并不是认为技术不重要，相反，技术和实施环节非常重要。但是，如果在具体实施之前没有想好为什么做、做什么、怎么做以及做成什么样，那么落地的项目往往也不会有太好的效果。因此，想要做好数字化，应该从战略、思维和业务方案入手，而不是仅仅关注技术和工程。

在讨论具体的战略、思维、方法论和案例之前，我们首先来回顾一下历史，看看整个数字化的进程在中国是如何发展和演变的。

如果把时间线拉长，我们会发现在中国存在着两条不同的数字化演变线索。其中一条是由 IT 行业驱动，这条线的特点是以传统行业为主导，以 IT 技术为辅助，逐步将各行各业的数据和生产流程数字化；另一条则是由互联网行业引领，其特点是自身"野蛮"生长，持续创新并创造巨额财富，然后与 IT 这条线汇合，开始改造和颠覆传统行业。如今，在很大程度上互联网已经取代了原 IT 行业的位置，成为数字化发展的领导者，并持续探索和创造新产品与新模式。

如图 1-1 所示，从整体上来看，整个数字化在中国发展的路径呈现出字母"Y"的形状，因此笔者将其称为数字化"Y 路径"演化模型。该演化路径可以分为 5个阶段。

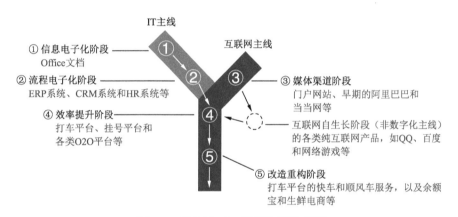

图 1-1　数字化"Y 路径"演化模型

1.1.1　阶段 1：信息电子化阶段

彼时，以计算机应用为代表的 IT 行业兴起，微软、英特尔和 IBM 这样的公司正如日中天。在 IT 行业之外，其他行业也开始慢慢地意识到，计算机可能是一种新的生产力。使用计算机办公，其好处是显而易见的，例如：

- 计算速度快，用来处理财务报表又快又准；
- 存入计算机的数据可以轻易地复制，避免了不少重复劳动；

- 可以快速对文件内容进行检索；
- 打字熟练后，文字输入速度明显快于手写。

在这个时期，现实世界中记载在纸上的信息开始逐步被输入计算机中，变成电子化数据。因此笔者将其看作数字化发展的第 1 个阶段，称为"信息电子化"阶段。在这个阶段，相应的硬件和软件相继被制造和开发出来，相关产业蓬勃发展。美国微软公司的 Office 系列软件，以及国产的 WPS 和 CCED 等优秀软件都是这个阶段的产物。如图 1-2 所示为 Word 软件在 Windows 系统上的第一个版本，可以看到，这个版本的功能非常简单。

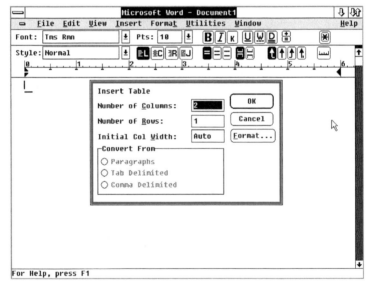

图 1-2　Microsoft Word 在 Windows 系统上的第一个版本

在信息电子化时代，存储在计算机中的信息往往是零散且单点分布的。例如，一家公司，其产品生产的相关信息，如原材料信息、供应商信息和技术文档等，可能存储在生产部的计算机中，而销售数据和订单数据等，可能存储在销售部的计算机中；同样，公司的员工档案和财务报表，则可能分别存储在行政部门和财务部门的计算机中。而在业务和流程层面，数字化能力往往是断档的状态。例如，公司会计算好了工资，依然需要打印出工资单来，随现金一起发放给员工；员工要办理一个业务，大概率也是先把单据打印出来，然后去不同的办公室签字和盖章。

另外，在那个年代想要实现信息的电子化，需付出较高的成本。除了设备采购和维护的成本外，最重要的其实是学习和适应的成本。要让很多从未接触过计算机的人转变原有的工作方式，借助计算机来完成工作，实在是一个很庞大且有挑战性的工程。特别是，那个年代的计算机的功能远远不如现在这般强大，因此有时候同样的工作借助计算机来完成并不比使用传统方式更顺畅。

在信息电子化阶段，一方面，计算机的应用在一定程度上提升了单点的工作效率，另一方面，整个组织的管理者和员工等都需要额外学习很多新技术来适应新的工作方式，从而在一定程度上显而易见地增加了成本，甚至导致效率降低。综合来看，这些数字化技术对具体企业的影响究竟是利大于弊还是弊大于利，其实并不好说。

发展一定伴随着阵痛。不论怎样，老牌的 IT 企业依然与当年的远见卓识者一同完成了整个社会范围内的数字化启蒙，为未来的发展奠定了坚实的基础。

1.1.2　阶段 2：流程电子化阶段

信息电子化过程发展到极致，便遇到了一类必然会遇到的问题，那就是各类信息只能散落在不同的计算机硬盘上，以一个个文件的形式存在，形成了最初的"信息孤岛"。随着存储的信息量越来越大，这种管理形式将面临检索和查阅效率等方面的挑战，更不用说把这些信息聚合在一起而产生更大的价值。

在这种情况下，数字化的发展就自然导向了第 2 个阶段，笔者称之为"流程电子化"阶段。这个时期典型的产品形态就是各类系统，如 ERP 系统、CRM 系统和人力资源管理系统等。这类"系统"软件的本质是把原有的工作流程搬到计算机上，并把流程中需要的数据集中存储。如果配合内部网络，其工作流程的流转范围会更广，流转效率会更高。因此流程电子化的意义在于，**将计算机和**

网络等技术的应用范围，由简单的存储、查阅和计算场景变成了真正的日常工作场景。一旦完成了流程电子化，也就具备了以数字化方式进行企业综合管理的基础。

国内比较著名的传统软件公司，如用友和金蝶等，都是这个时期的产物。如图 1-3 所示为金蝶公司开发的 KIS 软件界面。如果说在上一个时期各行各业对信息技术的看法还是"图个新鲜"的话，那么到了这个时期，大家真正发现了其驱动业务的可能性。

图 1-3　金蝶公司开发的 KIS 软件界面

然而，这个时期的演化思路也恰恰让 IT 行业开始走向下坡，让今日我们日常语境中的"互联网行业"从 IT 行业中被抽出。其原因在于流程电子化的思路仅仅是将已有的工作流程以外的方式承载而已，并没有太多针对工作方式的创新，更不用说对业务和商业模式的创新。另外，销售这类软件的公司大多数是"乙方"角色，以强销售为导向，这更加使得一些公司目光相对短浅，创新能力愈发不足，以至于最终错过了互联网的这一波机会。

1.1.3 阶段3：媒体渠道阶段

1995年，互联网在中国正式商业化。当年的情况是，在硬件层面互联网已然连通，但应用层一片空白。当时很多有识之士看到了这个机会，纷纷进入互联网行业开始创业。互联网在国内发展的最初几年几乎全部是以媒体的产品形态出现的，即做一个网站，上面放置很多信息，吸引用户来看。

在数字化"Y路径"演化模型中，笔者将互联网的发展，特别是与传统行业结合的部分看作数字化演进的另一条线索。然而，互联网这条线索的起始部分仅仅是从时间顺序上排在第3位，所以被命名为阶段3，即"媒体渠道"阶段。但在逻辑上并不完全是前两个阶段的延伸，具体原因如下：

第一，发展路径完全不同。互联网貌似从一开始就显得更加"主动"，一直试图去渗透和影响传统行业，其具体方法也从单纯的技术手段向"技术+思维+模式"的方向演进，最终，为数不少的行业被改造甚至被颠覆。而IT行业这条线，更多的是传统行业业务的附庸。

第二，操盘者背景完全不同。优秀的互联网公司，其创始人往往是当时的年轻人，如丁磊、李彦宏、马化腾、王兴等，他们大多在改革开放之后受过高等教育，拥有更加开放的思维。而在前两个阶段已经"风光无限"的公司中，元老级别的人物在互联网时代并无太多建树。

从这个阶段开始，笔者将配合更多的案例来解释相应阶段的产品形态和特征。

案例：门户网站

在2000年前后，互联网最重要的产品形态是门户网站。在鼎盛时期，国内有四大门户网站，分别是新浪、搜狐、网易和腾讯。

如图1-4所示是2004年前后四大门户网站的首页截图。从图中我们可以发现，**当时的门户网站其实就是各类信息的大集合，信息由网站或者其合作的传统媒体产生，在网络上单向地展现给用户，所有用户看到的信息是一样的**。本质上，这种方式与报纸和杂志并无区别。而且，当时的门户网站并没有新闻采编权，因此时事类的新闻内容只能靠转载其他媒体的新闻稿来实现，其内容的同质化非常严重。假如把图 1-4 中的每个网站首页左上角的 Logo 换一换，想必用户有可能也不会发现。

图 1-4　2004 年前后的四大门户网站首页

　　在这个时期，互联网对于其他行业来说本质上只是一个媒体或者信息渠道。其媒体属性主要体现在广告上，企业可以在新浪网等门户网站上做广告，就像在电视、报纸和杂志上刊登广告一样。而其渠道属性则主要体现在企业的"官方网站"这种形态上。所谓的官方网站，就是把一些与公司、产品和业务相关的介绍性内容放在网上，本质上与装一部电话是一样的——有了电话，客户就可以通过电话找到你的公司，与你洽谈生意；同样，有了网站，客户可以在网上找到你的公司，看到公司和业务的介绍。那么如何洽谈生意呢？还是要根据网站上的联系方式回到线下进行沟通。

案例：阿里巴巴 B2B 网站

互联网继续发展，很快到了 Web 2.0 时期，UGC 开始出现。UGC 是 User Generated Content 的首字母缩写，意为"用户产生内容"。在 Web 2.0 的鼎盛时期，互联网上越来越多的内容开始由普通用户自行产生，而非由专业网站或编辑产生。这个时期典型的互联网产品形态包括聊天室、论坛和个人主页等。

在这样的大背景下，虽然互联网的主要属性依然是"媒体渠道"，但是其与产业结合部分的产品形态却在悄然发生改变。最具代表性的就是当时的阿里巴巴 B2B 网站。

如图 1-5 所示为 2000 年前后阿里巴巴 B2B（今天的 www.alibaba.com）网站的首页。其实现在回看，当时的阿里巴巴相当于一个大型的分类留言板，是一个商业信息的集散地。其用法无疑就是 A 有一批商品要出售，那么他可以到阿里巴巴网站上相应的分类中发一个帖子，上传相关的介绍性内容，然后留下联系方式。这时，如果 B 恰好需要购买类似的商品，也会到阿里巴巴网站上寻找商机信息，看到了 A 的帖子，觉得合适，就可以跟 A 洽谈生意。那么，具体如何洽谈呢？依然是回到线下，打电话找到 A 或者直接去 A 的仓库看货。

当年的阿里巴巴由于没有后续的支付和大数据等能力的支撑，无法拓展更多的使用场景，依然只是一个相对简单的具有"渠道属性"且靠"传递信息"创造价值的产品。然而，同样是传递信息，即便是在当年，阿里巴巴也有可能做到了一些传统行业以前一直想做但又做不到的事情，例如不依靠代理商帮助工厂把货卖出去甚至卖到世界各地。

图 1-5　2000 年前后阿里巴巴 B2B 网站的首页

案例：当当网

差不多同时期出现的另一个网站当当网，其在产品形态上则要更进一步。当当网最初是一个网上书店，这种产品形态与图书零售产业结合得更加紧密的原因在于需要打通支付渠道。

当年的阿里巴巴本质上是一个信息集散地，最初主要靠售卖"诚信通"认证服务盈利，并不涉及交易过程。而当当网从一开始就必须要想办法有效地收取客户的每一单购书款。当时并没有微信支付和支付宝之类的第三方支付渠道，国内的主流银行中只有招商银行和工商银行等极少数银行开通了网上银行业务，并且实际操作流程极其烦琐。因此在 2000 年前后的那个时期，如果想在当当网上买书，主流的付款方式是邮局汇款。

如图 1-6 所示为 2000 年前后当当网的某个帮助页面，上面推荐的主流付款方式之一是"邮局汇款"。那个时候用户在当当网上买书的流程如下：

（1）在网站上浏览，找到喜欢的书，下订单，获得订单号及价格。

（2）前往邮局，填写一张汇款单，将购书款汇到当当的办公地址并注明订单号。

（3）当当的工作人员收到汇款后人工核对订单信息，确认无误后通过邮局发货。

（4）用户收货并验货。

图 1-6　2000 年前后当当网的某帮助页面

从上述流程我们可以发现，当年的当当网已经有了一些后来的电商业务的雏形。同时，对于"卖书"这个业务来说，它的互联网部分与线下的非互联网部分是完全割裂的。整体上，用户是先操作线上流程，再完成线下流程，最终完成任务。从这个意义上讲，其线上的网站主要承担的依然是"渠道属性"的功能。

总体上看，**在媒体渠道阶段，互联网与传统行业一般仅发生有限的配合。相当于在某些场景下，二者合作完成某个任务，但基本不发生交互，线上与线下泾渭分明，相对割裂。**

互联网公司天生就具有完整的数字化属性，其与传统行业在媒体渠道这个阶段进行了短暂的合作后曾一度离开了与传统行业一同推进数字化的主线，一路狂奔，将"线上"的场景和价值发掘到了极致。事实上，互联网在中国用了不到 20 年的时间就改变了人们工作和生活的方方面面。即时通信、网络论坛、SNS、博客、微博和网络游戏等都曾经掀起过巨浪，在创造了海量财富的同时，其中相当一部分产品和服务也推动着社会的发展，甚至推动着国家的深度变革。但是这个阶段涉及的产品和服务更多的是纯线上的，并未与各行各业紧密融合，因此不在本书讨论的"数字化"主题范围内，故略去不表。

1.1.4 阶段 4：效率提升阶段

时间线持续向前，数字化的发展进入第 4 个阶段，即效率提升阶段。从传统行业的视角来看，目前大多数传统行业在数字化转型方面都处于这个阶段，或者正在进入这个阶段。从互联网公司的角度来看，在这个阶段，纯线上的流量越来越难获取，大的商业机会也越来越少，因此互联网公司重新回到了推动其他行业数字化发展的主线上，并在"Y 路径"演化模型中与 IT 这条线索合并。事实上，从这个阶段开始，互联网行业接过了数字化的大旗，开始主导数字化发展，而老牌的 IT 公司则慢慢退居二线，仅承担一些基础业务，行业属性开始慢慢偏向制造业。

在效率提升阶段，互联网开始在业务逻辑层面上与传统行业进行单点融合，其主要表现是帮助传统行业提升效率——可能是生产效率、业务运转效率或管理效率等。我们依然来看几个典型的案例。

案例：打车平台的出租车服务

各类打车平台的出租车服务是这个阶段的一个典型产品形态。我们回忆一下在这类平台出现之前，打车这个任务是如何完成的。对于出租车司机来说，空载时只能一边开车一边留意观察路边是否有乘客需要乘车——往哪里行驶，哪里有乘客，他并不知道；而乘客则只能站在路边，等待出租车经过并招手示意——何时能够等到，他同样并不知道。因此按照传统的方式，司机能不能找到乘客，乘客能不能打到车，理论上只能靠运气。打车这个任务从逻辑上讲就是为了完成司机和乘客之间的相互匹配，而传统的方式，匹配效率显然比较低，而且用户体验也不好——想想司机在空旷的马路上绕圈的无力感，想想乘客在寒冷的冬天站在路边等车的无奈感。如图 1-7 所示为国内某机场为等待载客而排起长队的出租车。

图 1-7　等待载客的出租车[①]

其实，在打车平台出现之前，城市客运这个行业也用过其他方法试图提升司机与乘客之间的匹配效率。例如，有一些城市及出租车公司可以接受打电话预定出租车；也有一些城市的出租车司机群体广泛使用对讲机来互相指引对方驶向乘客多的地方。

打车平台的出现在整个行业范围内成倍地提升了司机和乘客之间的匹配效率。它让司机减少了空载的时间，让乘客减少了路边等待的时间，同时也在一定程度上优化了二者在这个过程中的体验。但是回到效率提升阶段的定位我们发现，打车平台的服务仅仅是提升了效率，至于用户上车后司机如何服务、车况如何、到达目的地后如何支付以及司机和乘客之间的安全如何保证等，最初并没有进行相

① 摄影：@dayee，来自 Unsplash。

应的优化和改变。

　　更重要的是，打车平台的服务其实并没有解决城市客运行业中独有的问题。这个问题是什么呢？我们将在下一个阶段继续讨论。

案例：支付宝

　　支付宝在当下已经是一个很庞大的平台产品，我们在此只讨论它作为第三方支付工具在线下购物或交易场景中提供的支付和收款能力。如今在很多城市中，人们外出购物已经习惯于使用支付宝和微信支付这样的第三方支付工具，身上带的现金越来越少。我们先回忆一下，在没有支付宝或微信支付的时候，人们外出购物如何付款呢？一般有两种方式：使用现金支付或者使用银行卡支付。它们各自有不同的缺点。

　　对于购物者来说，携带现金比较麻烦，特别是购买比较昂贵的商品时，携带大量现金还会有安全风险，同时也会有卫生问题和查找（数钱）不方便的问题等。相比之下，信用卡可以解决现金携带麻烦和查找不方便的问题，但支付过程中的操作依然比较烦琐，需要刷卡、等待打单和签名等。在我国，很多用户还会习惯设置一个交易密码，因此还需要增加输入密码的操作，这在一定程度上降低了支付效率。

　　对于商家来说，收取现金同样存在安全风险和查找不便等问题，同时还会面临收到假钞的风险。另外，商家的资金一般需要合理分配和使用，一部分留在店面作为周转资金，另一部分可能需要存入银行或者购买设备和原材料。这就意味着商家在收到大量现金之后，还需要前往银行办理现金存储业务，这也是额外的运营成本。如果接受信用卡支付，则需要配置额外的刷卡设备并承担刷卡过程中耗费的时间成本，而且银行一般需要商家（收款方）支付一定比例的手续费。有些超市规定顾客必须购买一定金额以上的商品才可以刷信用卡支付，就是因为它是有手续费成本的。

　　显然，支付宝和微信支付的出现在很大程度上缓解或者解决了上述问题。对于购物者来说，只需出示二维码，支付简单、快捷并且安全有保障；对于商家来说，虽然也需要承担一定的设备成本，但是节约了大量的现金管理成本，规避了安全性问题，同时手续费一般比使用信用卡更低。

如图 1-8 所示为网上的一则新闻，讲述的是有两名男子去杭州抢劫便利店，但是一连抢劫了 3 家，只抢到了 1800 元现金，最终被公安机关抓获。一家便利店每天的现金流水大概有 1 万元左右甚至更多，但是这个新闻中提到 3 家便利店只损失了 1800 元现金，那其余的现金流水去哪儿了呢？显然，很大一部分是通过互联网平台支付的。由此可见，在国内的很多城市中，支付宝和微信支付这类非现金支付方式已经成为日常收付款的主流方式。我们甚至在一定程度上可以认为，这些支付服务间接地让城市的治安变得更好了——因为没有太多的现金可以抢或者偷。

回到效率提升阶段的主题。支付宝和微信支付这类第三方互联网支付工具本质上做了什

图 1-8 TechWeb 上的新闻

么呢？依然是提升了整个付款、收款和结算等环节的效率。虽然从表面看第三方互联网支付工具只是提供了支付渠道，但是实际上其本身具有复杂的业务逻辑，因此与媒体渠道阶段互联网提供相对简单的信息渠道有本质的区别。这类支付工具连接的是购物者和商家各自的银行账户，支付所产生的资金流、银行对账和清算等逻辑并没有改变，即它们并没有改变原行业中的核心业务逻辑。

案例：腾讯医学 AI

再举一个更加深入产业内部的案例，即腾讯最近几年主推的一个叫作"腾讯觅影"的产品。它是一套基于 AI（人工智能）的医疗影像识别系统。

以食管癌为例，在我国不论是发病率还是致死率，食管癌的排名都是比较靠前的，属于我国医学界重点关注的癌症之一。食管癌如果在早期被发现并进行治疗，

预后[2]是比较好的，有很大概率可以治愈；如果在中晚期才被发现，则治愈率会大幅度下降。因此，对于食管癌的防治，最重要的原则就是及早发现，及早干预。

然而，根据一些统计数据显示，在我国，食管癌在早期被检出的概率是比较低的，甚至一度低于10%[3]。造成这个结果的原因很多，有影像设备的问题，也有医生经验和时间的问题，最重要的原因是目前我国比较缺乏相应的筛查手段。

腾讯觅影基于相应的图像识别算法，结合医疗及食管癌的影像特征进行不断调优，并通过大量真实且附带标注的影像数据去训练算法，形成AI模型。这就相当于是在用大量的数据教机器算法去识别这些图片，在这样的训练过程中，模型会越来越精准。最终，如果再给这套系统提供一些以前没见过的真实食管影像图片，那么它就可以判断出这些图片所提示的疾病是什么，甚至可以判断出疾病的严重程度。如图1-9所示为腾讯觅影的医生端界面。

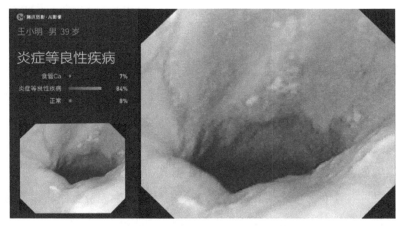

图1-9　腾讯觅影的医生端界面[4]

目前，腾讯觅影对早期食管癌的发现准确率高达90%。在实际应用的过程中，腾讯觅影一般是与医院的影像设备连接，在做内窥镜检查的过程中，系统会自动

---

② 预后是医学专业术语，指根据经验预测的疾病发展情况。
③ 数据来自"腾讯"微信公众号文章《腾讯出了一款AI产品，让早期癌症不再难发现！》。
④ 该图片为设计稿，并非真实的影像识别案例，内容仅供示意。

对拍摄的影像进行识别，提示医生该影像的风险程度。这样医生便可以重点关注高风险的患者，并进行下一步的分析和诊断。

我们再次回到效率提升阶段的主题。腾讯觅影这款产品对于医疗行业的作用是什么呢？依然是提升效率，它大幅度提升了读片和发现病灶的效率。然而它仅仅是提升效率，并没有试图帮助医生出诊断结果，更不可能代替医生给患者治病。

总体上看，**在效率提升阶段，互联网开始与传统行业发生"有限的融合"，但一般不会深入行业的核心部分，更多的是在原行业的一些流程节点上进行突破和创新。大多数时候，这种融合会以提升行业内的某种效率为目的，一般不会试图改变原行业中的核心商业模式、业务模式及协作方式等。**

1.1.5　阶段5：改造重构阶段

时间线继续向前推进，最近几年，有些行业和公司已经进入了"Y路径"演化的第5个阶段，即改造重构阶段。这是一个全新的阶段，案例不多，但我们能够看到的案例，均是使原行业发生了翻天覆地的变化，在很大程度上改造甚至重构了整个行业。

案例：打车平台的快车类服务

我们在效率提升阶段中提到过打车平台的出租车服务，但是留下了一个尾巴：这个产品并没有解决城市客运行业里独有的问题。那么，该行业独有的问题是什么呢？其中一个问题就是需求会频繁、大幅度地波动，以至于很难以静态的思维方式去匹配资源供给。

在一个城市中，人们的出行是会分高峰期和平峰期的，即需求会在短时间内快速波动。在上下班时间，如晚上6点半，由于很多人同时需要乘车，所以出租车就很难等到；而在其他时段，如下午3点，由于乘车需求相对并不集中，所以出租车相对容易等到。那么从城市的政府主管部门及出租车公司的角度来看，究竟应该配备多少运力呢？肯定不能完全按照高峰期的需求来配置，原因很简单，这样做会导致平峰期资源大量浪费，使很多出租车运营者没有生意以至于亏损，甚至公司倒闭。当然也不能完全按照平峰期的需求来配置，因为这样会导致高峰期的很多出行需求无法被完全满足，导致其他出行方式如公交、地铁和私家车等的使用人数激增，甚至可能产生更加严重的社会问题。

出租车运力的配备，永远需要在高峰期需求和平峰期需求之间找到一个平衡点。但是这个点一旦确定，就注定其在两种情况下都不会是最优方案。

各类打车平台在推出出租车服务之后，陆续推出了快车、拼车和顺风车等服务。虽然其中一些服务出现过严重的安全问题，但这些问题是可以通过更加有效的运营和监管机制来解决的。而这些服务的底层逻辑其实是一个互联网公司通过数字化手段和数字化思维去"改造重构"传统行业的成功案例。

这些服务的优势在于，可以**把社会上的一些闲散资源在一定程度上使用起**

来，对一个城市里的交通运力产生动态调节的作用。快车司机、拼车司机，以及顺风车司机，都不一定是专职的司机，他们平时有其他工作，他们的车平时也会用作其他用途，可能只是在高峰期运力紧张的时候接单赚一些钱，而平峰期则会做其他事情。他们可能是恰好要去某个地方，遇到方向相同的乘客时可以顺便带上。当然也可能是几个朋友或者同事，家里住得比较近，拼车上下班不但节约成本，还可以为城市节约运力。在互联网和大数据的帮助下，平台还可以最大限度地通过差异化派单的方式，优化城市的运力分布。如图 1-10 所示，为某打车平台上现有的多种出行方式，其背后是不同的协作网络。

图 1-10　某打车平台上的多种出行方式

这些打车平台的后续服务显然已经以一个互联网平台的能力渗透到了城市客运这个行业中。其不但从底层逻辑上优化了该行业中供给和需求的匹配问题，在前端用户侧也做了不少优化体验的工作。

打车平台以支付宝和微信支付的方式打通付款流程，用户可以到达目的地后开门下车即走，不需要在付款环节耽误时间。同时，由于付款效率提高，车在路边临时停靠的时间更短，对于缓解道路拥堵也有好处。

打车平台通过对司机行车路线和驾驶情况的分析和监控，在一定程度上解决了有些司机故意绕路的问题。并且，由于其在一定程度上改变了原行业中的协作方式，避免了"份子钱"，同时又具有更加严格和精确的监管能力，以至于在一些城市中使用平台网约车服务，从整体上看司机对乘客的服务态度要优于当地出租车，并且价格有时比出租车更便宜。

2018年的某段时期，我和我的同事每周都要去东部某省会城市出差。从该城市机场乘坐排队等客的正规出租车去往市区，我们曾遇到过司机"宰客"、威胁加价和半路抛客等行为，并且不止一次。后来改为使用某平台的网约车服务，就再未遇到过类似问题。虽然说样本数量有限，且存在"幸存者偏差"，不足以证明什么，但对于我来说依然是印象深刻的体验。

以上所举的相关案例对于城市客运行业来说，可以说是引发了天翻地覆的变化。

案例：余额宝

其实，货币基金是一种由来已久的金融产品，但之前一直处于一种不温不火的状态。原因或许是它在投资者眼中是一个不上不下的产品。传统的货币基金与一般基金一样，提取时 T+1 或者 T+2 到账，即如果投资者在当天的工作时间内提交申请要将基金赎回（变现），必须要等到下个交易日或者再下个交易日才能真正拿到钱。也就是说，其流动性其实是受到一定限制的。同时，货币基金的年化收益率也并不算高。

而在当下，在支付宝、腾讯理财通及各大银行的 App 上，都可以线上便捷地购买货币基金。那么，线上销售货币基金仅仅是多了一个销售渠道吗？显然不是。以余额宝为代表的很多基于互联网销售的货币基金都可以做到 T+0 提取。如图 1-11 所示为余额宝的"转出"界面，投资者当天提交基金赎回申请——甚至不需要在工作时间内，当天就可以到账。事实上，很多服务都可以做到几乎"秒到账"。

图 1-11　余额宝的"转出"界面

这些平台是如何做到 T+0 赎回货币基金的呢？这其实又是一个互联网对传统行业的改造重构案例。根据网上的一些分析文章介绍，实际上平台是通过垫资的方式实现了针对投资者的 T+0 赎回。当然，这背后的金融逻辑很复杂，但主要的原理概括起来就是：申请赎回基金的时候，平台使用某个已有资金池里的钱提前支付给了投资者。然后等到这笔赎回申请真正走完流程，原来投到基金里的那笔钱真正回流之后，平台再用这些钱去填补资金池里的空缺。这个逻辑听起来简单，但在实际操作层面，由于需要支持高频、高并发操作，所以只有结合互联网才能真正实现——电话、柜台等形式即便可以跑通流程，但由于效率、并发量等问题，也一定推广不起来。

我们回到阶段 5 的主题，即改造重构上，相当于**支付宝等平台通过互联网的能力重构了货币基金的流动性**，使其成为年化收益率高于一般存款，但流动性却可以比拟现金的金融产品。相比之下，线上购买和赎回的渠道属性只是辅助条件。

案例：超级猩猩

改造重构阶段的最后一个案例，我们来看一个稍微小众的产品——超级猩猩。

超级猩猩是近几年出现的新型的健身房，并且在2021年获得了E轮数亿元人民币的风险投资。

在我国，传统的健身房主要卖两种产品，一个是健身房的年卡，另外一个是私教的套课。所谓的健身房年卡，是指客户必须办理会员卡才能进入健身房锻炼。而大多数健身房只售卖年卡，不会售卖类似季卡或者月卡之类的服务。所谓的私教，是指私人教练一对一地指导客户健身。但是大多数情况下私教服务只会卖套课，如一次卖20节、50节，甚至80节，而不会卖单节。根据一些行业研究报告提供的数据，2018年全国“健身俱乐部”的年卡均价为2202.4元人民币；而私教课程一节的均价约为305元[⑤]——这意味着如果购买套课50节，需一次性支付1 5250元！

上述这些现状里，其实含有一些说不清道不明的“小心思”。拿健身房年卡来说，很多健身房故意推出这种一年的预售方式，而大多数客户无法坚持经常锻炼，有的甚至在一年中只来过几次，这样健身房就可以通过大规模“超售”的方式获得更多收入。再看私教套课，一些健身房也是通过这种批量销售的方式先把客户的钱收上来，然后可能会消极服务，甚至倒闭跑路。在传统的健身行业中，倒闭跑路也许并不是经营不善，而是一些健身房“商业模式”的一部分。如图1-12所示为人民网上的一篇名为《消失

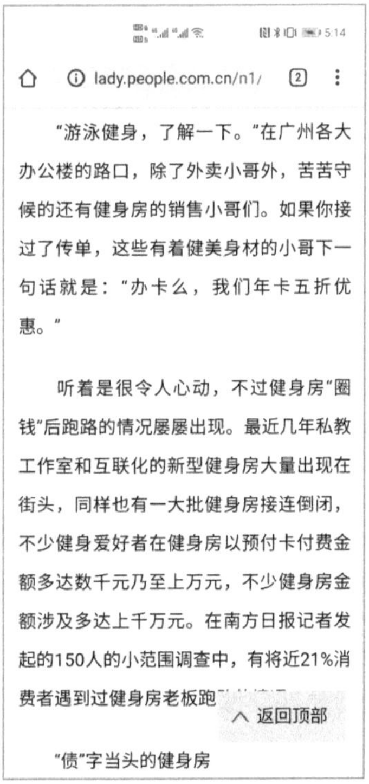

lady.people.com.cn/n1/

“游泳健身，了解一下。”在广州各大办公楼的路口，除了外卖小哥外，苦苦守候的还有健身房的销售小哥们。如果你接过了传单，这些有着健美身材的小哥下一句话就是：“办卡么，我们年卡五折优惠。”

听着是很令人心动，不过健身房“圈钱”后跑路的情况屡屡出现。最近几年私教工作室和互联化的新型健身房大量出现在街头，同样也有一大批健身房接连倒闭，不少健身爱好者在健身房以预付卡付费金额多达数千元乃至上万元，不少健身房金额涉及多达上千万元。在南方日报记者发起的150人的小范围调查中，有将近21%消费者遇到过健身房老板跑

返回顶部

“债”字当头的健身房

图1-12 人民网上一篇关于健身行业的文章

⑤ 相关数据来自三体云动《2018中国健身行业数据报告》。

的健身房与其身后的卖卡生意》的文章，文中曝光了健身行业中的一些不良现象。

而超级猩猩这家公司，通过对运营模式的优化，重构了健身房的商业模式。具体来说，超级猩猩的服务有如下特点：

第一，它只做单一品类——团课⑥，即由一名教练在台上，带领一群人一起锻炼的方式。这种模式的优势在于可以只租赁很小的场地。传统的健身俱乐部可能要租赁 2000m² 左右的大型场地，因为需要放置各类器械，以便提供各类丰富的健身服务，而超级猩猩的典型店面只需要 300m² 左右。

第二，在团课领域，以莱美体系支撑。莱美可以提供专业并且标准化的团课设计、教练培训和健身器械等，有点儿像健身界的麦当劳。超级猩猩只需要与莱美公司合作，即可确保课程品质和稳定的服务输出。

第三，在上述基础上，超级猩猩并没有沿用传统的健身房只售卖两样主流产品（年卡和套课）的模式，而是反其道而行之——超级猩猩不办卡，只采用零售的方式卖课，客户来一次付一次的钱即可。其团课价格一般是 69 元、89 元、129 元。这样的业务模式在传统的健身行业中是不敢想象的，但是它起到了巨大的作用——有效降低了用户"开始运动"的门槛，提升了门店的客流量。

第四，团课这种锻炼形式不同于传统的"严肃训练"。在超级猩猩团课的现场，会配合炫酷的灯光和音乐，由经过专业认证的有感染力的教练在台上带领大家一起锻炼。实际的健身体验有点儿像是在进行一项娱乐活动，完全颠覆了传统健身很苦、很累的认知，再配合一些运营手段，如课程结束后，有专门的工作人员为大家合影留念等（可以发朋友圈炫耀），这种形式深受年轻人的欢迎。

超级猩猩通过这样的方式，重构了健身行业。但是你可能会有疑问，这跟互联网或者数字化有什么关系呢？其实，超级猩猩对于业务模式和运营模式的优化，本质上就是在实践一种类似于"互联网思维"的思维方式。**它抛弃了很多传统企业以"更低的生产成本"和"更强的销售能力"为核心的经营思路，而是从客户的需求出发，深入地洞察其痛点来设计产品，通过为客户创造价值增量的方式来**

---

⑥ 超级猩猩从 2019 年开始提供私教服务，但截至 2021 年 2 月，其主营业务依然是团课。

赚更多的钱。这些思维方式和经营思路在后续章节中还会深入探讨。

网上有一些文章大多讲的是超级猩猩的小程序和社群运营等互联网手段。但是笔者认为这些都只是表面，超级猩猩真正像互联网公司的地方恰恰体现在线下的服务上。超级猩猩表面上并未深入实施所谓的数字化能力，但在商业模式层面却深入地借鉴了数字化的标杆——互联网公司的思维方式。

总体上看，**在改造重构阶段，互联网与传统行业深度融合，试图基于新的能力、新的认知、新的思维来打破路径依赖，重新思考用户/客户、需求和场景，重新提出解决方案。必要时，会改变原行业中固有的业务模式、业务流程、商业模式和协作体系，甚至创造出新的行业——如果从传统行业的角度来看，这才是本书一开始提到的数字化转型描述的真谛。**

最后我们再来总结一下数字化"Y路径"演化不同阶段的特征，如表1-1所示。

表1-1 数字化"Y路径"演化各阶段的特征

	阶 段	特 征
IT主线	阶段1：信息电子化	现实世界中记录在纸张等媒介上的信息被逐步录入计算机中，成为电子化数据。存储在计算机中的数据往往是零散和单点分布的。具体应用场景更多的只是数据信息的存储、读取和检索。典型产品形态：Office文档
	阶段2：流程电子化	以计算机和网络为载体，将原有的工作流程搬到了计算机上，把流程中需要的数据进行集中存储，并使其在一定范围内（如公司内部）可以流转。典型产品形态：ERP系统、CRM系统、OA系统等
互联网主线	阶段3：媒体渠道	互联网与传统行业一般仅发生"有限的配合"。相当于在某些场景下，二者合作完成某种任务，但基本不发生交互，线上与线下泾渭分明，相对割裂。典型产品形态：门户网站、早期电商网站等
	阶段4：效率提升	互联网开始与传统行业发生"有限的融合"，但一般不会过于深入行业的核心部分，更多的是在原行业的一些流程节点上进行突破和创新。大多数时候，这种融合会以提升行业内的某种效率为目的，一般不会试图改变原行业中的核心商业模式、业务模式和协作方式等。典型产品形态：打车平台的出租车服务、医院挂号平台、各类O2O平台等

（续）

阶　段		特　征
互联网主线	阶段5：改造重构	互联网与传统行业深度融合，试图基于新的能力、新的认知和新的思维来打破路径依赖，重新思考用户/客户、需求和场景，重新提出解决方案。必要时会改变原行业中固有的业务模式、业务流程、商业模式和协作体系，甚至创造出新的行业。典型产品形态：打车平台的快车类服务、余额宝，以及各类充分应用了"互联网思维"的非互联网产品及服务（如喜茶、超级猩猩等）

1.1.6　行业视角：不同行业所处的阶段不同

上文关于数字化"Y路径"演化的叙述，是基于时间线而言的。现在我们换一个角度来看看在同一个时间点上面，不同的行业和不同的公司，是不是也会处于不同的阶段。答案当然是肯定的。如果以当下作为时间点来对比几个不同的行业或者某行业中的一些公司，你会发现，它们在5个阶段上都有分布。

信息电子化和流程电子化阶段

信息电子化阶段和流程电子化阶段已经成为历史，整体上看处于这两个阶段的行业已经不多。但是，如果我们去观察一些行业里的一些公司会发现，依然有公司停留在这两个阶段。

比如目前国内依然有一些医院在使用手写病历，其中甚至包括少数大型的三甲医院。其实对于医生的诊断来说，患者以往的主要病史是重要的参考资料。但是使用手写病历很难有效地沉淀信息，经常会被丢弃或遗忘。而解决这个问题的方案很简单，只需将相应的信息以电子化的方式存储起来即可。前深圳市卫计委（现为深圳市卫生健康委员会）曾牵头开发了一系列的互联网平台，可以汇总每一个患者在深圳市每家医院的电子病历、检验检查报告等。不但医院和医生在有需求的时候可以依照流程调取这些信息，患者也可以自行查询。因此，依照数字化"Y路径"演化模型，上述情况属于信息电子化阶段的事情。

另一个例子，很多超市目前使用的收银系统其实是一套内部联网的流程电子化系统。统一录入条码、SKU[⑦]信息、价格信息，以及其他的辅助信息后，每台收银机都可以通过扫码枪读取商品条码，以便在数据库中识别该商品，从而获取它的价格，然后在收银机前端将价格相加对顾客进行结算。而一些杂货铺未能将信息和流程电子化，他们卖货的方式可能是在每一件商品的包装上贴好标签，标签上标注价格，结算时用计算器相加。显然，这样的方式没办法运营 SKU 数量更多的超市。而收银机配合内部网络的方式，则可以适应大型卖场的运营需求。在数字化"Y 路径"演化模型中，这类系统属于流程电子化阶段的产物。

对于停留在信息电子化和流程电子化阶段的行业来说，数字化的路径是比较简单的，因为这两个阶段的具体解决方案已经基本上标准化了，只需采购合适的设备和系统，为员工提供合适的培训即可，因此不是本书要讨论的重点。

媒体渠道阶段：房地产行业

在笔者看来，国内的房地产行业目前总体上处于数字化"Y 路径"演化的第 3个阶段，即媒体渠道阶段。虽然相关的互联网产品大多数已经实现了简单的信息展示和传播功能，但是其中的一些产品并没有很好地解决信息传播的有效性问题。因此我们几乎没有听说过哪家房地产公司运用大数据和 AI 等能力去盖房子或运营社区。

如图 1-13 所示为两个房地产 App 对同一住宅区的"简介"页面。在左侧的App 中，"停车位"和"物业费"信息是错的。实际上该小区拥有 1000 余个供业主使用的停车位，同时该小区最低的物业费为 3.9 元 /m^2，并且自交房以来从未改变过。另外，"物业类型"后面的内容也并不严谨。在我国标准的分类中并不存在"公寓住宅"这种类型，事实上，普通住宅和公寓是两种不同的建筑类型。而在右侧的 App 中，"学区信息"一栏中的内容也是错的，并且通过在教育局网站查询，该小区的学区信息近 5 年内并未有过变化，因此并非是更新不及时的原因所致。

---

⑦ SKU 是零售业的专用术语，意为基本库存单元，是用来统计零售商品种类的基本单位。例如，红色棒棒糖、蓝色棒棒糖和只有一种规格的巧克力，它们一起算作 3 个 SKU。

图 1-13　两个房地产 App 页面

类似以上这样的错误信息在大多数房地产的 App 中比比皆是。对于媒体渠道阶段的产品来说，信息传递的准确性和效率是其关注的重点。在新浪网等网站上，很多新闻稿里连标点符号都是不允许有错误的，更不用说上述这类明显的事实性错误。

如图 1-14 所示为在另一个房地产 App 中，将城市选为"深圳"之后，点击其"新房"栏目所看到的楼盘列表。但奇怪的是，这个列表的前三个位置没有一个是位于深圳的楼盘。从价格信息下面的小字来看，它们分别来自惠州市和广州市南沙区。如果继续往下看，会发现这个列表中藏有多条非深圳的楼盘信息，粗略统计，占比超过 30%。

向深圳的新房列表中插入深圳周边地区的楼盘内容，本质上是一种营销行为。尤其是惠州市的房子，在粤港澳湾区相对比较滞销，所以更需要推广。推广或者广告本身并没有什么问题，但是上述 App 的设计理念明显还停留在类似于传统媒

体那样往内容里硬插广告的层面
上。就像很多年前一些电视台播放
电视剧，很喜欢把一集电视剧拆分
成 8 段，然后往里面放 7 段广告一
样——最终用户的感受是电视剧没
看好，遇到广告就要换台；而广告
主和广告商品也并不见得收获多少
有益的关注，反而引起了观众的
反感。

　　其实，在互联网上存在很多效
果更好、体验更好、更加精准的广
告投放方式。如果你看过网络综艺
《奇葩说》将会知道，在强大的语
言表达能力下，广告甚至可以成为
内容的一部分。广告可以让人喜欢
看，并具有一定的娱乐功能，也能　　图 1-14　某房地产 App "新房" 栏目中的列表
给人以更深刻的印象，获得更好的营销效果。

　　最近几年笔者欣喜地看到房地产行业也在逐步向效率提升阶段迈进。比如一
些物业公司的 App，可以方便地帮助住户开门、收快递和邀请访客。再比如，目
前在深圳，使用贝壳找房 App 出租房屋，业主和租户之间可以完全不见面，由经
纪人带着租户看房满意后，直接在线上签订有效的租赁合同即可。这些服务已经
具有些许 "效率提升" 的意味了。

效率提升阶段：医疗行业

　　下面我们来看医疗行业。对于这个行业来说，笔者认为它整体上处于数字化 "Y
路径" 演化的第 4 个阶段，即效率提升阶段。依然举两个例子来说明。

　　如图 1-15 所示为笔者曾经负责过的一个产品，叫作 "腾讯挂号平台"。现在

在微信中点击"我"—"支付"—"医疗健康"，还能看到这个产品的后续版本。我们依然沿用之前的分析思路，先回忆一下在没有类似的线上挂号平台的时候是如何去医院挂号的。

一般流程是这样的：我们需要很早起床出门，在医院尚未开始挂号的时候就去窗口排队。当排到你的时候向工作人员出示相关资料（如社保卡），并说明哪里不舒服，或者直接说明要挂哪个科，如有必要也可以要求挂某个具体医生的号。此时如果还有剩余号源，当工作人员在计算机上操作后则挂号成功。如果没有剩余号源，就要考虑换一个医生或者换一个相近的科室。

图 1-15 腾讯挂号平台

当然，这还没完。因为在你挂到号的同时，排在你前面的患者可能已经挂到了与你相同科室或医生的号，所以下一步需要按照一定的先后顺序等候医生看病。这个等候时间可长可短，有时只需要几分钟或者十几分钟，有时可能会一直等到下午。

上述传统的挂号方式对患者来说最大的问题在于需付出很多无谓的等待时间。而包括"腾讯挂号平台"在内的互联网挂号平台，除了充当一个挂号渠道外，几乎都同步解决了等待时间这个问题。

主流的挂号平台都可以支持分时段预约，在腾讯挂号平台上最常见的时段切割粒度是半小时。例如，患者可以挂某个医生上午 9 点到 9 点半的号。这样的好处是患者只需在这个时间段之内到达医院，一般等几分钟到十几分钟就能看病了。当然，要做到这一点并不是在前端做一个简单的分时段的功能就行了，必须同医院一起预估每个科室的接诊速度，合理切分时间粒度，然后合理设置每一个时间段内部的号源数量。对于一些深入合作的医院或者管理水平比较高的医院，门诊和互联网平台都还需要同步设置应对突发情况的处理流程等。

回到效率提升阶段的主题。我们透过这些功能性描述思考一下挂号平台的本质是在做什么？首先，它当然是一个渠道，但不是简单的信息传递渠道；其次，它是一个提升效率的工具，极大地提升了患者挂号的效率，免去了不少排队之类的无谓等待这一点极其重要。然而，当下的挂号平台类产品所能做的仅仅是提升效率，并没有改变医院或医生的工作方式，并没有能够让医生更好地看病、治病，至于协作方式和商业模式等，就更加没有什么突破了。

下一个案例是微信医保支付。这个产品目前还尚未在全国铺开，但很多主要城市的大型医院已经开通了此功能。它可以将患者的社保卡和微信绑定，让患者在微信中就可以使用医保来支付医疗费用。

我们先来看一下没有类似工具的时候如何在医院使用社保卡付费。一般流程是这样的：首先，医生给出了诊断，为患者开了几张处方单。然后，患者需要带着这些处方单和社保卡去缴费窗口排队进行缴费。缴费成功后，工作人员一般会在处方单上盖章，以示缴费成功。最后，患者还需要去相应的取药窗口排队，上交已盖章的处方单，取回相应药品。

总体来说，患者需要排两次队。而如果使用微信医保支付，一般流程是这样的：医生给出诊断，在他的计算机上开具处方单，同时给患者打印纸质单据。此时患者的微信会收到消息。点击这条消息会看到相应的处方内容及需要支付的金额，如图1-16所示。患者输入微信支付密码后就可以直接以医保方式付款。然后

图1-16　微信医保支付的付款界面

患者可以直接去药房排队，同样是出示处方单，虽然上面没有盖章，但是当药房医生扫描单据上的条码后，在他的计算机上会显示已经缴费成功的信息，因此他会直接把药交给患者。

此外，还有更加复杂一些的情况，就是处方单上的药品医保只能支付一部分，另外一部分需要自费支付。这种情况，去缴费窗口排队时还需要多一步操作——既要刷一次社保卡又要付一次现金。而在微信医保支付平台上会自动触发混合支付的逻辑。患者只需要输入一次微信支付密码，后台会自动把金额算好，支持医保的部分会调用社保相关的接口，从患者的社保卡里扣款；需自费的部分则会从微信绑定的银行卡里扣款。患者依然只需要输入一次密码，排一次队取药即可。

那么总结一下，微信医保支付这个产品的作用是什么？依然是有效提升支付这个环节的效率。患者不但可以少排一次队，而且付款的效率更高，操作更简单。但是其背后，银行、社保部门、医院、卫生部门之间的信息如何流转、如何分账、如何结算等，其实并没有发生变化，只是前端的支付方式由刷卡变成输入密码而已。

综上所述，医疗行业目前整体上处于阶段4，即效率提升阶段。同样，这个行业也存在一些往下一个阶段过渡的萌芽状态。例如，结合线上问诊、线上预约检验或检查、医保支付、处方流转等相关能力，同时结合医院的药房配药、线下的药品物流等能力，后续是有可能构建一套全新的就医模式的。

患者的就医流程不一定需要以医院为起点，很可能直接在线上就可以"看病"。遇到通过语言描述无法确诊的情况，医生可帮患者直接预约线下检验或检查即可。患者按预约时间去往医院，做完检查后可直接离开医院。出结果后医生给出处方，药房自动配药，再由合规的物流公司将药品送到患者手中。如需打针、雾化等治疗，也可以上门服务。同样，医生的工作也不一定以门诊为起点，很可能是随时在线上接单。各类医疗服务也不一定都集中在医院，可能会有分布在城市各处的采血站、X光站、B超站等。平台根据医生的要求和患者的实际情况，把检验或检查之类的流程性工作通过派单的方式分配给距离患者最近、效率最高的站点来完成。

以上构想如果可以实现，不但整体的医疗效率可以显著提升，更重要的是由于改变了协作方式，让资源可以更加合理、充分地被利用，从而对"三长一短"等医疗行业老大难问题起到明显的缓解作用。

改造重构阶段：零售行业

我们要讨论的最后一个行业是零售行业。在零售行业中，一部分公司俨然已经迈入了阶段5，即改造重构阶段。

最近几年在一、二线城市中流行的"生鲜电商"就是一个比较典型的案例。传统的电商其实已经很大程度上重构了零售行业，使得这个行业中的业务模式和协作关系发生了巨大变化，所创造的价值包括商品流通范围的扩大、销售渠道及效率的优化，以及很多创新的营销方式。而生鲜电商更进一步，它与传统电商最大的区别是对时效性的要求极高——你在网上买一件衣服，快递3天收到是没什么问题的，但如果你在网上买一条鱼，3天过去鱼已经臭了。

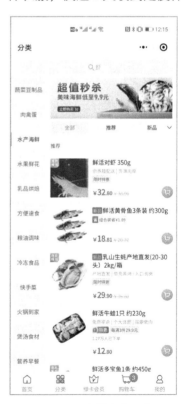

如图1-17所示为笔者常用的一个生鲜电商平台，下单后一般40分钟以内就能送到。这样的"零售到家"服务需要一套全新的方案来解决时效性问题。他们的方案中，除一般零售的"人货场"体系之外，核心逻辑有两个。一个叫作"前置仓"，可以看作"场"的另一种形式；另一个是高效、合理的订单处理算法。

先说前置仓，如果想要在一个城市中实现生鲜电商要求的1小时内快速送货，就肯定没办法基于一个中心大仓库来配送。原因很简单，距离这个大仓库比较远的区域就没办法保证时效性了。而行业探索出的有效方式是在一个大区域内合理部署多个相对小的仓库，这些仓库需要具备相应商品的储存条件（如制冷能力）。

图1-17 生鲜电商平台

这样再配合一定的派单算法，便可以做到从效率最高（如距离用户最近）的仓库出货配送，从而确保配送的时效性。

再说订单处理算法。生鲜电商不是一个简单的收单、发货的逻辑，其场景和业务模式决定了它的订单处理逻辑会更加复杂。举例来说，如果一个用户在平台上买了一份葡萄、两份芒果和一条鱼，系统是不是只需要生成一个订单，订单上列出这三件商品，然后发往一个仓库备货就可以了呢？答案并不是。因为可能会遇到形形色色的实际问题。例如，生鲜电商的库存周转速度特别快，很可能会遇到其中一部分商品在某个仓库缺货的情况。有可能算法确定的效率最高的那个前置仓只有一份葡萄和一份芒果，还缺一份芒果及一条鱼。另外一个前置仓有一条鱼，没有葡萄和芒果。第三个前置仓有五份芒果，没有葡萄和鱼。听起来像是绕口令一样，但是考验算法的时候到了，这时系统必须给出一套合理的拆单和合单的方案，即由哪个前置仓去准备哪些货品，各自准备多少量，然后这些货品分别由哪位配送小哥从前置仓出货，在哪儿集中，怎么送到用户手中等。

因此，生鲜电商这类服务并不是简单地多一个线上销售渠道，也不是简单地提升某个环节的执行效率，而是通过整合各类资源，创建全新的物理结构（如前置仓），完全更新业务逻辑（如复杂但合理的派单与配送），进而重构零售业，保证配送的时效性。从表面上看依然是用户在买东西，但是其背后的体系已经跟传统的去菜市场买东西完全不一样了。也正因为如此，笔者的结论是，在零售行业中，一部分公司已经走到了改造重构这一阶段。

最后我们还要问一个本质的问题，那就是分清楚了这些阶段，梳理清楚了每个阶段的特征之后有什么用呢？其实，所有的历史都可以用来指导我们当下的行为。

首先，根据数字化"Y 路径"演化模型，可以结合每个阶段的特征大致判断你所在的行业、公司处于哪个阶段。从而**参照相应阶段的描述思考具体的数字化转型策略——在合适的时间做对的事情。**

假设你所在的行业已经处于效率提升阶段，而你还只是做公众号、企业网站，或者开发一个 App 但只是内容展现的话，那么你可能就要在竞争中落于其他公司之后。而相反，假设你所在的行业尚处于媒体渠道阶段，那么即便你想到了很棒的可以利用数字化能力和互联网思维改造行业的"点子"，也有可能因为一些基础条件不具备而无法执行。

其次，**不同行业在同一阶段所做的创新是可以横向参考的。**

例如，既然打车平台可以提升司机和乘客之间的匹配效率，那么对于其他处于这个阶段的行业来说，也可以在一定程度上复用同样的方式。因此在网上可以叫保洁服务，可以叫外卖，也可以找钢琴陪练。事实上，完全可以借鉴其他行业的经验，与自身行业和公司相结合，做出更好的产品和服务。

最后，你可以**利用这个框架，结合自身经验，从一定程度上预测你所在的行业在数字化转型方向上下一步的走向和机会，从而合理规划公司的创新方向，明确要做什么，不要做什么。**

比如房地产销售在新冠疫情影响下受到了较大冲击。2020 年上半年，一手房售楼处变得门可罗雀。同时，在数字化"Y 路径"演化模型中，我们认为房地产行业整体处于"媒体渠道"阶段。

一方面，房地产行业一定会向效率提升阶段发展。比如，提升置业顾问和潜在购房者的匹配效率就有可能成为机会。事实上，2020 年全年基于微信体系的房地产虚拟沙盘展示、传播，虚拟带看相关的产品甚至网上选房类产品，相对于传统的纯展示型房地产网站来说都有爆发式的增长。微信体系的展示和传播与搜房网之类相比，区别在哪里呢？笔者看来，区别就是在微信体系下可以方便地传播信息，同时也方便交流，有利于置业顾问和潜在购房者相互找到对方，并且产生有效的沟通；同时在交流过程中，置业顾问有能力通过各类丰富的手段更好地向潜在购房者讲解及销售，因此整体上更像效率提升阶段的产物。而如搜房网之类，它们的主线依然是纯粹的信息展示，更像媒体渠道阶段的产物。

另一方面，房地产行业不可能越过效率提升阶段直接进入改造重构阶段。因此如果当下希望通过一些数字化方法或思维颠覆这个行业的商业模式、核心业务及协作关系等，则难度很大。

最后，数字化"Y 路径"演化不是一个单纯的线性过程，不论是随着时间的推移还是在同一个行业内，处于不同阶段的公司都将在长期内同时存在。

1.2　数字化标杆：互联网公司

笔者曾经给很多传统企业的中层和高层管理人员上过课，一开始他们往往会提出一些要求，最常见的问题是："老师，能否结合我所处的行业和我公司的业务具体讲讲如何做数字化？"对于类似的要求笔者一般都会拒绝，但理由很充分：

第一，虽然笔者是一名数字化转型或者说产业互联网相关领域的专家，但是可能对于对方的具体行业和业务并不熟悉，同时对于对方公司的现状、限制条件和所面临的问题等也不了解，仅仅通过一两天授课的形式去指导对方如何做是非常不负责任的行为。

第二，作为企业的管理层，理应学习思维和方法，然后结合自身情况做出决策。正所谓"征求多数人意见，与少数人商量，然后自己做决定"。

因此笔者一般只会给这些人讲思维、推导过程和案例，但是不会直接给出答案。上述方式在大多数时候都会获得学员们最终的认可。

本节我们重新认识数字化的标杆——互联网公司，看看它们有什么共同的特征。这些内容或许没法直接指导人们解决具体问题，但可以引导他们更加深入地理解数字化，为更好地做出数字化转型的相关决策打下基础。

1.2.1　中国优秀企业的数据对比

我们首先来看表 1-2，其中笔者选择了我国几个重要行业中的优秀公司，然后对它们的主要运营数据进行对比。写作本书的过程中各公司 2020 年的年度财务报告已经发布，但由于新冠疫情对该年度的传统行业影响较大，而线上业务总体上是利好的，这意味着直接对比数据对传统行业不公平，因此表 1-2 使用的是 2019 年各公司的年报数据，市值数据则统一使用本书写作时 2021 年 6 月某天的数据。

表1-2 中国优秀企业数据对比[⑧]

运营数据	公司（行业）					
	腾讯（互联网）	华为（通信）	万科（房地产）	格力电器（制造）	中石化（能源）	工商银行（金融）
营收	3772 亿	8588 亿	3678 亿	1981 亿	29 661 亿	8551 亿
市值	4.66 万亿		0.28 万亿	0.31 万亿	0.41 万亿	1.49 万亿
员工人数	6.2 万		13.1 万	8.8 万	40.2 万	44.5 万
净利润	958 亿	626 亿	388 亿	246 亿	575 亿	3133 亿
净利润增长	19.8%	5.5%	15.1%	−5.7%	−8.7%	4.9%
人均贡献利润	154 万		29 万	27 万	14 万	70 万

这张表格看起来简单，实际上信息量很大，我们来一一解读。

我们先来看营收。营收的意思就是企业通过经营行为获得了多少收入，这个指标一般用来衡量一个企业的规模。例如"世界 500 强"[⑨]的排名中，营收占有极其重要的比重。毫无疑问，在表 1-2 列出的公司中，中石化的营收最高，达到了29 661 亿元人民币。这符合我们大多数人心目中大型国企的形象，规模大，摊子大。

我们再来看市值。市值更多的代表着未来，它可以简单地理解为资本市场对于一家公司未来盈利能力的预期。不出所料，互联网公司将其他行业远远甩在了后面。在列出的公司中，当前市值最高的公司是腾讯，为 4.66 万亿元人民币，是万科、格力电器等公司的 15 倍以上。即便是跟盈利能力很强的金融行业巨头工商银行相比，腾讯的市值也可以达到后者的 3 倍以上。显然，资本市场更加看好互联网公司。

员工人数问题我们先跳过，因为员工多并不代表着公司强大，这里列出员工

---

⑧ 数据主要来自各企业 2019 年财务报告及年度报告，所有货币单位均为人民币。其中"人均贡献利润"简单使用利润除以员工人数估算。市值取各公司 2021 年 6 月某日休市后的数据。由于华为尚未上市，所以没有市值，同时华为 2019 年年报未明确提及员工人数；其他公司如在中国大陆以外地区上市，市值均根据 2021 年 6 月某天的汇率进行简单换算，未考虑财务层面的其他影响。

⑨ 在我国，"世界 500 强"一般指美国《财富》杂志定期公布的"Fortune Global 500"榜单，但这个榜单的英文原文描述是 The world's 500 largest companies，即"全世界 500 家最大的公司"，而非"500 强"。以现代的商业眼光来看，大并不等同于强。

人数，更多的只是为了计算人均贡献的净利润。

紧接着我们来看净利润。公司的运营需要付出成本，所以营收高不一定很赚钱，净利润是衡量一家公司是否赚钱的重要指标。公司是以营利为目的的机构，因此一个公司只有赚钱能力足够强才是真的强。在这个维度上，工商银行夺得冠军，其利润达到了惊人的3133亿元人民币，将其他公司远远甩在了后面。而腾讯虽然仅以958亿元人民币的净利润排名第二，但跟其他行业相比依然有明显优势。而反观中石化，它的营收是腾讯的7倍多，但是净利润只有腾讯的约60%。说明中石化这样的公司更多的只是规模大，但并不强。

然后我们再来看净利润的增速，增速代表着这家公司是否还处于相对高速的发展过程中。互联网公司又一次获胜，腾讯以19.8%的净利润增速稳居第一。相比之下，传统行业的净利润增速明显要弱一些，而格力电器和中石化则是负增长。

最后我们做一下除法，来看看这些利润是各公司用了多少人力创造的。其中最受瞩目者依然是腾讯，每一名腾讯员工平均可以为公司创造154万元人民币的净利润，是中石化的10倍以上，由此可见互联网公司员工创造价值的能力之高，这或许就是互联网行业的工资普遍偏高的原因。

总结起来，我们可以得到3个结论：**第一，优秀的互联网公司不论是从营收还是员工数量来看，规模都不算特别大，跟很多大型企业相比是"小巫见大巫"；第二，优秀的互联网公司在创造巨额财富的同时至今依然保持着高速增长；第三，在资本市场眼中，优秀的互联网公司的价值惊人，已经将很多传统行业中同样优秀的公司远远甩在了后面，甚至有10倍以上的差距。**

1.2.2　数字化的三层属性：从技术到思维

如果回看整个数字化"Y路径"演化的全貌会发现，在这个路径上的不同时期，数字化概念会叠加不同的属性。最初是技术属性，即作为一种技术能力去辅助其他行业更好地工作；之后互联网出现，数字化概念逐渐演化出大量的应用属性，试图创造其独有的解决问题的方式，而不仅是将原行业中的流程方法电子化、线上化；再之后，解决的问题越来越多，特别是在互联网的大力推动下，数字化概念中又叠加了思维属性，我们可以学习和借鉴这种思维方式，甚至可以把它们用于与数字化无关的领域。下面我们来一一解读这三层属性。

数字化的第一层属性是其技术属性。这一层是大多数人都能理解的数字化，即利用一些特定的硬件设备，配合一些通用的标准，再通过编程的方式实现一些业务逻辑。

例如，你在一台联想计算机上打开微软开发的 Word 软件编写了一个文档，然后连接惠普打印机可以将它打印成白纸黑字的纸质文件。这一段文字所描述的场景在当今的工作和生活中很常见，但是其背后包含硬件、标准和软件 3 个重要因素。这其实就是"Y 路径"演化模型中第一个阶段"信息电子化"的具体表现形式。

例如将一些设备（如计算机、手机）连接在一起，配合一些通用的标准（如 TCP/IP），让它们之间可以互相传输数据。在此基础上还可以通过编程的方式控制这些设备之间的数据传输。之后，越来越多的设备加入这个网络，同时，还有一些特殊的设备专门用来"服务"其他设备（服务器），这就是 Internet 的物理逻辑，即我们日常所说的"互联网"。如图 1-18 所示为网络机房和服务器。

图 1-18　网络机房和服务器[10]

再进一步演化，既然互联网可以传输数据，那么不同设备之间不同的数据传

---

[10] 左侧图片摄影 ismail Enes Ayhan，右侧图片摄影 Massimo Botturi，来自 Unsplash。

输方式或者传输不同的数据，就意味着可以实现不同的功能，完成不同的任务。

例如，不同的人使用不同的设备，加上数据传输能力就可以实现"通信"功能，如 QQ、微信、邮箱等。将特定的数据公开，让所有设备都可以访问和读取就实现了"媒体"功能，如新浪网、腾讯新闻和微信公众号等。将所有公开的数据集中在一起，然后进行分类，以便有需要的人能够更高效地找到它们，甚至还可以从用户的设备上传输一个关键词，然后利用服务器的计算能力找到含有这个关键词的所有数据集再传输到用户的设备上，这就是"搜索引擎"功能的雏形，如 Google、百度等都是在此基础上实现的。另外，基于搜索引擎的逻辑，又衍生出了百科、贴吧、问答、论坛等产品形式。

基于上述功能再进一步演化，既然可以通信，那么当一个销售人员加了客户的微信之后就可以向他推销商品。既然可以做媒体，那么申请一个微信公众号，发布几篇介绍性的文章，就可以将其作为公司的官方微信号，如果再把二维码印在宣传册上，则客户可以更容易地与公司取得联系。既然数据可以分门别类地存储起来，在需要的时候还能搜索到，那么只要将这些数据和权限控制在一定范围内，就可以形成各类系统。如果存储并搜索的是客户数据，则可以用来做客户管理；如果是订单数据，则可以管控销售；如果是员工数据，则相当于 HR 平台的雏形。

上面所描述的都是数字化的技术属性。在"Y 路径"演化模型中，前两个阶段的 IT 公司所体现的更多的也是技术属性。当下，很多传统企业的相关人员对数字化的理解止步于此，他们认为数字化只是一种技术能力。这样的理解当然无关对错，但基于这样的理解去做数字化转型，往往无法真正发挥出其优势，最终结局经常是投入了不少资源，但是产出并不理想。最常见的一种现象就是，企业好不容易开发出了 App，却发现并没有多少人用；或者开发了不少系统，却发现 bug[①] 越来越多。

数字化的第二层属性是其应用属性，即深入思考如何在产品和服务中体现这些功能，它们如何组合和变化才能够更好地完成任务。

---

① bug 是计算机领域的专业术语，泛指程序中存在的逻辑缺陷问题。

那么技术属性和应用属性有什么区别呢？区别在于**技术属性这一层更多关注的是能否实现和性能如何等技术层面的内容，总体上以"做出来"为目的；而应用属性这一层则试图在技术实现的基础上更加关注人和事，更多的是思考如何做才能让用户使用这些功能，以便更好地解决用户的问题，总体上以"用起来"为目的。**

应用属性大多是在"Y路径"演化模型中的"互联网自生长"阶段才开始显现的，因此在数字化主线上要等到阶段4，即"效率提升"阶段才能够明显看到。当下很多与数字化特别是互联网产品相关的概念和理念，如用户场景、用户体验、可用性、以用户为中心等，其实都是在应用属性这一层出现的。

正是有了"应用"这一层级的思考之后，数字化的技术能力开始渗透到我们的工作和生活中。下面依然以数字化的标杆——互联网行业中的产品为基础来举例说明。

还是以打车平台为例，但是这里我们更多的是想讨论它最初从0到1的创新思路。没有互联网的时候，一些出租车公司会提供"电话订车"服务。用户只要拨打特定的电话，告知出租车公司需要用车的时间和地点，即可获得相应的出租车服务。那么我们思考一下，这样的服务在技术层面可以实现吗？当然可以，但是可能需要建立一定座席规模的呼叫中心。这就意味着没办法同时支持很多人使用，没办法跟踪派单后的服务情况，等等，于是便造成这样的服务虽然存在，但是不可能被广泛应用的问题。

互联网的出现可以在应用层解决这个问题。就像我们用过的那些打车软件一样，开发一款App，它由乘客发出打车请求——这些请求及用户的位置信息会被软件发送给附近的司机，配合抢单等逻辑，可以成倍地提升订车的效率，并且有能力同时服务海量的用户。显然，这样的服务方式相比于电话订车更具有商业价值和社会价值。

我们再来回顾一下上述案例会发现一些不同于技术属性的特征。

首先，上述互联网的方式并没有将原有功能或流程简单地搬到网上，并没有简单地停留在实现的层面上。例如，没有将"给出租车公司打电话"变成"线上给出租车公司下单"，而是突破了原有的方案，直接连接了司机和乘客，改变了原有的业务模式和协作方式，最终创造了更大的价值。

其次，上述互联网的方式充分考虑了用户场景，即充分考虑了用户在订车过程中会遇到什么问题及需要什么帮助。例如，打电话订车肯定有说不清楚地址的时候，但手机定位可以解决；打电话订车肯定会有时效性问题——但打车软件同时给多个司机发送请求，配合抢单逻辑和算法，可以很好地缓解这个问题，让司机可以更快地来接你。

最后，这些打车产品还做了很多其他符合用户场景的功能，如同步打通了支付功能，乘客到达目的地后直接下车，司机确认服务完成即可直接从信用卡或第三方支付渠道结算，整体上提升了城市客运的效率。

数字化的第三层属性是其思维属性。由于思维属性这一层更多的是在"Y路径"演化模型中的后两个阶段才形成的，所以其主要案例依然是互联网产品而非传统的软件产品。思维属性这一层所要讨论的很多原则和方法等最早并不是出现在互联网公司中的，但往往在互联网公司和互联网产品上表现特别明显，形成了标杆效应，最终再被其他行业反向吸收、借鉴。关于这些思维方式，在本书后续的章节中还会深入探讨，在此我们举一个例子先简单了解一下。

互联网的很多产品是可以免费使用的，开发者如果想要盈利，就必须先服务好这些免费用户，然后他们才有可能转化为付费用户。在这样的路径作用下，很多互联网公司会把核心资源用来打磨产品，而不只是用于传统的生产和销售方面。以产品和用户为核心去思考和决策，就是一种典型的互联网思维，这种思维方式不但成就了互联网，也成就了很多非互联网行业的公司。

以前，国内大多数奶茶店所售卖的奶茶都是使用工业化生产的奶茶粉，配合热水冲泡而成。这样的方式有很多好处，如成本较低，原材料便于储存和运输，制作方便等，唯一的问题就是产品的口感不够好。在这样的大环境下，传统的奶茶店就像是一些传统制造业企业一样，主要的竞争力变为成本和渠道，而非产品——能够大批量购入奶茶粉以降低成本，从而压低价格，能够以合理的价格租到人流量最多的地段的店面，从而增加盈利的条件，而配方和味道反倒没那么重要。

然而，年轻人对于饮料的口感要求越来越高。在这样的大环境下，喜茶（原名"皇茶"）出现了。在当时看来，与其他奶茶品牌相比，喜茶的最大特点就是深度地打磨产品。它使用优质茶叶现场冲泡，添加芝士、糖、冰激凌等年轻人喜爱的原料，实时制作茶饮。喜茶的茶叶供应链非常优秀（当时，其他公司想要拿到同等品质的茶叶着实需要费一番功夫），其制作工艺、调配比例等也是经由深度研发获得。这样就使得喜茶的口感远超当时其他品牌的奶茶，以至于它的价格比其他品牌贵一倍，依然有很多人排队购买。

面对这样供不应求的市场，喜茶并没有像传统零售商一样急着开很多分店，拓展渠道，更没有开放加盟店，而是稳扎稳打，在有节奏地开自营店的同时，不断地优化产品，不断地推出更多的创新饮品。

后来，喜茶引入了很多表面上的数字化元素，如喜茶的小程序、积分兑换体系等。但是笔者认为这些对于喜茶来说更多的只是技术属性层面的优化，最多算作应用属性层面。而其底层**对用户需求的深入洞察，对产品品质的不断打磨，靠提供更好的产品而非更强大的渠道和销售来赚更多的钱，才是喜茶成功的关键，这也正是数字化的思维属性这一层所关注和要讨论的内容。**

如果你是一名数字化转型的决策者，**仅仅学习喜茶表面上的数字化元素是不够的。**很多公司也做了小程序，但做完之后发现并没有多少人用，也谈不上大幅度地优化公司业务——因为**缺了像喜茶一样以用户为中心发现更重要的价值点，以及"死磕"产品品质的精神和执行力。**还记得本书一开始所引用的对于数字化转型的描述吗？那段描述特别强调了要以"新建一种商业模式"为目标，并且"不仅仅是IT，而是对方方面面进行重新定义"。

理解了数字化的思维属性，特别是结合互联网的思维方式和方法论，从底层去改造企业和业务，才有可能真正产生明显的收益。

1.2.3　中国特色：特定人才的集合

在数字化领域特别是其标杆——互联网行业中还有另外一个重要属性，即人才属性。"互联网"不仅意味着硬件、技术和各类网络应用，在中国，它还代表着由一群特定的优秀人才在特定的历史时期以特定的方式聚集而成的庞大群体。因此，在技术、应用和思维这三类属性的底层，支撑它们的是数量庞大的优秀人才——并且"优秀"和"数量庞大"缺一不可。

互联网行业在我国经济史中的地位非常特殊，它有如下特征：

第一，互联网行业没有任何历史包袱。互联网在我国直到 1995 年才开始商业化，所有改革开放前的窘境及改革开放初期的阵痛，包括企业产权结构纠纷、政商关系对立和双轨制等，都与这个行业无关。这意味着互联网公司可以"在商言商"，可以最大限度地在法律和制度框架内做有价值的事情。

第二，互联网行业中有代表性的公司，几乎全部由在改革开放后受过优质教育的年轻人创立。这意味着这个行业从一出生就自带强烈的创新基因，拒绝保守，勇于挑战。后续我们所看到的互联网公司对于很多行业的颠覆，都是这种基因的表现。相比于其他行业，它还自带"开放""包容""平等"等属性。

第三，像很多新兴行业一样，互联网行业最初是被一些人所看不起的，但是，基于上述两个原因，这个行业的发展速度之快，聚集财富的能力之强，又让很多人感到惊叹和羡慕。这意味着随着行业的发展，有识之士会聚集到这个行业中来；同时，由于"看不懂""看不起"等原因，又会在一定程度上将一些一般甚至劣质的资源天然地隔离在行业外。

基于以上原因，互联网公司往往可以提供更高薪资的职位，同时在人才观上更加重能力、轻背景，并且拥有更加开放和平等的企业氛围。这三个元素组合在一起，吸引了足够多的优秀年轻人加入。

一个高速发展的可以创造价值增量的行业/事业，加上足够多的优秀年轻人，这样的搭配在人类历史上并不罕见。

在人类历史上，几乎每一个重要的变革时期，能够聚集最多的优秀人才并且创造明显的价值增量的行业或群体，往往都是社会发展的核心驱动力。其产出的思想、方法和产品等，都曾像水和电一样作为原动力融入了社会的方方面面，并最终改造和重构了整个社会甚至整个时代。文艺复兴时期的艺术行业，工业革命时期的实验室和工厂，启蒙运动中的文学家、思想家和哲学家群体等都曾扮演过这个角色。如图 1-19 所示为文艺复兴时期的两幅作品，左图为《维特鲁威人》，右图为《大卫》，这些作品反映的是"以人权反神权"的思想变革以及一系列的社会实践，正是它们带领欧洲走出了黑暗的中世纪。

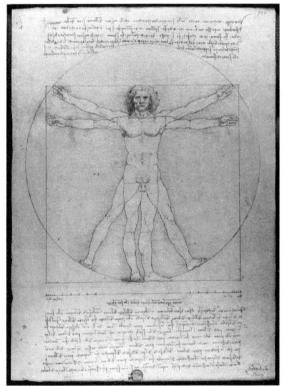

图 1-19　文艺复兴时期的作品

当下我国正处于一个重要的变革时期，互联网在很大程度上恰恰扮演着类似的角色。这样的现状与互联网本身的技术、应用及思维属性有关，同时也与其聚集的大批优秀人才有关。而今，纯线上的机会正在变得越来越少，很多互联网公司正在试图切入各行各业，很多原互联网行业的人才会不可避免地溢出——带着他们的思维方式和行为方式融入各行各业。

因此，**未来 5 到 10 年，一方面这种融入会在各行各业掀起巨大的波澜**；另一方面这些人才也将推动各行各业去重新审视它们的用户、需求、业务、协作关系和商业模式，以至于去优化甚至重构一些行业和公司，这是时代赋予我们的重大机遇，其重要程度堪比计算机、电力和铁路的出现。

综合来看，数字化就像是一座冰山，蕴藏着变革的力量，如图 1-20 所示。然而，在**这场变革中，仅仅掌握位于水面上的"技术能力"是不够的，必须同时掌握水面下的"应用手段"和"思维方式"**——就像是如果你出生在文艺复兴时期的意大利，而你的绘画作品缺乏思想，只会单纯地临摹其他人的作品，那么你也只能成为一名画匠，无法成为艺术家。**而不论是"技术能力""应用手段"还是"思维方式"，它们的载体恰恰是人。**如果你的公司正在试图做互联网转型或数字化转型，请务必记住这一点，除了要学习技术、方法和思维方式，还要认真地对待人才。

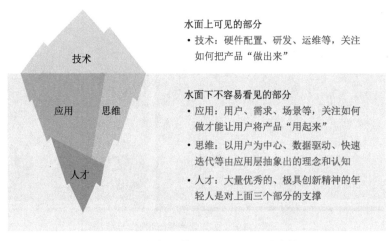

图 1-20 数字化的三层属性＋人才支撑

第 2 章
战略：确定数字化的
全局位置

2.1　传统行业与互联网行业的底层差异

前文已经提到过，在数字化"Y 路径"演化模型中，到了阶段 4 和阶段 5 之后，才开始大规模地体现出"应用属性"和"思维属性"，而这两个阶段是由互联网这条线索主导的。

几年前，用来描述数字化转型的流行概念叫作"互联网 +"。从一个互联网公司的角度来看，"互联网 +"更多意味着以互联网思维去改造甚至重构传统行业，互联网是推动变革的动力，传统行业是被改革的对象，颇有些颠覆的意味——的确，在一些行业中互联网做到了。然而紧接着有另外一种说法开始流传，叫作"+ 互联网"。"+ 互联网"是由传统行业提出的，他们认为依然应该以行业本身为主体，互联网仅仅作为工具为行业服务——就像是以前对待 IT 技术的态度一样。

整体上，"互联网 +"和"+ 互联网"是两种不同的理念，更是两种不同的立场，曾经很大程度上代表着互联网与传统行业之间的某种博弈。

如今，笔者更倾向于将"互联网 +""+ 互联网"看作实现数字化转型的两条不同路径。具体选择哪条路径，不同行业、不同公司、不同时期或许会有不同的答案。长远来看，互联网与传统行业之间一定是会互相渗透，彼此融合，然后更好地创造价值，而不是互相对立。但是对于一个具体的公司、部门或者团队来说，在战略层面究竟是应该偏向于"互联网＋"的方式——尝试颠覆，还是偏向于"＋互联网"的方式——持续改良，却是一个摆在决策者面前非常具体的问题。本章我们试图来寻找这个问题的答案，显然，想得到答案并没有那么简单。因此我们不妨先来尝试理解传统行业与互联网的底层差异是什么。

2.1.1　底层思维方式的差异

传统行业与互联网行业最大的差异在于底层的思维方式。传统行业普遍秉承的是工程思维与营销思维，而互联网行业与之对应的则是场景思维和运营思维。

这些思维方式没有好坏和对错之分，它们有各自的适用范围。如果你是一位从事传统行业的人士，希望以当前数字化的标杆——互联网公司为参考，抓住这一波数字化转型的机会，那么就必须深入理解互联网的思维方式，这样才可能有效地转型和融合。如果你是一位从事互联网行业的人士，希望参与传统行业"数字化转型"的相关工作，那么也有必要深入理解传统行业的思维方式——你会发现，纯互联网的那一套逻辑和方法，在很多情况下是不适用的。

传统行业：工程思维与营销思维

我们以传统制造业为例对这两类思维方式的不同之处做个对比。**对于传统制造业来说，其典型的商业路径是"生产—销售—使用"**。比如，一家生产洗衣机的工厂，首先要把洗衣机生产出来，然后再想办法把洗衣机卖出去，最后用户付了钱，将洗衣机买回家才能使用。

我们来仔细观察一下这个路径，然后试图回答两个问题。问题一：在上述路径中，商业价值在哪个环节产生？显然是销售环节。问题二：在上述路径中，用户认知在哪个环节产生？没错，是使用环节。

特征出现了。**在这个路径中，用户认知是位于商业价值之后的**。也就是说，用户必须先付钱买了商品之后，为厂商创造了商业价值才有可能知道这个商品是否适合自己、好不好用。

在这样的商业路径下，大多数制造业厂商会将核心资源投入在前两个环节上，即生产和销售环节。因而会形成两种思维方式，即针对生产的工程思维，以及针对销售的营销思维。 具体逻辑是这样的：

第一，"工程思维"的首要表现就是会极度关注生产行为本身，而对于生产之前的产品设计环节，相比之下反倒缺乏特别的关注和投入。制造业厂商一般都希望可以低成本、快速地生产出合格的产品。追求低成本，是因为在其他条件差不多的前提下，成本越低，在市场上越有竞争力。而追求快速则有两个原因：一方面生产速度足够快，单位时间内产量足够高，才能保证充足的市场供应，才能尽快抢占市场；另一方面，生产线一旦停下来，会造成巨大的浪费。很多制造业的工厂在一些特殊市场环境下宁愿接亏本的订单也要开启机器持续生产，就是这个原因。

在这样的思维方式作用下，厂商一般会试图压低原材料成本、改进制造工艺及优化流水线作业来提升效率，这些本质上都是在优化生产环节。

第二，营销思维的核心表现是重渠道、重宣传、重销售和弱服务。 传统的营销职能关注的多是销售这个环节的突破，因此更加关注短期价值。因为在"生产—销售—使用"这个典型的商业路径中，商业价值在销售环节中产生，因此卖出去才是王道。以至于很多公司都要投入很多的资源在渠道和营销上，要搭建庞大的代理商体系，要与各地代理商进行利益博弈，要千方百计地做各种促销活动等。而一旦产品被成功卖出去，后续任何额外的服务都会变成成本，同时在我国制造业面临的大环境下，很少会有用户为产品之外的服务付钱。因此厂商的理性决策就是尽量控制成本，即弱化服务。

同时，从用户视角来看，在付钱购买产品之前其实没有什么有效的方式可以深入地了解产品。购买产品之后如果没有质量问题，一般也难以退货和换货。也就是说，用户购买产品前并不了解产品，而一旦购买，如果用了一段时间后发现不合适，更换的成本则很高。这样的现状又会加剧厂商"重渠道、重宣传、重销售和弱服务"的思维方式，从而加重营销职能对短期价值的关注度。

第三，**工程思维的另一个特征就是喜欢把产品功能做得大而全**，希望更多地研发新功能，而不是更深入地思考具体的功能逻辑是否合理。由于用户购买前并不了解产品，所以在营销方面就需要对产品进行重度的包装。这样的思路会反作用于生产环节，甚至一定程度上研发和生产需要配合营销需求——而不是满足用户需求。这种现象会导致两个结果出现，第一个结果是产品会慢慢变成一个"大而全"的功能集合，但很多功能并不实用——想想你家里老式电视机的遥控器就明白了，可能那上面有的功能你从来都没用过；第二个结果是厂商会试图引入一些听起来"高大上"的概念性功能，但这些功能往往用起来并不稳定和可靠，甚至只是一时新鲜，过不了多久反而会成为累赘——想想曾经在电视机行业中被热炒的"画中画"功能，在一个屏幕上同时播放两个电视节目，真的实用吗？

第四，**传统制造业厂商对使用环节的关注极少**。一方面是思想上没有动力去关注，另一方面也没有特别有效的手段。因此很多传统制造业厂商自己都说不清楚用户究竟需要什么，从而也就没办法有效地去优化产品，只能跟随潮流和新技术的发展去推出新产品。

另外，上述逻辑虽然以传统制造业为例，但是其他传统行业的情况与其类似。有的可能是先收定金，后生产，然后再收尾款，但本质上还是用户付了钱才能拿到产品；有的可能生产的产品并非实体形式而是服务，但本质上服务提供者依然希望能快速且低成本地完成项目，这样才能尽快开始另一个项目；有的可能工程思维和营销思维的表现没那么明显，比如很多大型企业会比中小企业投入更多的资源在设计、研发和服务上，但是相比于生产和营销过程的投入来说，特别是相比于下面要提到的互联网公司在产品策划等环节的投入来说还是太少了。

互联网行业：场景思维与运营思维

我们再来看互联网行业。传统制造业面临的所有问题，在互联网行业中也有。互联网公司当然也会关注生产（开发）过程、效率提升和成本控制，但是**互联网行业的典型商业路径是"研发—使用—转化"**。研发环节类似于传统制造业的生产环节，而转化环节则类似于销售环节。

同样，我们再次尝试回答之前的两个问题。问题一：上述路径中，商业价值在哪个环节产生？答案是在最后一个环节——转化环节产生。问题二：上述路径中，用户认知在哪个环节产生？答案是在使用环节。即对于大多数典型的互联网产品来说，用户是先使用某个产品，如果认为这个产品不错，才有可能转化为该产品的付费用户。也就是说，**用户认知位于商业价值之前**。

这就与一般的传统行业逻辑很不一样了。**在这样的商业路径下，大多数互联网公司会将核心资源综合投入这三个环节中，相比之下会有大量的资源被投入如何才能让用户更好地"使用"产品这个课题研究上。因而会形成两种思维方式，即针对策划和研发的场景思维，以及针对转化的运营思维。**

我们依然要梳理一下具体逻辑：

第一，场景思维的首要特征是以用户为中心去思考问题。 具体的方法是，互联网产品的策划和设计人员会对用户需求进行反复、深入地发掘和分析，同时互联网的特征也决定了其有能力通过数据分析、用户行为分析、用户研究等方式深入地了解用户。互联网公司并不仅是把产品的功能做出来就可以，还必须努力让用户爱上这些产品和功能。因为先使用后付费的原因，只有让用户爱上产品才更有可能创造商业价值。因此大多数互联网公司在产品研发的过程中会重点思考用户"在什么条件下"和"为什么"要用自己的产品，继而设计出更适合用户的功能。**互联网的产品策划和设计的目的，不是把产品做出来，而是让用户用起来**。在典型的互联网公司中，产品经理是一个非常重要的职位，他们的职责是负责策划和设计产品。

第二，场景思维的另一个特征是"合适"。 由于要让用户尽快用起来，所以互联网产品的基本设计理念是：在合适的时候为用户提供合适的功能，解决用户问题但不添乱，并不是一味地把产品做得大而全或者强大，让用户摸不着头脑。相关的原则及其背后的逻辑将在第 3 章继续深入讨论。

第三，互联网公司特别关注用户体验。 一个优秀的互联网产品，以合适的功能满足用户的需求只是第一步，除此之外还要努力优化用户在使用产品过程中的感受。这是场景思维的第三个特征。原因依然与商业路径有关——用户觉得好，才有可能持续使用，才有可能付费转化。另外，互联网产品的更换成本极低，如果用户不喜欢，随时会转向其他产品。

第四，依然与商业路径有关，一般情况下，互联网产品的用户越活跃（越频繁地使用产品），就越有可能转化为付费用户，就越有可能持续付费。因此**在创造商业价值这个环节上，相比于传统制造业的营销思维，更适合互联网的方式是运营思维**。从表面上看，运营就是通过人为的策划，让用户与产品更多地进行交互，让用户长期留在产品中，以至于推动、引导更多的付费转化。很多互联网产品会定期做活动、发优惠券等，这本质上都是在做运营。**如果上升到思维层面，运营思维则意味着更加关注长期价值，在用户整个生命周期内，通过持续不断地为用户输出价值来获得用户更高的认同度，从而获取更高的收益。**这与传统行业的营销思维——关注销售这个单一环节的突破和短期价值正好相反。

为了更好地说明上述差异，我们来看几个具体的案例。先来对比讨论一下工程思维和场景思维。

案例：遥控器

如图 2-1 所示为 3 种不同的遥控器，前两种是电视机的遥控器，第 3 种是空调的遥控器，它们由不同的厂商生产。我们来对比分析一下它们各自的特征。

图 2-1　3 种不同的遥控器

最左侧是典型的传统制造业厂商生产的电视遥控器，非常具有 20 世纪 90 年代的风格，相对比较老派，是工程思维的典型代表。观察一下，它有如下特点：

第一，在一个相对面积不大的面板上，密密麻麻排布了很多按钮，大多数按钮都对应着至少一种功能。功能之间几乎没有主次、高低频方面的区分。

第二，由于按钮较多，空间较小，所以每一个按钮的尺寸都比较小，同时，不同位置的按钮的排布方法趋于相似。例如在数字键区域内，每一行都是 3 个按钮，以相同的排布方式排列了 4 行。

第三，可以看出，遥控器上包含的功能极其丰富，并且几乎全量对用户铺开，其背后的业务逻辑和相应的操作流程则相对难以理解，可能需要对照说明书才能勉强操作。另外，具体功能的有用性存疑。如果你用过这样的电视机一定会有印象，就是遥控器上面的很多功能可能直到电视机坏掉都从来没用过。

另外，我们把一些具体的使用场景带进去会发现，这个遥控器在一些场景下是无法顺畅的操作的。举例来说，很多用户都喜欢晚上关了灯后在客厅里看电视。因为周围环境光线很暗，屏幕上的色彩就会显得更加鲜艳，感官体验较好。但是在这样的环境下，如果用户想要使用这个遥控器进行操作，由于按键太多，他必须在拿起遥控器的同时对着屏幕上的光线寻找相应的按键，找到后才能操作。如果是类似于换台、调节音量这样的操作，可能看一眼就能找到；如果是不常用的操作，如切换模拟信号和数字信号，那么他可能需要把眼睛贴近遥控器，凭借印象并根据按键旁边的名称一个按钮一个按钮地去寻找相应的功能，用户体验较差。

我们再来看中间的遥控器，这是小米电视的遥控器。我们知道，小米是一家有浓重"互联网基因"的制造业公司，同样是生产电视机，小米的思维方式更偏向互联网思维。观察一下，它有如下特点：

第一，这个遥控器上的按键数量很少，面板的正面只有 11 个按键，看起来很简单，不会有那种面前堆满各种按键的压迫感。

第二，这 11 个按键除了最上方的开 / 关机按键，以及竖向排列的调节音量的加号和减号按键之外，其余的按键并不代表某个具体功能，而是一些普适性的操作。

例如，圆圈区域有 4 个实际按键，代表上、下、左、右 4 个方向，可以通过这 4 个按键移动屏幕上的选中项；圆圈中间的圆形按键则代表进入或确认，而圆圈区域下面类似于小于号的按键 "<" 代表退出或返回上一级操作。

第三，按键虽少，但是这 11 个按键和电视屏幕上显示的内容配合在一起的时候却可以打开一个更大的世界，理论上可以扩展无穷的功能。同时，代表普适性操作的遥控器，与屏幕上的具体操作提示配合在一起，可以构建出一套基于场景的操作方案——在不同的界面中可以设置完全不同的操作选项来实现完全不同的功能，而不是把所有功能和操作选项一股脑地排布在遥控器面板上。

第四，我们尝试把之前的场景再次带入。晚上关了灯看电视的时候，如果需要使用小米遥控器进行操作，是完全可以无障碍操作的。拿起遥控器，眼睛不需要离开屏幕，只需要用手进行简单的触摸就可以定位到具体的操作按键。例如，想要调节音量，只需要从遥控器下方往上摸索，当触摸到竖向排布的两个按键时就可以进行操作了——整个遥控器上只有这两个按键是竖向排布，并且它们是物理上连体的按键形式。再如，想要移动屏幕上的选中项，只需要用手摸一下面板，找到圆圈区域，即可快速发出上、下、左、右中的一个指令。这样的操作显然比传统电视机的遥控器更高效也更顺畅，用户体验更好。

如果这个案例只讲到这里，你可能会认为笔者想要表达的就是设计圈子里常说的"做减法"和"少即是多"之类的理念，实则不然。例如，我们再来看看第 3 个遥控器，这是某著名品牌某型号空调的遥控器。表面上看，它和小米有点儿像，但仔细分析后我们会发现这是一个失败的设计。

第一，与小米电视遥控器相同，空调遥控器整体上按键数量比较少，面板的正面只有 7 个按键（侧面还有 3 个）。同时，其工业设计和外观也很不错——比传统的遥控器美观很多。

第二，它的面板上有 3 排按键，与小米电视遥控器的加减号按键一样使用了连体按键方式。但是小米的加减号按键采用了竖排方式，加号键在上，减号键在下。这在逻辑上与大多数人的认知是一致的——加号代表越来越多，因此在上；减号代表越来越少，因此在下。用户在实际操作过程中其实会不自觉地把这种习惯带入进去，以至于很容易进入状态。

但这个空调遥控器并不是这样设计的，除了用来调节温度的两个箭头按键之外，其他两组按键并不是逻辑相反的操作。同时两个箭头按键是左右排列，这在逻辑上其实并没有与大多数人的普适认知一致——我们的意识里面应该并没有左侧比右侧小的概念，因此使用这个遥控器进行日常的操作并不会感觉很顺畅。

第三，它的三排主要操作按键虽然尺寸较大，但排布得特别紧密，中间的缝隙很窄，并且还画蛇添足地做了两条倾斜的切割。我们还是带入用户使用场景进行分析。在我国南方，夜晚睡觉的时候是使用空调的高峰期，人们可能时常会在睡得迷迷糊糊的时候感觉有些冷或者有些热，需要使用遥控器来调节温度设定。由于是从睡眠中醒来，房间里大概率是关了灯的，这时用户就需要在黑暗的环境中做出正确的操作。

好不容易摸到空调遥控器，面板上的三排按键摸上去的实际手感几乎是一模一样的。同时，由于按键之间的缝隙太窄，而且相邻按键又被做了斜向的切割而非横向切割，所以用手摸过去，缝隙处极其不明显。我们还是对比一下小米电视遥控器，其上面的几个常用操作摸上去的手感是完全不同的。例如，上、下、左、右方向按键是个圆圈，音量加减按键是一个竖向放置的条形，并且这些按键之间的距离也足够远，相比之下更容易定位。但这个空调遥控器上的按键每一个摸上去的手感都差不多，很难定位。

笔者就经常会将"风速"键错当成向下键按下去。并且这个型号的空调在墙上的内机面板上只会显示温度，并无明显的风速状态显示。这就意味着笔者按错之后，虽然听到"嘀"一声但之后发现温度数字没有变化，才会意识到按错键了，但是却并不知道刚才错按了哪个键，即笔者完全不知道刚才进行了什么操作。

人在半睡半醒的时候遇到这种问题往往会很烦躁。但是为了调节温度，只能摸黑找到手机并点亮屏幕，对着屏幕上的光亮找到正确的按键（因为不想开灯，否则会影响睡意）再次操作，确认温度数字变化后再躺下继续睡觉。

然而这还没完，还记得吗，刚才笔者首先是进行了一步误操作，但是并不知道产生了什么结果。事实上，这时空调已经由适合睡眠的"弱风模式"，切换到了"自动调节风速"模式。这个模式简直是个灾难，它会根据一套奇怪的规则来调节风速（根据笔者的观察，基本上就是几种不同的风速依次吹一遍，然后循环）。因此，笔者刚躺下3、5分钟后，听到空调的风速突然加速并发出呜呜的声音，严重影响睡眠。这时笔者只好再起来拿起遥控器把风速调回来。如果是增加温度操作，很容易会误触"扫风"按键，结局同样令人恼火。

我们回到场景思维，上述空调遥控器显然仅仅只优化了外观设计，精简了功能和操作按钮，但它的设计者或许并没有意识到功能是要跟用户的具体使用场景相结合的。仅仅做了减法，但依然将各类功能按钮生硬地排布在面板上，这种思维方式本质上和第一种复杂而又老派的遥控器是一样的，是一种变形的工程思维。

案例：共享单车

如图 2-2 所示为当下城市中常见的两类不同的自行车租赁服务。左侧是很多城市的政府机构都曾尝试过的公共租赁自行车服务；右侧则是基于互联网的共享单车服务。

图 2-2　两类不同的自行车租赁服务

其实，早在十多年前，很多城市的政府部门就曾委托当地公司运营各种公共自行车租赁服务，特别是一些著名的旅游城市。但是这项服务除了在一些特殊的区域（如大型景区附近）之外，很少有大规模使用的案例，最后大多会逐渐废弃，以拆除收场。而基于互联网的共享单车服务如摩拜单车、ofo 等，则可以被用户广泛地使用，并且一度成为热门产品[①]。

为什么基于互联网的共享单车服务更受欢迎呢？这其中有很多因素，但最重要的因素是共享单车更加符合用户的使用场景，其产品设计更好地遵循了场景思维。

传统的公共租赁自行车往往是基于停车桩运作的。在一个城市中布置很多自行车的停车桩，配合可以投币或者刷公交卡的支付系统，支付成功则开锁，确认还车则关锁。这就意味着不论是取车还是还车，都需要到达特定地点，比较麻烦，因此停车桩实际上变成了一个阻碍用户使用的设计。

自行车这种交通工具，在当今的城市中是有其适用范围的。在大多数情况下，如果我们需要去一个稍微远点的地方，并不会选择骑自行车，因为距离较远，骑车又慢又累。因此自行车的核心用户场景是解决"最后一公里"的问题。而停车桩的分布不可能特别密集，需要在特定地点取车和还车，恰好与"最后一公里"这个使用场景是冲突的。

假设某用户每天乘坐公交车上下班，最近的公交站距离其公司 800 米。在这样的场景下，他下了公交车后可能需要一辆自行车来完成最后这 800 米的路程。我们把传统的公共租赁自行车和共享单车这两个产品分别套进这个用户场景来体验一下。

对于公共租赁自行车来说，最近的取车点并不一定紧邻公交车站，这时用户可能需要从公交车站步行一段距离才能取车，步行的方向或许还是与去往公司相反的方向。假设他找到最近的停车桩并且顺利取到车，现在他开始骑着自行车向公司方向前进。到了公司门口，他还需要再次寻找一个停车桩归还自行车。同样的问题出现了，最近的停车桩可能并不在公司写字楼的门口，而是又需要走一段距离。这意味着他还了车，还需要再步行一段距离才能到达公司。

---

① 摩拜单车、ofo 等共享单车品牌虽然到今天有的已经倒闭或者出售，有的还发生了押金无法退还的问题，但出现这样的结果更多原因的是商业模式问题，而其产品至今依然在一二线城市中被广泛使用。

一共只有 800 米的距离，寻找停车桩需要时间，步行至两边的停车桩也需要时间，而且到达第一个停车桩后有可能没有自行车；或者到达公司附近的停车桩后发现没有位置锁车、还车，说不定还需要再多走几百米路，再加上早晨可能会有迟到的风险，想想都觉得不靠谱。这样的产品显然是不可能被广泛使用的，这也是工程思维的一种表现形式，即仅仅把基本功能实现了，能取车，能还车，自行车本身可以作为代步工具，但是这些功能却很难被顺利且广泛地使用。

共享单车的设计则考虑到了上述用户场景。如果是按照"+互联网"的思路，或许应该在现有的所有停车桩上加装微信支付渠道，这样使用手机就可以付费租车、还车。但显然，互联网公司并不是这么想的。对于摩拜单车来说，最初是在每一辆单车上安装联网装置和电子锁，配合互联网的覆盖范围及微信支付和支付宝的支付功能，可以让用户随时随地取车或还车，这才是符合用户场景的服务。

摩拜单车的设计思路很大程度上就是互联网行业场景思维的体现——以用起来为目的，而不仅仅是做出来。以上两类自行车从功能层面来看是一模一样的，但是从服务层面上看，由于共享单车更加符合用户的使用场景，所以更能够被用户接受，从而成为成功的产品。

案例：智能手机

我们再来对比讨论一下营销思维和运营思维的特点。

移动互联网在国内高速发展的那几年也是智能手机厂商的黄金时期。当时智能手机的利润较高，因此国产的智能手机品牌层出不穷，有相当一部分品牌在那个时期就已经获得了较高的市场占有率。那时候，大多数智能手机厂商更像是传统的制造业公司，他们更多的是营销思维模式——千方百计地把手机卖出去，单纯地追求销量。除了一般的代理商体系及与大型卖场合作等常规销售渠道之外，一些手机厂商还与电信运营商深度合作，将手机和话费进行捆绑销售，或者以合约机形式进行售卖。当然，这些在当时看来可能并没有什么问题。

然而，随着智能手机行业不断成熟，市场渐渐饱和，手机的利润也变得越来越低。仅靠售卖硬件盈利的厂商感受到了危机，一部分厂商开始探索新的盈利渠道。

新的盈利渠道无疑有两种可能，一种是开拓新的产品线赚更多的钱（很多手机厂商同时开始做各类 Pad、智能硬件等）；另一种就是深挖现有产品的价值。而对于手机来说，其背后蕴含的巨大价值之一就是用户。因为对于很多用户来说，手机几乎是 24 小时不离身的，其重要程度不言而喻，没有哪种其他的电子产品或者电器在这个维度上可以与手机相比。

那么，如何通过手机这个渠道来深挖用户价值呢？几年前，有远见的手机厂商开始不约而同地向互联网方向转型。据相关数据显示，2020 年，国内智能手机的市场占有率前 5 名分别是华为、OPPO、vivo、小米和苹果，它们的市场占有率加在一起超过 90%。而这 5 家手机厂商最后无一例外地都变成了互联网公司。他们的员工里有庞大的团队在从事互联网相关的业务，有的占比甚至超过硬件研发和营销体系。他们的盈利模式已经不仅仅是靠售卖手机硬件，而是包含很多互联网服务，在服务过程中向 C 端用户或者 B 端商家收费，如应用预装、移动应用分发、支付渠道（如华为钱包）、付费内容等。对于手机生产厂商来说，由于硬件是他们自己制造或组装的，操作系统也是他们自己开发或者用 Android 的开源代码修改而成的，因此他们做手机服务有天然的优势。

反观另外一些曾经如雷贯耳的手机品牌，如酷派、中兴、联想、金立等，由于各种原因它们错过了互联网的这个机遇，或者并没有将互联网相关业务做得足够好，以至于逐渐在智能手机市场中销声匿迹了。

总结一下，依靠销售手机硬件本身来盈利，其背后对应的必然是营销思维，带来的结果往往是一锤子买卖。而借鉴互联网的方式和手段，更加注重的是以用户为中心去思考产品设计，在用户使用手机的整个周期内通过向用户提供额外的服务来持续盈利，则更像是运营思维。

案例：房地产物业公司错过的机会

走下坡路的行业很多，智能手机行业或许本身就与互联网行业比较近，其思维方式转变比较容易，因此转型成功的企业较多。但其他同样在走下坡路的行业可能就没那么幸运了，如房地产行业。

　　近年来，国内的房地产行业一直在走下坡路，特别是宏观政策层面对房地产的管控越来越严，很多房地产企业的房屋销售量和利润率等都在逐年下降，而土地成本却变得越来越高。我国的房地产行业比其他国家更加依赖土地供应，只要拿到土地许可，修建的房子就不愁卖。在这样的大环境下，一些房地产开发商会将工程思维和营销思维发挥到极致。一方面千方百计地节约工程成本，甚至不惜偷工减料、违规搭建；另一方面则习惯于重度营销，有的开发商愿意投入上亿元的费用做营销，却不愿意为业主收房后发现的质量问题认真地做补救。

　　在整个房地产行业走下坡路的情况下，另外一些相对有远见的开发商已经在探索新的模式了。这跟智能手机行业有点像，传统的房地产销售是典型的一锤子买卖，并且在销售的过程中时常还会掺杂一些夸大其词的成分。当这种一锤子买卖越来越不被看好之后，如何才能深入挖掘已有产品的价值呢？答案是关注那些已经住在自己房子中的人。

　　我国的商品住宅，其开发商和物业公司大多数是有重度关联的，有的甚至是同一家公司。对于物业公司来说，这是一个蕴含着巨大潜在机会的切入点，可以通过提供更具价值的日常服务，照顾好业主和住户的日常生活来获得更多的商业利益。况且，我国的物业服务其实不是一个开放性的市场，对于业主来说，想要更换物业公司是很难的。这种现状其实恰好为物业公司努力做好服务提供了机会（当然也成为很多公司不思进取的理由）。回到我们目前讨论的主题，这正是由营销思维转变为运营思维的逻辑。

　　然而在笔者看来，大多数物业公司的思维方式转变并没有那么成功。虽然很多大型的房地产公司已经将物业服务作为集团战略业务去发展，甚至有的已经拆分上市，但是从整体上来看，我国的物业公司远远未能发挥出其应有的想象空间。由于其自身的问题，物业公司错过了很多本来就应该属于自己的机会。

　　比如，快递柜服务本来就应该是物业公司的业务，但是丰巢和菜鸟已经完全把这个市场瓜分了，大多数物业公司仅仅是收取一些类似进场费之类的费用。

　　再如，很多日常生活服务，如洗车等，由物业公司去做也会有天然的优势。因为业主每天回家要将车子停在小区停车场，对于业主和住户来说，回家后把车停好，然后将车钥匙交给物业管家，让他们在小区里把自己的车洗了，第二天早晨开着焕然一新的车去上班，这是多么好的体验！对于物业公司来说，既有场地方面的便利，又有触达客户的渠道，而且类似"无水洗车"之类的技术也已经很成熟，做这个服务一定比外面的洗车服务更有优势。然而，现实中的大多数物业公司只能靠外来车辆进入小区收取停车费，或者靠租赁小区的公共场地等创造一点额外的收入。

再如，从2020年开始，"社区团购"逐渐兴起。这不仅仅是一个简单的新型购物渠道，更重要的是它跟生鲜电商一样，可能会再次重构零售行业。在传统的电商体系内，"最后一公里"的成本一直居高不下，然而社区团购可以统一配送至小区而不是配送给每一个用户。对于平台来说，很有可能通过优化，把这部分成本节省下来，继而再通过优化，改善零售行业各个节点间的协作关系。对于用户来说，这样做可能会获得更有吸引力的价格，总体上想象空间巨大。与快递柜的逻辑相同，物业公司其实最适合作为运营主体来承接社区团购最后环节的服务。然而很多物业公司错过了这个机会，在美团等互联网公司集中发力的当下，物业公司的关注点依然只是催收物业费。

我曾与国内多家知名房地产集团的物业相关业务的核心员工接触过，聊过类似的想法。但是从我得到的信息来看，即便是相对有远见、重点发力物业服务的公司，其管理者的商业化思路也依然停留在类似二手房买卖、房屋租赁等可以在短期内直接"售卖变现"的服务上。他们缺乏长期的运营思维，总是希望做一单生意收一单钱。

有一些领先集团的物业公司，由于向业主和住户强推其App，因此拥有一些并不活跃的互联网用户存量。但这些公司最先想到的并不是把线下服务与线上紧密地结合起来，从而让App活跃起来，而是试图做电商和优惠券，甚至幻想把他们的App推广给不是他们管理的其他小区的业主，这种思路就又有点儿工程思维的意味了，幻想只要把功能做出来，就有人用，这在数字化领域是不可能的。试问，对于一个用户来说，京东、淘宝和美团等优秀的电商平台摆在他们面前，商品丰富并且服务可靠，他们为什么会去用一个不知来路的物业公司开发的App并且在上面买东西呢？除非这个 App 可以提供特别的服务，如社区团购代收货等。而二手房买卖、房屋租赁这些业务本质上需要庞大的用户流量来支撑，物业公司虽然有一些带看房方面的便利条件，但在当下几乎是不可能与贝壳等流量平台竞争的。

总体上，一部分房地产开发商虽然看到了长期服务的价值，但在战略方向及具体执行层面上依然过于传统，不愿意长期投入，不愿意深入挖掘有价值的服务。这与他们试图由单一的卖房向服务转型的想法是背道而驰的。

最后让笔者再次陈述一下对于这四种思维方式的理解。**传统行业秉承的工程思维和营销思维并没有错，这两种思维方式也是各行业在发展过程中总结和提炼出来的有效的方法论。互联网行业的场景思维和运营思维也并非是万能的，只是更加适应互联网的特征而已。**

即便如此，笔者依然要提醒各位读者注意两点：**第一，对于更加成熟的市场、更长远的发展，以及对用户要求越来越高的现实趋势来说，场景思维和运营思维更能适应成熟市场的大环境。第二，如果你主观上真的希望深入思考数字化转型战略，包括深度地研发互联网产品开拓线上业务、建立并完善互联网团队，甚至希望优化公司业务、"颠覆"行业的话，就必须深入理解场景思维和运营思维，适当弱化甚至放下工程思维和营销思维，理解互联网的方法，才更有可能做好数字化转型工作——至少在当下是这样的。**

2.1.2　互联网思维的核心要素

上文提到的场景思维和运营思维是数字化的标杆——互联网公司的底层思维框架。本节我们将展开讨论所谓的互联网思维在应用层的表现。其实，互联网行业并没有对所谓的互联网思维下过准确的定义，这个词在不同人的口中，其含义也不尽相同。另外，很多所谓的互联网思维所阐述的也并不是互联网行业或者数字化过程中独有的思路，很多类似的思维方式在各行各业中早已普遍存在。只不过其中的一些思维和行为方式在互联网的大背景下，在数字化的具体业务形态下，被更广泛、更深入地使用而已。在此笔者不打算系统性地阐述"互联网思维"，而是只选取互联网行业内相对有共识的几个理念来做简单说明，包括以用户为中心、快速迭代、数据驱动和用户体验。

请读者注意，本节讨论的方式和方法，不一定能够从互联网行业和数字化业务形态中推广到其他行业或其他业务形态中，有的可能只适合互联网，有的可能只适合线上，有的则只适合完全数字化的业务。但是，了解它们有助于更好地理解互联网行业的思维方式和行为方式，以及互联网行业出现的一些现象，从而避开一些数字化转型过程中明显的"坑"。

以用户为中心

先说第一个核心要素"以用户为中心"，它可以看作场景思维和运营思维的前提。由于在互联网行业的典型商业路径中，使用在前，转化在后，只有在使用环节将用户服务好，才有可能转化，因此用户在互联网公司有很高的地位。很多时候，对于一家互联网公司来说，从战略到产品方向再到具体的产品功能、业务流程设计、运营策划等，都要站在以用户为中心的角度来思考问题。

所谓的"以用户为中心"，并不是指简单的对用户好或者听用户的，而是切换到用户的视角，深入地分析他们需要什么，他们会在什么情况下产生这些需求，然后在此基础之上决定我们要做什么。

很多传统的服务业有类似"顾客就是上帝"的说法，甚至有的公司提出了"顾客永远是对的"这样的服务口号。这些公司通过刻意地放低身段，将自己置于比顾客更低甚至更卑微的位置来提供服务，从而让顾客感觉尊贵。另外，很多有外包性质的乙方公司习惯于被动接受甲方的要求，通过认真干活来换取经济利益。

这些方式本质上没有对错之分，但是将自己主动置于弱势的一方或者被动的一方，久而久之会失去与被服务者在同一层面上思考问题的能力，从而导致越来越多的被动接受，服务也会越来越工程化和形式化。最终可能反而无法提供真正优质的服务，无法真正帮助被服务者解决真实的问题。

另外还有一些行业，虽然他们嘴上说着服务用户，但实际上往往有着高人一等的心态。他们习惯于以俯视用户的态度来思考问题，用户的需求和利益只是他们赚钱路上的陪衬，因此出现了很多霸王条款，以及办事流程烦琐和服务态度恶劣等现象。

总是将自己主动置于强势的一方，不顾用户的利益，在特定的时期或许可以获得经济收益，但是一旦市场发生变化，用户有机会换掉相应产品或服务的时候，这些公司就会被无情抛弃。

相比之下，互联网公司对待用户的态度既不卑微也不强势。**典型的互联网公司更多的是以一种与用户平等的视角来做决策。因为只有与用户平等，才有可能深入地理解用户，站在用户立场思考问题，继而深入挖掘他们的需求，做出最适合的产品或服务。**

另外，与用户平等的视角，同时意味着互联网公司一般不会被个别用户的意见所左右，绝不会像乙方对待甲方提出的要求一样，对用户的意见照单全收。而是会从用户的整体视角思考问题，给出相对普适性的解决方案。关于这一点，我们会在第 3 章进行更详细的分层阐述。

快速迭代

下一个核心要素是快速迭代。互联网产品的开发过程相当于传统制造业的生产过程，但是由于其产品在研发、维护和使用等方面的方式与方法不同于传统的制造业，使得其相关从业人员的工作习惯和传统的制造业也大不一样。例如，由于互联网产品是通过编程实现的，相关的程序代码可以随时进行修改并可随时发布到服务器上，所以用户可以很顺利地升级到最新版本；再如，互联网产品与用户的交互渠道更加通畅，非常容易收集用户的反馈信息；再如，互联网产品可以通过技术手段来分析用户的使用行为数据，从而可以更加深入地理解用户的习惯……互联网行业的这些特点再加上其"以用户为中心"的思维方式，使得其很自然地形成了"小步快跑，快速迭代"的研发习惯。

对于很多传统企业来说，产品一旦售卖出去就对其失去了控制，因此必须事先想清楚这个产品的所有功能细节。功能必须足够齐全，必须验证这个产品的所有模块足够耐用和可靠，然后才能大规模地投入生产。一旦投入量产，再想对产品设计做修改就很困难了。有时候由于一些问题没有被及时发现，可能还会面临召回、维修等严重的问题，从而给用户和企业造成重大的损失。

而对于互联网行业来说，是可以接受目前给用户提供的产品并不完善的情况的。互联网公司一般不会详细制定一整套宏大的计划，并一次性把计划内的功能模块全都做出来，然后推向市场，而是先做一个最基础但功能可以闭环，可靠性、用户体验等可以接受的产品，将其先发布给用户使用。在之后的使用过程中再慢慢地增加和优化功能，让产品完善起来，这个过程就叫作迭代。而基于互联网技术层面的诸多特性，互联网产品的迭代速度往往很快。有些互联网产品在一周甚至更短的时间内就可以发布一个含有优化功能的新版本。

将整个体系规划清楚，把所有模块的业务逻辑思考清楚，然后再进入大规模生产的模式，一般称之为"瀑布流开发模式"，很多制造业公司，包括很多传统的 IT 公司都在使用这类模式进行产品研发。而互联网公司惯用的这种"小步快跑，快速迭代，逐渐完善"的研发模式，我们一般称之为"敏捷开发模式"。

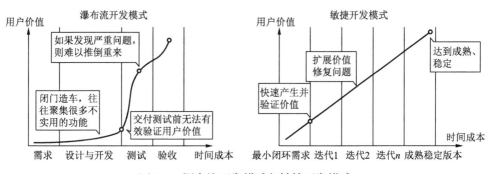

图 2-3 瀑布流开发模式与敏捷开发模式

如图 2-3 所示，瀑布流开发模式的劣势主要在于机会成本方面，由于前期需投入大量的时间、精力和资源去做设计和开发，但无法获得用户的实际反馈，也无法获得客观的使用数据，所以有时会有闭门造车的情况发生，做出很多自己认为强大，但实际上用户并不需要的功能，同时也可能会错过一些市场机会。所以从图 2-3 的左侧图中可以看出，用户价值随时间变化的曲线最初的斜率是很低的，到了测试、验收和销售阶段，才能够真正看出其价值。

敏捷开发模式可以规避上述问题，由于其最初就可以交付一个相对基础但场景闭环的版本供用户使用，所以在产品的早期版本中就可以验证用户价值，收集用户反馈，然后不断改进、优化，最终达到一个成熟、完善的状态。在图 2-3 的右侧图中，用户价值曲线开始的斜率就比较高，因此在产品的早期版本中就可以判断其价值，如果发现价值不足也可以尽早做出调整，或者干脆放弃并止损。

另外要注意的是，**快速迭代这个思路并不适用于所有行业**。例如，对于制造业就很难推行，原因很简单，制造业产品不具备随时更新版本的能力。但是对于服务业等行业来说，可以在一定程度上借鉴其适合的部分。

数据驱动

说完了快速迭代，我们再来了解一下数据驱动。一般我们做决策的时候要依靠收集到的信息进行逻辑分析。但是很多时候我们说的跟心里真正想的并不一样，不仅我们，用户也是如此。很多时候，客观的世界与理论的分析也是不一致的。互联网的技术特征决定了用户的很多操作行为和产品的很多运营状态都可以量化为数据，上报给服务器用于分析。因此，互联网公司的很多决策并不是纯粹逻辑分析的结果，而是会结合大量的数据进行分析。久而久之就会形成数据驱动的习惯。

比如在一家典型的互联网公司中，当一群人开会讨论一个功能要不要投入资源优化的时候，可能会有人问："这个功能的 DAU[②]是多少？用户平均的停留时长是多久？有更详细的用户行为数据吗？"大家会参考这些数据来推断相应的功能用户是否常用、是否喜欢，从而来辅助决策要不要投入更多的资源，而不是仅通过个人的感觉或者逻辑分析。

再比如营销领域中经常会提到"漏斗模型"的概念。通常用户走完一个流程需要多个步骤，但是每个步骤都有可能会流失用户，这样把每个步骤的用户到达

---

② DAU 是 Daily Active User 的缩写，意为"日活跃用户数量"，是衡量一个数字化产品活跃度的重要指标。

人数放在一起就形成了一个漏斗。相关人员需要分析这个漏斗数据，以推测哪一步值得优化。在互联网产品中，漏斗数据可以非常精准，不仅能精确到人，就连用户的每一次点击操作都可以被记录下来。这显然更有利于产品的设计者发现可优化的点。

而数据驱动在实际工作过程中更多表现为一种思维方式，并不是一个简单的可以随意套用的工具，同时数据本身依然要配合合理的分析才可能得出有价值的结论。笔者曾见过一些传统企业在做数字化业务时由于对数据驱动的理解有偏差从而出现了一些问题，甚至结果令人哭笑不得。

比如笔者见过一些公司的管理层非常青睐丰富的数据展现形式，在这类公司中，数据平台往往就成为领导寻求"科技感"的抓手。把业务的各类数据上报，然后在网页上做成花花绿绿的图表，有饼状图、柱状图和热力图等，有的还会根据数据的多少变换颜色。这些都是数据可视化的常规手段，应该予以关注，但是当公司的管理层开会的时候，面对这些可视化的数据，很多人都说不清楚具体的数据统计口径，即我认为这个数据的含义跟你认为的含义是不一样的。以至于在会上争论半天才发现各自定义的数据不在一个维度上。

再比如在某房地产公司的数据报表中，其 App 某模块的 DAU 数据连续一个月都没有变化，在相关会议上，负责人还在煞有介事地向总部汇报。然而，稍有常识的互联网从业者都能够看出这是不可能的，因为不可能每天使用产品的用户数量完全一致。后经询问得知，该业务的领导觉得这个数据经常波动，很不好看，所以把 DAU 的统计口径定义成三个月的平均值。显然，DAU 存在的价值就是为了分析波动背后的原因，将它取平均值显示在数据报表中就失去了它本身的意义，好看，但不符合逻辑。

类似的问题还有很多，比如简单做个网页，在上面显示一些运营数据，就声称公司有了数据中台；依照单一的数据变动机械地做决策，但忽略数据变动背后的逻辑和周期规律；完全不重视数据，产品上线多年，连基本的运营数据都没有上报过等。

总结起来，数据驱动是我们讲的几个要素中最容易被误解且技术含量最高的一个要素，同时它也是一把双刃剑。**完全不重视数据，你会失去一个数字化时代的重要武器；但不求甚解地对待数据，只从字面意思简单理解，甚至人为地干预数据的客观性，则会得不偿失。**

用户体验

最后一个要素，我们来聊聊用户体验。用户体验及其相关体系的理论在我国基本上是由互联网行业建构起来的。我们再回到互联网的典型商业路径"研发—使用—转化"上。由于转化发生在使用之后，同时由于互联网产品更换的门槛很低，所以必须特别关注用户在使用产品过程中的主观感受——这正是用户体验的定义。**只有用户体验好，用户才可能持续用下去，继而才可能转化为付费用户。**

同时，用户体验也可以看作"以用户为中心"这个要素的延伸，它强调不但要关注产品是否可以满足用户的需求，同时还需要关注用户的使用感受。仅仅满足需求，但是使用过程烦琐、不易学习，甚至不够"优雅"的产品，在互联网公司看来就不能算是好产品。

典型的互联网公司一般会有专门负责优化用户体验的设计团队，同时大多数的产品经理也会非常关注用户体验。**当用户价值和用户体验相冲突甚至与公司利益相冲突的时候，很多互联网公司会综合考虑后再做决策，而不是只想着短期利益。** 优化用户体验有利于产品的长期发展和运营，这也可以看作对"运营思维"的一种补充。

如今，用户体验已经渗透到了一些传统行业中。最近几年，笔者越来越多地从接触过的一些传统行业人士口中听到，他们希望提升用户的"体验感"。很有趣，他们会把体验后面加一个"感"字，但互联网公司很少这么讲。

然而，很多传统行业人士对用户体验概念的理解还是比较浅显，很多人误以为提升用户体验就是要"对用户好"，甚至理解为是给用户一些"小恩小惠"。他们认为服务态度好点儿，或者为用户提供免费的 Wi-Fi，在店里安装几个智能设备，满足用户的好奇心，这些就是在提升用户体验。

每次看到类似现象，笔者感到既欣慰又悲伤。欣慰的是，关注用户体验，很大程度上意味着这些行业开始关注用户，开始从原来的纯销售、纯生产的角度转向更深入地思考用户要什么，从而更加合理地去优化其产品和服务，这是行业更加成熟的标志；悲伤的是，这样的理解完全是错误的。用户体验的基础，首先来自你的服务能力——为用户提供有价值、稳定和可靠的服务；其次来源于你从用户的角度思考而产生的迭代与创新——时时刻刻想着如何更好地帮用户解决问题，通过更好地服务用户来赚更多的钱，而不仅仅是拼产量，或者只想着产品只要卖出去就万事大吉了；最后才是与用户的交互过程。

虽然用户体验的定义讲的是"主观感受"，但这些感受，恰恰来源于企业深入的思考及由此产生的合理的业务逻辑。我们会在第 3 章继续展开讨论关于用户体验的话题。

总结一下本节的内容。互联网思维其实是一个很"虚幻"的概念，甚至有时候并不被互联网行业本身所承认。然而由于互联网特殊的技术能力和商业路径，互联网公司的确在不断发展和演变过程中形成了一些思维、行为层面的倾向性，但这些并不一定能直接推广到其他行业中。

从战略角度，笔者的建议是，如果你所管理的组织正在尝试进行全面的数字化转型，那么所谓的互联网思维应该成为你的必修课。如果你现在就需要组建并管理一个数字化团队，那么熟悉他们所惯用的思维方式可以让你更加得心应手，也有利于吸引人才并留住人才。如果你需要负责一个具体的数字化转型或者产业互联网的项目，建议你从项目实际情况出发，同时遵从所谓的互联网思维行事规律，因为这是在互联网行业被反复证明过的，对于做数字化业务来说行之有效的方法论。但是，不要轻易把这些方法直接搬到传统业务上去，生搬硬套有时候会带来巨大的灾难。

2.1.3 数字化转型中的常见障碍

本节要讨论的是笔者最近几年观察到的传统企业在数字化转型过程中存在的普遍问题——几乎 100% 地存在于各类传统企业中。这些问题成为大多数公司在转型过程中的主要障碍，很多表现层的问题包括但不限于开发的数字化产品没有多少用户愿意使用、产品总是出现各种各样的 bug、数字化及互联网团队离职率偏高等，其本质上都可能是出现了下述问题中的一种或几种。

在此提醒读者要特别注意这些问题，并希望能引起相关负责人的重视和思考。

对使用场景思考不足

传统企业最容易犯的错误就是对用户的使用场景思考不足，往往开发了不少功能，但上线后发现效果不好。其问题首先可能出在产品策划的层面上，其次是产品运营的层面上。特别是在很多传统企业中，数字化业务部分往往必须跟线下、非数字化的业务部分深度结合，一旦出现类似问题，可能会因为线下部分的现状难以变更，导致整体的数字化业务"使不上力"。

更有甚者，一些公司并没有及时意识到产品效果不好的原因是由于不符合使用场景，反倒以为是功能不够强大，于是继续加大投入，堆砌更多的功能。这种情况最终不但会导致产品失败，公司还可能会遭受更大的经济损失。

几年前，深圳市某"老牌"购物广场更换了新的停车计费系统，支持自动识别车牌以及使用微信支付缴纳停车费。这个购物广场有两层地下停车场，其中贴满了缴纳停车费的二维码。运营方为了拉拢人气又自行开发（外包开发）了一个领取优惠券的系统，只要注册会员并符合一定的要求，就可以每天领取 2 小时的免费停车券。经过运营方的不断努力，购物广场的人气越来越旺，颇有些"老树逢春"的感觉。

某个周末笔者开车来这里吃饭，吃完饭后乘电梯到达地下二层，当电梯门打开时笔者看到了免费领取 2 小时停车券的海报，于是掏出手机打算注册会员并领券，然而笔者发现地下二层根本没有信号。

本来笔者打算不要优惠了，到达出口处再缴费也一样。但是在开车前往出口的过程中发现，在距离出口挺远的地方就排起了长队。起初笔者以为是人气太旺了，但是排了 5 分钟之后都没有向前移动过——这肯定不是人气旺的原因，一定是出口处出现了什么问题。果然，当笔者排到和出口之间还有两辆车的时候，发现出口处排队的司机拿着手机不知在操作什么，又与保安讲了什么，前后用了3分钟才出去。

原来，新的停车计费系统设计的初衷是一种无人值守模式，自动识别车牌，如果已经提前使用微信付款成功，则自动开闸；如果发现未付款，也可以在出口处扫码付款。但是由于建筑比较老旧，整个地下一层和二层都没有手机信号，所以原本设计的先支付再出车的流程完全是行不通的。而运营方免费领取2小时停车券的活动又加重了这个问题——原本大家只需到达出口处，手机有信号后扫码缴费即可出闸，但由于有免费停车券可以领，并且大多数顾客是在要开车离场之前才想起来优惠券这回事，而此时他们往往已经在地下停车场了，没有手机信号（后来才知道是其中的某个运营商没有信号），无法领取。因此就会有大量的顾客在出口处注册会员、领券、核销券，多于2小时的部分可能还要再扫一次二维码支付，再加上外包给开发公司所设计的业务流程本来也不太好用，这样就大幅度降低了停车场出口处的通行效率，从而导致出现了大量的车辆排队现象。

我们来分析一下这个案例，这是一个典型的没有考虑到具体的使用场景的案例。从功能层面上看，所有的逻辑都是可以走通的，系统可以正常注册新用户，优惠券可以正常领券及核销，停车场出口处可以正常识别车牌号……但是由于忽略了用户大多会在进入地下停车场后才会想起领券并缴纳停车费这个重要的场景，而地下停车场没有手机信号，导致了上面那些功能无法正常运行。

后来，购物广场的运营方请电信运营商在地下停车场又安装了不少设备，但是由于建筑过于老旧，施工难度大，工程进度慢，因此也投入了不少资金，终于勉强解决了上述问题。

缺乏运营

要想让一个数字化产品被更多人使用，除了在设计产品的过程中要深入思考用户的使用场景，设计出符合用户场景的功能之外，另外一个重要的因素就是数字化产品特别是互联网产品一定要配合有效的运营方式。很多传统企业对运营没有什么概念，认为产品做出来了就会有很多人来用；或者将运营简单地理解为推广，认为多做广告和宣传，就会有越来越多的人来用。而现实中这样的期望往往会落空。

如图 2-4 所示为某装修公司的 App 界面。这款 App 的功能很简单，主要是业主可以随时查看施工进度，而所谓的"施工进度"看起来应该是由工长及施工人员手动拍摄照片来完成的。同时，App 自带了施工队的通讯录功能，可以实现与工长、设计师和项目经理聊天的功能。

这是一个典型的传统企业工程思维作用下的数字化产品，我们暂且不去讨论 App 的定位、未来发展方向，以及聊天功能是否符合用户场景，会有多少人用，我们只看运营方面。

首先，查看施工进度这个功能本身有一定的价值。对于大城市中平时工作繁忙的白领业主来说，可能没办法每天去施工现场查看，而他们一定会关心施工进度，能够在 App 上看到最新的装修进展可以说是一个价值点。

但是看到装修进展的前提是相关工程人员以足够高的频率拍摄照片并上传，即需要重度依靠运营。事实上，这个 App 的整个运营体系几乎是废掉的。在如图 2-4 所示的这个装修案例中，实际上施工已经进行了一大半，马桶和门都已经安装好了，但 App 时间线上需要展示的图片依然只显示到开工这一步，而且这张图片是假的（根本不是我家）。不仅如此，项目信息中的房屋面积、开工时间和计划完成的时间全是错的。整体看，装修不但毫无进展可言，而且甚至会让用户怀疑是 App 出了问题。

另一方面，在装修队中，不论是工长、设计师还是监理，都把营销思维发挥到了极致。如图 2-5 所示，在装修过程中，监理不停地推荐笔者下载 App，被我多次婉拒后，设计师打来电话表示，根据公司规定，如果客户不装这个 App，她们会受到处分。在这种情况下，为了让她不受处分，笔者才勉强安装了这个 App。

总结一下，这家装修公司虽然开发了一个 App，但是这个 App 的核心价值体现完全依赖于运营，而该公司显然并没有能力有效地组织员工把运营工作做好。同时，该公司依然保持着强烈的营销思维，甚至靠向客户"卖惨"来强推 App 的使用。然而，这样的强推得到的结果是，5 年过去了，该 App 经过了多次功能修改，但是在应用宝中的下载量只有 5 万次，在整个行业中几乎没有任何影响力。显然，大多数客户对这个产品并不买账，猜想下载使用的大多数客户也许是在销售人员的要求下配合下载、安装并登录了 App 而已，并不会真正使用——因为实在是没什么用。

图 2-4 某装修公司 App 的"新家装修直播"栏目

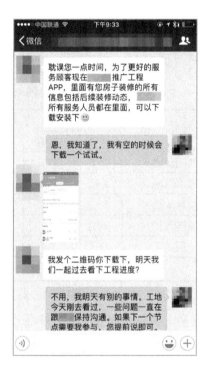

图 2-5 笔者的装修项目群

缺乏人才投入

相比于很多传统行业来说，想要做好数字化相关的业务，是需要大量资源投入的，尤其是对人才的投入。同时，数字化产品又需要不断地迭代优化，持续运营，即投入的资源一般情况下并不会很快地看到效果。一些我们耳熟能详的知名互联网公司，如京东，在它上市的时候（2014 年）都还尚未实现盈利。然而，京东集团在 2020 年的净利润已经达到 494.05 亿元。足以见得，互联网是一个适合"做长线"的生意。

很多传统企业对于数字化相关业务的投入总量是不足的，也并没有坚持"长期主义"，往往是资源投了不少，但是长期来看效果一般。

表 2-1 是从某研究报告[③]中摘录的全国主要行业分职位的平均年薪对比表格。我们发现，在"基层管理者"和"技术人员"这两类职位中，互联网行业的平均薪酬是最高的。以技术人员为例，其平均年薪为 21.6 万元人民币，高于第二名房地产行业 13%，高于最低的物流行业 50%。

表 2-1 全国主要行业平均年薪资（单位：万元）

职　位	行　业							
	汽车	制造	能源	贸易	物流	房地产	高科技	互联网
部门负责人	57	51.2	52.2	55.7	46.3	77.3	61.2	64.4
基层管理者	25.2	17.6	20.1	23.6	21.7	25.5	25.4	26.3
技术人员	15.2	14.7	13.5	13.8	14.4	19.1	19	21.6
职能人员	14.1	11	11.4	13.1	11.8	14.3	14	14.2
一般员工	7.3	7.4	9.2	6.5	7.2	—	7.5	7.1

表 2-1 中所展现的仅仅为薪资部分。很多互联网公司同时会为核心员工提供股票、期权等额外收入，并且互联网公司的股票大多数自带增长属性。另外，主流互联网公司的福利体系也很完善。举例来说，腾讯、阿里、京东等公司都有针对员工购房的无息借款福利，其中，京东的员工可以向公司申请最高 100 万元的无息借款用于购房，这在很大程度上增加了优秀互联网人才在市场上的议价权。

另外，表 2-1 中给出的是行业平均值，如果想要从优秀的互联网公司中招揽人才，往往需要更大的投入。

---

③　数据来自招商银行、中智咨询共同发布的《2019—2020 薪酬福利白皮书》。

表 2-2 是网上传播的一张优秀的互联网公司员工的职级与年薪对照表。这类数据一般是由各猎头公司收集并整理然后在网上传播的，它不可能完全准确，并且在互联网公司中，不同的业务线、不同部门和不同职位的薪资标准也不尽相同，但依然有较高的参考价值。

表 2-2 部分优秀的互联网公司员工职级与年薪对照

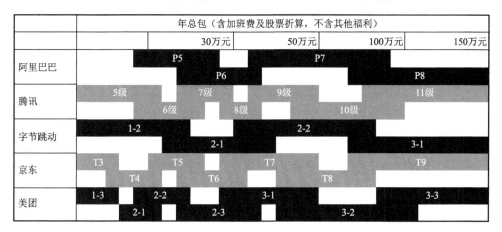

以腾讯为例，一般情况下，应届本科生在腾讯入职的级别会定为 4 级。在 7 级之前，腾讯的职级晋升是相对容易的，只要绩效不是太差，一般半年到一年可以晋升一级。而从 7 级升 8 级则会有一定的难度，有的职位需要经过专业委员会评审并有一定比例的淘汰率；8 级升 9 级被认为是一道分水岭，难度成倍加大，有很多员工在 8 级会停留几年之久。另外，9 级也是腾讯内部晋升为基层管理者——组长的必要条件。腾讯的 7 级员工，大约的工作年限应该是 2～3 年，从表 2-2 中可知，其年薪最高达 30 万元人民币。一个工作 2～3 年的员工可以获得如此年薪，在大多数行业中还是相对较高的。

笔者见过不少中小企业的管理者，他们希望借助数字化的能力使公司的业务更上一层楼，但是对待人才却比较"节约"，不舍得多投入成本招聘更优秀的团队管理人员，于是让公司的运营总监或者 CMO 来管理数字化团队。而运营总监或 CMO 可能是做市场出身的，完全不懂数字化，更加不理解互联网思维；同时，团队中的大部分成员是 HR 不断压低薪酬招过来的较初级的开发工程师，他们往往技术一般且缺乏好的研发习惯；另外，团队中可能没有产品经理，也没有产品运营人员，甚至没有设计师。这样的团队往往只能勉强把数字化产品做出来，其产品上线后往往才会发现产品的功能并不符合用户需求，可用性很差，并且可能会出现很多 bug，甚至会出现服务中断而影响用户使用的情况。

另外还有一种情况就是数字化业务整体上已经运转起来，相关团队人数众多，但是由于一些人力资源层面的管控，导致团队缺乏层级和梯度。绝大多数团队成员都是基层的工程师或设计师，其能力只能达到日常研发的要求，团队整体缺乏骨干以及可以合理把控业务和技术大方向的中高层人员。这种情况虽然是人力资源管理层面的问题，但整体上依然可以认为是另外一种工程思维，即公司实际上是把这群员工当成类似于产业工人的人来对待。**数字化业务并不是简单的生产，而是必须时刻创新、试错和迭代**。所以相关团队除了要有能干活的人外，还必须有足够的业务骨干在专业层面指导普通员工如何干活才会更好。同时还要有合适的中高层策划和管理人员时刻把控和修正产品和迭代的方向，并且大多数情况下，这些中高层策划和管理人员必须具有足够厚重的专业背景，不能是类似项目管理、战略甚至人力资源等纯管理背景出身。总体上讲，数字化团队不同层级的员工、骨干和管理者之间除了有相应的专业技能、经验方面的分别之外，在一定程度上还承担着不同类型的工作——不仅是干活快、慢，能不能解决技术难题或者经验多少的区别。

如果你是一家传统企业的管理者，如果你试图向数字化方向转型，那么你需要根据公司战略，合理组建并管理合适的数字化团队。如果公司管理层认为在现阶段仅需要把数字化能力当作工具，使用类似"+ 互联网"的方式就可以保持竞争优势的话，那么组建并维持一个相对低成本、能力一般的团队也未尝不可。但即便如此，对数字化团队的整体投入很多时候也比传统业务团队更高。但是对于想要深入做好数字化转型，甚至希望与互联网融合超越竞争对手的公司来说，这个投入可能要远远高于现有业务，并且持续的时间也会很久。

总体上看，**真正的数字化转型是一个"要花很多钱"的决定**。因此，作为公司的管理者，一定要充分论证，理性决策。一旦做出相应决策，就需要做好大投入和长期投入的思想准备。

管理方式不当

最后一类常见的问题就是综合管理问题，这也是一个特别普遍的问题。很多时候，传统企业的管理者习惯于用强管控的方式来管理企业，试图将所有工作指标量化，对员工的行为和产出做细致的管控。从思维方式角度来看，这依然是一种工程思维。

我们承认，在很多行业中，强管控的方式是有效的，并且是经过行业多年的探索所形成的有价值的方法论。

例如，在工厂的生产流水线上，必须确保每一个员工的操作规范，甚至对员工的操作动作、先后顺序以及速度都有严格的标准，这样才不会影响下一道生产工序，才能最大限度地提升生产效率。

再如，在很多培训机构中，老师上课必须基于固定的教学大纲，每节课讲什么内容，每一个知识点的分布甚至具体的教学方法等都有严格的标准，只有这样才能够更好地适应考试。

再例如，在很多服务业的终端，服务人员也有一整套标准的操作流程——不论是银行柜员还是餐厅服务员，办理什么业务，需要哪些步骤，先做什么，后做什么是完全标准化的。这样做不但可以提升流程的效率，还有利于风控。

以上这些工作在很大程度上都可以被工程化。但是数字化业务特别是互联网业务，除一些外包开发类的细分情况外，目前的工程化程度并不高。整体上来讲，数字化业务的从业人员需要在工作中不断地进行策划和创新，不断权衡业务逻辑之间的关系怎样设置才合理，不断分析 UI 上的元素布局怎样设计才合理，不断思考具体的代码如何写才能更高效、更安全地运行。因此，数字化团队的具体工作在操作层面往往是没办法完全标准化的。

很多公司试图对数字化团队员工的行为进行标准化考核，如严格考核工时、机械地考核员工提交的设计方案的数量，有的公司甚至试图考核开发人员编写的代码行数。显然，并不是员工按时上下班，每天确保在岗 8 小时就可以做出优秀的数字化产品，而是需要进行合理的策划和思考；并不是员工提交的方案足够多就可以提升数字化产品的竞争力，关键还要看这些方案的合理性，以及应用后的具体效果；至于考核开发人员编写的代码行数和工时，这样的想法太可笑，就像是用字数来衡量一本小说的精彩程度一样。

然而，上述这些管理方式却是客观存在的。之所以如此，大概率是因为管理者不理解数字化团队的工作性质，将产品的策划、研发简单看作一个生产过程所致。

那么，对于数字化团队，合理的管理方式应该是怎样的呢？可以参考如下原则：

第一，减少行为层面的管控，更多的是以结果为导向来考核团队和员工。例如，上下班可以不打卡，但是被分配的工作必须按时、保质保量完成；方案不应该看数量，应该从专业角度考察其合理性，同时考察方案应用后的具体结果，如产品的 DAU 变化和收入变化等；程序代码当然不应该考核行数，一般也不应该考核提交测试后被测出的 bug 数，而是从整体上考核线上服务的故障率、线上 bug 率等。

第二，规则和流程当然是要有的，但是应该以组织的视角来制定规则，而不是针对个人行为。举例来说，数字化产品的策划、研发路径很长，常常需要产品经理、UI 设计师、前端开发、后端开发、测试、产品运营等诸多职位紧密配合。对于团队管理者来说，想要把这些职位紧密地组织在一起并且高效工作是有很大难度的。这时规则和流程就可以起作用了。具体来说，可以规定产品经理给出的需求文档的详细程度必须达到一定要求；可以规定开发人员在需求评审后，必须认真拆分任务并在确定的时间内给出预估的开发排期；可以规定测试人员在发现 bug 后，提交 bug 单时需要附带的具体信息等。这些规定本质上都是为了提高团队的协作效率，确保在如此长而复杂的路径上大家配合默契，各司其职，最终确保产品的质量。

第三，尽力营造开放、包容和平等的团队氛围。在国内的很多优秀互联网公司中，下属和上级在专业领域内的话语权是相对平等的，这些公司会鼓励员工在专业领域内踊跃提出自己的想法甚至质疑上级的方案，也鼓励员工积极思考问题，主动提出新的方向和新的方法，同时公司也会使用一些特殊的规章制度来降低上下级和同事之间的"层级感"。例如在腾讯，大家从来不会称呼管理者为"×总"，而是以他的英文名或江湖绰号相称。例如，马化腾称 pony 或"小马哥"；见到上级向他打招呼时可能会说"harry 早啊"，而不是"刘总早上好"类似的话；有时候也会亲切地称老员工或上级为"×哥"或"×叔"，有时甚至还有其他比较夸张的称呼方式。

事实上，这些原则并不只是互联网公司的原创，有一些传统行业就是在用类似的管理方式来运转的。

例如，一个做投资的机构，一定不会用提交报告的数量来考核投资经理的工作，而是会参考投资业绩，同样，他们往往也不会要求投资经理每天上下班打卡。一个研究所，一定不会用科研人员写出的论文字数来评定其职称，而是会重点衡量其研究成果的影响力和应用前景。一个足球队，一定不会严格规定每一名队员上场后具体的奔跑速度、移动路线和动作。因为球场上的情况瞬息万变，每一名队员必须与其他队员合理地分工协作，即有人打前锋，有人踢后卫，有人守门，但随机应变的协作更加重要。

相比于前面三个问题，管理方式不当的问题偏"软"，往往更难被正视和优化，因此更值得读者关注和深思。

最后，建议读者可以适当参考新兴的管理工具，但一定要理解透彻后结合公司和团队的实际情况决定是否应用。例如，OKR 是一套流行的目标管理工具，但笔者见过很多公司却用它做员工绩效考核，实际上 OKR 在这些公司中被当成 KPI 使用，从而导致员工怨声载道。再比如，敏捷开发也是一套非常行之有效的、适合数字化研发的方法论，但敏捷开发的基础是通畅的沟通机制，有不少公司仅仅学会了"站立晨会"之类的操作层面的方法，但由于团队内部缺少有效的沟通或者不够坦诚，实际上开发起来一点儿都不"敏捷"。

2.2　颠覆还是改良

我们已经从整体上了解了关于数字化特别是互联网的一些底层逻辑。我们知道，由于商业路径不同，引发了传统行业与互联网行业之间一系列的思维方式差异；我们了解，互联网的很多思维方式和方法论除了适应自身需要外，还适合其他成熟的市场环境；我们明白，想要真正做好数字化转型，必须要融合现有的传统业务和数字化业务两者；同时我们清楚，策划和研发一个数字化产品，组建和管理一个数字化团队，需要应用更加偏向互联网思维的方式方法。

本节我们将在之前认知的基础上做一些具体的战略决策分析。我们试图回答这样一个问题：基于公司现状和业务，究竟应该使用偏"互联网＋"的方式，积极地创新和重构业务，尝试"颠覆"自身甚至颠覆行业，还是应该使用偏"＋互联网"的方式，遵循行业现有规则，在现有业务、流程、协作方式及商业模式等基础上进行微创新，从而对公司和业务进行有限的改良呢？

上述两种方式其实都可以认为是数字化转型，只不过这个"弯"是转得大还是小而已。这两个大方向的选择，不仅与企业管理者的决心有关，同时也与行业属性、战略定位、竞品状况、行业发展阶段及一些特定的历史机遇有关。如果空有颠覆的决心，但行业及公司并不具备相应的变革条件，则往往会事倍功半甚至沦为笑谈；而同样，如果趋势使然，行业已经到了需要进行大变革的机遇期，纵然坚持改良，保守行事，明哲保身，也可能会被其他势力革掉性命。

前面我们已经深入讨论过从思维方式的层面来看待传统行业与互联网行业之间的差别。因此在做具体决策之前，我们有必要换一个角度，从底层的"商业模式"和"增长逻辑"层面再来对比一下两者的区别。这样的对比也有助于回答另外一个听起来很"底层"的问题，即究竟什么是典型的互联网公司？

2.2.1　三类网络

什么是典型的互联网公司？如果笔者不问，你可能不认为这是一个问题。可是一旦提出这个问题又好像难以定义清楚。比如，在线上有业务的公司就是互联网公司吗？好像并不是，很多传统企业也有线上业务，但本质上它们依然属于传统行业。那么，深度数字化的公司就是互联网公司吗？好像也不对，很多精密的工业生产型企业，其数字化程度非常高，甚至可以通过大数据和人工智能来定制产品，但这并不是我们所说的互联网公司。或者再换一种定义，所有服务都在线上运行的公司就是互联网公司吗？其实也不对，对于终端用户来说，电信运营商的所有服务基本上都是在线上运行的（线下网点一般用于开通/关闭相关服务，不是服务本身），但类似中国移动这样的公司依然不是我们所说的互联网公司。

要想清楚定义互联网公司，首先要理解什么是网络。任何商业活动都需要建立买卖双方的连接，而无数的连接则会构成类似网络的结构。如果我们从建立买卖双方连接的角度来看，会发现不同的商业模式其建立连接的方式也是不一样的。如图 2-6 所示，我们可以将这些连接方式所组成的类网络结构分为三大类，分别是单边网络、双边网络和多边网络。

单边网络　　　　　双边网络　　　　　多边网络
（规模效应）　　　（双边市场效应）　　（梅特卡夫效应）

图 2-6　三类网络

单边网络（规模效应）

世界上最普适的商业模式应该是基于单向的买卖关系，由卖方提出高于成本的价格，买方接受这个价格并付款换取卖方的商品或服务，这也是大多数传统行业的底层商业模式。只不过在不同类型的行业中，卖方的成本构成不太一样。制造业需要自行制造产品，所以其成本构成可能包括研发成本、原材料、制造成本、渠道成本等。零售业一般不会自行制造产品，而是通过大批量购入商品，然后加价售卖给终端客户的方式来盈利，所以零售业的成本构成可能包括购入商品的费用、渠道费用、场地费用和人力资源费用等。而类似于餐厅、洗衣店、律师事务所等服务业机构，要想对外提供服务也必须基于一定的基础设施，如店面、原材料、设备和人力劳动等，这些就是它们的成本。

而如果我们切换至连接的视角，上述所有行业试图建立的都是卖方到买方的单向连接，如果画成示意图，则应该是一个点同时连接多个点的放射状态，我们将其称为单边网络。在商业中，具备单边网络特征的业态一般会表现出明显的规模效应，它是指**在一定的产量范围内，随着产量的增加，平均成本会不断降低**。我们假设因产量增加而产生的产品都可以顺利卖出去，那么由于销售量扩大，平均成本降低，其盈利的能力会越来越强。规模效应的产生有多种原因，如，生产规模越大，分工越细致，工人的生产技能越熟练，则生产效率越高；生产规模越大，平摊至每一件产品上的固定成本就越低；生产规模越大，针对原材料采购等场景的议价能力就越强。

规模效应在各行各业普遍存在，在制造业中，同一条产线在其设计的产能范围内，生产的产品越多，边际成本就会越低。在零售业中，开设的卖场越多，其商品采购的量会越大，议价权也就会越高，因此单品的采购价可能会越低。在互联网行业中也是一样的，研发一款游戏需要成本，因此游戏上线后，有100万人成为付费玩家和只有10万人成为付费玩家所分摊的研发成本肯定是不一样的。

双边网络（双边市场效应）

在单边网络中，我们讨论的是一个商家与多个潜在客户之间的关系，这也是传统商业中最普适的商业关系。其盈利模式本质上就是依靠直接售卖产品或服务而构建的，只要售卖价格高于成本即可盈利。我们想象一下，在一个体系内如果有多个商家存在，同时有多个客户有购买产品或服务的需求，则单边网络就会变成双边网络。也就是说，一个体系内所有参与商业活动的主体会明显地分成两大类，并且其特点是体系内的连接及交互更多的是在类与类之间发生，而同一类别的不同个体之间鲜有连接。如果你是这个体系的运营者，那么你就可以通过针对每次交易抽取一定佣金的方式来盈利。这个时候，**整体市场的价值取决于不同类别的用户之间有效交互的频次**，这称之为"双边市场效应"。

举例来说，打车平台就是一个典型的具有双边市场效应的产品，平台上的两类用户分别是司机和乘客。乘客获得的价值取决于司机的数量，司机越多，乘客打车需等待的时间就越短；同时，司机获得的利益也取决于乘客的数量，乘客越多，司机在平台上接到的订单就越多。而对于平台来说，由于其会对每一单交易抽取佣金，所以司机和乘客双方的有效交互越频繁，平台的盈利越高。

同样，天猫、美团外卖和货拉拉等产品组成的也是典型的双边网络，都具有明显的双边市场效应。双边市场效应其实并不是互联网行业所独有的，在很多传统的行业中，这种效应也很明显。例如，浙江义乌是全国的小商品销售集散地，在义乌进行商业活动的人群可以明显地分成买家和卖家两大类。他们之间的关系与打车平台上司机和乘客的关系相同。

双边网络还有一个重要特征，就是其同时具备一定的自增长性。不同类别的用户互相促进，共同推动这个平台的发展。我们依然用打车平台的例子来说明，因为在平台上有很多司机在等待接单，所以乘客能够更容易地打到车，等待时间也更短，相应的也会有越来越多的乘客使用这个平台打车；因为使用该平台打车的乘客越来越多，相应地又会吸引越来越多的司机加入，然后使乘客打到车的概率进一步加大，等待时间进一步缩短。亚马逊著名的"增长飞轮"也是这个逻辑的实际应用。而在单边网络中，在只有规模效应的体系下并不存在明显的类似驱动力——一个制造业工厂，不论生产出多少产品，不论边际成本多么低，都需要自己想办法把产品卖出去。

互联网的能力大幅度放大了双边市场效应。对于义乌小商品市场来说，其发展总是要受到各类外部条件的制约，如场地、管理能力和配套设施等。而对于打车平台来说，多一个司机加入，多一个乘客打车，几乎不会对平台产生额外的成本。只有用户和业务的数量发生巨大变化时才会明显受到技术架构、硬件和带宽等因素的影响，但这些因素的优化空间非常大，因此几乎不会成为制约因素。

多边网络（梅特卡夫效应）

最后一个要出场的也是三种网络中最强大的一个，叫作多边网络。我们刚才描述双边网络时其有一个明显的特征，就是同一类别的个体之间几乎不会发生连接或者有效交互。如果这个特征被打破，则一个体系下的任何一个个体都有可能与其他个体发生连接和交互，这就形成了多边网络。典型的多边网络具有"梅特卡夫效应"，其内容可以表述为**一个网络的价值与其节点数的平方成正比**。

最典型的成功构建了多边网络的互联网产品是微信。对于某一个微信用户来说，其在微信平台上的好友数量越多，意味着他可以沟通、交流的对象越多，微信对他的价值就越大；而对于他的任何一个好友来说也是如此。同时，对于微信平台来说，使用微信的用户数量越多，平台的价值也就越大。

同样，梅特卡夫效应也并非互联网所独有的。在传统的通信行业中也存在明显的梅特卡夫效应。例如，设想一下，当电话刚刚发明出来的时候，对于一个安装了电话的用户来说，如果一个城市中除了他之外只有 5 位居民拥有电话，那么他就只能与这 5 个人通话，如果他想跟其他人联系，则需要使用其他方式，此时电话的价值也就很有限；如果整个城市的居民都装有电话，他就可以跟全城的任何一个人通话，其价值的增长不言而喻。铁路也存在梅特卡夫效应，一条条铁路组成铁路网，其连接的城市越多，这个网络的价值也就越大。因为这意味着从一个城市出发，可以沿着铁路将人和货物送达铁路网上的任何一个城市。

与双边市场效应一样，互联网的能力极大地放大了梅特卡夫效应。对于铁路来说，某一段铁路上有列车行驶时，其他列车就必须避让，即铁路缺乏并行运行列车的能力。同样，对于一部电话来说，如果它正在被某一位用户使用，那么它的线路就会被占用，它就没办法同时为其他人提供服务。而互联网完全打破了这个限制，由于数字信号的传递速度非常快，其带宽也足够大，传输几乎一瞬间完成，所以相当于微信上的任何一个用户账号，在很短的时间内可以与大量的节点几乎同时发生交互。

具备梅特卡夫效应的多边网络产品还有一个优势，就是用户会自发的传播这个产品，从而使其具备更强的自增长性。如果你身边的朋友都用微信，他们为了跟你联系，一定也会推荐你使用微信。事实上，这样的产品其用户数量一旦超过某个临界点，在一定范围内就会开始呈几何级数增长，相应的网络价值也会随之飞速增长。

另外，对于具备梅特卡夫效应的产品来说，其用户黏性更强。这个道理也很容易理解，如果你的所有朋友都使用微信，你也很难放弃微信。即便有某个通信产品功能更强大，但是那里没有你能联系到的朋友，你也不会使用。而在双边市场效应中，每一类用户本质上是在寻找更多、更好的"另外边"，所以用户往往会同时使用多个类似的平台，因而缺乏用户黏性。就像是你可能会同时使用淘宝、天猫、京东等多个平台购物一样，同一个商品，哪个平台更便宜你就会在哪个平台上购买。你可能会同时在腾讯视频和爱奇艺等多个网站上看电影，你喜欢的电影在哪个平台上有，你就会用哪个平台。如果过几天另外一部你想看的电影在另外一个平台上线，也许你也就会去那个平台上看电影了。你也可能同时使用携程、去哪儿等多个平台购买机票，道理是一样的。

总结一下，具备梅特卡夫效应的多边网络产品自增长性和黏性最强，一旦跨过临界点，其用户数和产品价值往往会呈几何级数增长；具备双边市场效应的双边网络产品自增长性稍弱，但依然会在两类用户的相互作用下自增长，同时较缺乏黏性；而仅具备规模效应的单边网络产品几乎没有自增长性，需要依靠强销售来变现，同时用户对产品本身的黏性也很有限，或者说这种黏性并不取决于产品或网络本身，而是体现在品牌等方面。

那么，我们来试图回答本节开始所提出的问题：究竟什么是典型的互联网公司？显然，并不是有线上业务就算是互联网公司。综合来看，**拥有梅特卡夫效应或双边市场效应，并且核心业务以互联网的方式承载的公司才被认为是典型的互联网公司。**

而缺乏上述两类效应的公司，即便它有庞大的线上业务，也不是典型的互联网公司。例如摩拜单车，虽然它的所有业务都必须连接互联网才能运转，但其平台上其实只有一家自行车供应商，即它自己。从这个角度来讲，它并不是一家典型的互联网公司（虽然不典型，但也在数字化讨论范围内）。同样，虽然电信网络也具有明显的梅特卡夫效应，但由于它不是互联网业务，所以类似中国移动这样的公司，我们也不认为它是一家互联网公司。

梅特卡夫效应和双边市场效应都是网络的典型特征，而单边网络则显得不那么像网络。所以此处我们暂且把前两者统称为网络效应。而互联网显然是网络的一种，同时前文已经提到过，有互联网相关背景的人士往往具备较强的创新意识和创新能力。那么对于正试图进行数字化转型，特别是希望深度结合互联网业务的公司来说，应该使用偏"互联网+"的方式尝试"颠覆"公司的业务甚至行业；还是应该使用偏"+互联网"的方式试图改良呢？笔者给出的建议是：**大方向上可以从两个维度来思考：第一个维度是看你所在的行业或你的公司业务是否具备足够的网络效应；第二个维度是看它们是否有较高的门槛。**

如果你的业务具备足够的网络效应，那就意味着数字化特别是互联网的能力有可能成倍地放大这种效应，如果其他条件允许且时机成熟，则可以尝试"互联网+"的方式——以互联网的方法和思维来主导业务，甚至让自己的公司成为一家典型的互联网公司；如果你的公司并不具备足够的网络效应，则应考虑"+互联网"的方式——将数字化和互联网看作工具，但思维层面依然可以借鉴。

如果你所在的行业具备足够高的门槛，不论是专业门槛、政策门槛，还是其他类型的门槛，则意味着"门外的野蛮人"——互联网公司在短期内很难进入并颠覆行业，所以暂时可以考虑"+互联网"的方式；如果你所在的行业门槛较低，同时业务比较有价值，则意味着互联网公司可能会随时攻入并有可能使行业发生天翻地覆的变化，所以不论你是否喜欢，都要考虑"互联网+"的方式。

这两个维度相辅相成，互相作用，需综合决策。这个观点也可以顺带回答另外一个问题：为什么互联网公司可以颠覆一些行业，而在另外一些行业内却不行。

我们将以上结论带入几个行业验证一下。

通信行业是一个具备较强网络效应并且曾经门槛很高的行业。首先其业务具备极强的梅特卡夫效应，越多的用户加入网络，则网络的价值越高。而今，在个人通信的场景下，微信几乎已经完全替代了运营商的短信业务，同时也抢走了一定数量的语音电话业务。因此微信可以看作以"互联网＋"的方式颠覆了通信行业——微信的业务依然基于移动通信网络，但是具体的通信方式已经完全改变。文字与图片消息、语音消息、音／视频通话、朋友圈（异步通信）等，本质上都是更新、更有效、更丰富有趣的通信方式；甚至公众号、视频号、扫一扫等，其实本质上也是通信方式，只不过通信的双方不一定都是个人用户而已。

同时，由于传统的电信业务在我国最初并没有向私人企业开放，所以像腾讯这样的公司想要进入这个行业的门槛是非常高的，以至于微信等产品"颠覆"这个行业的过程非常漫长。我们甚至可以认为从QQ开始也许这个进程就一直在推进，直到十几年后微信的快速发展才真正地实现了这种颠覆。

城市出行行业则是一个具备较强的网络效应并且门槛较低的行业。从整体上看，城市出行是一个典型的双边市场，一边是需要出行的乘客，另外一边是运力，整体上网络效应较强。另外，从专业层面来看，熟练地驾驶汽车并不难；从运营层面来看，运营方要做的主要是资源的调配、管控等流程性和事务性工作，专业度也并不高；从协作关系层面看，这个行业相对也比较简单，一般的出租车服务只涉及出租车公司、司机和乘客三者。基于此，各大打车平台在国内只用了短短几年的时间便以"互联网＋"的方式主导行业发生了巨大变革。

我们再来看医疗行业，它的核心业务既没有梅特卡夫效应，也几乎没有双边市场效应。这里要解释一下，从表面上看，医疗行业中的角色明显地分为医生和患者两类，似乎也是一种"双边市场"。但是对于患者来说，医疗是一种极低频的行为，同时并不是一个医院的医生越多就越好，而是找到一个合适的医生，让他持续地看病效果才会更好。回忆一下，如果你某一次去医院看病，几天后医生开的药吃完了，但是病还没有完全好转，这时你试图再去医院，是不是第一选择还是找之前的医生呢？因此，医疗行业其实并不具备明显的网络效应。

同时，医疗行业的门槛极高。首先是专业方面，对于医生的专业性要求非常高；其次看运营层面，由于专业层面足够复杂，所以一所医院的运营并不是有个场所，调配一些资源就可以了，而是需要深入地与其专业领域相结合；最后再看协作关系，医疗行业的协作关系非常复杂，仅从角色上看可能包括但不限于医院及其管理者、医生、患者、社保部门、卫生部门、银行、器械厂商、药品厂商及流通环节的供应商等，它们之间的利益关系错综复杂。

正因为如此，我们并未看到医疗行业被互联网所颠覆，这个行业（至少是在当下）更加适合"+ 互联网"的方式。我们当下看到的互联网医疗相关的产品或服务，不论是网上挂号、在线问诊、医保支付，还是医学 AI、医院的 HIS④系统，其本质都是"+ 互联网"，即医疗是核心，数字化与互联网是辅助手段。

最后我们再来看看旅游服务行业。不知你是否发现，预订机票和酒店与订火车票是两种完全不同的模式。携程、去哪儿、飞猪等互联网服务平台与其他线下预订方式相比有很大的优势，包括效率和选择性方面等。但是我们再深入分析一下会发现，这些互联网服务平台针对的基本是预订机票和酒店服务，如果要预定火车票的话，其实这些互联网服务平台并不比中国铁路官方 12306 的服务好多少，很多时候可能还不如后者，比如在退票和改签等方面。这个现象的原因恰恰是因为机票和酒店的预订是典型的"双边市场"，在供给侧分布着数量众多的航空公司、航空班次和酒店房间，在需求侧则是各种各样海量的需要出行的人，因此互联网可以将双边市场效应放大，创造更大的价值。而火车票的预订完全不具有网络效应，在国内，任何互联网平台上火车票的供给方只有一个，那就是中国国家铁路集团有限公司。最终的结果就是旅游服务行业（单说订票和订酒店）被拆分成了两个部分，机票和酒店部分适合"互联网 +"，而火车票部分则适合"+ 互联网"。互联网公司"颠覆"了前者但无法"颠覆"后者。

如果你是一名传统企业数字化转型的决策者，大方向上，你需要先判断公司业务是否具备较强的网络效应，同时判断业务的门槛是否较高。如果网络效应很弱或者业务门槛很高，或者两者兼具，那么可以考虑将数字化和互联网能力作为辅助用途；同时也说明可能你所在的行业至少在短期内不容易被互联网"颠覆"。如果网络效应较强，或者行业门槛很低并且利润率不差，那么就要考虑是否有必要以"互联网 +"的方式进行"自我革命"，并要时刻警惕以免被互联网公司"颠覆"。

---

④ HIS 系统是 Hospital Information System 的缩写，意为"医院信息系统"。

如果你是互联网公司的决策者，希望进入产业互联网领域，逻辑是一样的，而操作则正好相反。选择那些网络效应强但门槛较低的行业去渗透，则有可能在短期内获得巨大的商业价值。当然，在当下尚未被其他"大佬"渗透的这类行业其实已经比较少了。对于那些网络效应强但门槛也很高的行业，则要做好长期坚持的准备。而对于一些网络效应弱但门槛很高的行业，也不是不能去渗透，只是可能要放低姿态，以服务商的模式及"＋互联网"的方式来获得商业价值；或者直接进入这个行业，尝试以所谓的"互联网思维"去经营它。

另外请注意，上述理论框架只能够帮你在大方向的决策上做一些参考，不要完全套用。具体的决策除了网络效应和门槛因素外，还需综合考虑行业情况、公司业务等因素。

2.2.2　数字化转型的推荐路径

利用前文提到的理论框架，我们可以将数字化转型战略的大方向基本确定。现在我们根据前面提到的每个阶段的特征来判断自身行业在"Y路径"演化模型中所处的阶段，以便于规划数字化转型的具体路径。整体上，比较平稳的策略是在相应的阶段以相应的方法做相应的事情；如果你希望在行业中利用数字化战略脱颖而出，甚至引领行业发展的话，则可以先计划一下下个阶段要做的事。但是所有的超前行为都有极大的风险，需要综合考虑各种因素。

信息电子化与流程电子化阶段的转型路径

如果你判断出你所处的行业处于"Y路径"演化的前两个阶段，那么能做的具体优化比较有限，数字化转型路径也比较简单。

在业务方面，可以考虑完全不做任何数字化相关的研发和运营，只需购买行业内相对优秀并适合公司具体情况的软件或服务即可。例如，仅需借助数字化能力完成一些日常管理，如员工之间线上沟通、考勤和流程审批等，则可以考虑从钉钉、企业微信和飞书这三个平台中选择一个使用即可；如果希望更加有效地管理客户，则可以考虑采购一套CRM系统。

在人员招聘方面，只需要配备基本的 IT 服务人员即可。他们能够解决一般的硬件设备的基本故障及软件系统的常见问题，能够有效帮助公司架设内部网络等即可。

在组织架构方面，可以将这些 IT 服务人员单独成立一个组，并放在行政部等职能部门下面进行管理。

但是这里要提醒读者的是，**对于所处阶段的判断，是以行业的维度为标准的，并不是以某个具体的公司为标准**。如果一个公司在数字化方面已经明显落后于其所在的行业，那么它要做的是尽快赶上行业水平——可能需要直接跨越多个阶段，而不是针对公司所处的阶段进行数字化建设和优化。例如，几年前有一些大型三甲医院还在使用手写病历，根据数字化"Y 路径"演化模型，其尚未完全完成第 1 阶段，即"信息电子化阶段"的任务。但当时整个医疗行业已经走到了第 4 阶段，即效率提升阶段，不仅挂号、病历、处方流转等流程都已在院内基本实现了数字化，而且很多医院可以对外提供挂号、查询报告等服务，甚至有些医院还开通了医保支付服务。因此，对于那些依然使用手写病历的医院，其数字化转型目标应该是直接定位到第 4 阶段，而非仅完成第 1 阶段或第 2 阶段的工作。

媒体渠道阶段的转型路径

如果你所在的行业整体上处于"Y 路径"演化的第 3 个阶段，即媒体渠道阶段的话，目前可以做的事情会多一些。例如最近几年比较有热度的短视频运营和直播带货等，都可以看作这个阶段的具体应用。

在业务方面，这个阶段的公司数字化路径可以考虑以运营为主，可以不需要自行研发产品。因为媒体渠道阶段是互联网这条线索的第一个阶段，其特征就是互联网不会与传统行业内部发生明显的关联，只是外部助力。因此，在这个阶段充分利用渠道的优势去提升品牌价值、带动销量是要考虑的第一要务。

举例来说，假设你是一家区域连锁型餐饮机构的创始人，在华南地区的三个城市中拥有 8 家线下店。你的菜品、流程管理、供应链、翻台率等在线下店中都已经做得很好，现在你希望继续提升收入，该如何做呢？可行的办法之一是增加销售渠道，特别是线上渠道。这时你需要组建团队开发并维护自己的 App 或小程序吗？并不需要！很简单，8 家线下店并不算多，如果自行开发 App 或小程序，不但需要组建数字化的研发团队，还需要做很多的运营工作，即便你的店在当地有一定的品牌影响力，但并不代表你的 App 或小程序也会有人用。因此，这种情况下你需要解决数字化产品的流量问题。众所周知，现在无论是线上还是线下，获取流量的代价都是很大的，而对于用户来说，除了少数"死忠粉"，似乎并无必要为了点餐或者订外卖而专门使用一个 App 或小程序，而且你也很难招聘到有经验的产品策划及研发人员。

因此解决方案其实很简单，既然你只是希望提升收入，那么将你的线上店直接开在美团和饿了么之类的外卖平台即可。虽然这些平台会从每一个订单中抽取佣金，但是总体上的投入产出比要好过组建并管理带有产品策划和开发职能的数字化团队。

在招聘方面，可以采用少量专业人员＋大量熟练工人的方式来组建数字化团队，支撑以运营为主的数字化策略。接入美团和饿了么这样的平台后，运营工作仍然要做。如果你只是将店里的菜品简单拍照后上传至外卖平台，然后等待接单，这样做可不可以呢？当然可以，但毫无优势。要想把美团等渠道利用好，可以做的事情有很多。

首先，要合理选品，并不是店里所有的菜品都适合外卖，有的菜品经过 40 分钟到 1 小时后送达顾客手中会严重影响口感，那么这样的菜品就不应该在线上提供。其次，放在美团等外卖平台上的菜品，其图片的精美程度，以及菜品的名称、介绍和分类等，会在很大程度上影响用户下单，这些都需要进行深入的思考和专业的设计。最后，适当做一些促销活动可以更好地"带货"，这些活动也需要相对专业的运营人员去策划和运营。

以上这些方法其实只是媒体渠道这个阶段的常规做法，如果你的互联网运营团队足够优秀，那么能做的事情远不只这些。例如，短视频运营是非常有效的吸引顾客到店的手段，而抖音等平台上的爆款视频并不是随便拍拍就可以的。它们的背后都有专门的运营团队的支持，包括策划、演员、拍摄和后期制作等，还必须有熟悉抖音等平台流量分配规则的专业运营人员。这些工作都很难以外包的方式做好，而需要自建团队。具体原因很简单，只有对自己的品牌、店铺、产品足够熟悉，才有可能挖掘出有趣的创意并制作出大家喜欢的视频。

回到招聘上来，在媒体渠道阶段，团队中的专业人员（少量）和熟练工人（大量）这二者缺一不可。如果想要利用好互联网渠道，你至少要招聘到一名有经验的优秀运营人才，他必须对各类互联网平台的规则有深入的理解，必须对互联网运营的基础知识（如漏斗模型分析）有足够的了解，必须对网民喜好的动向准确把握，他将成为线上渠道的主导者。其次，运营这条线会有很多琐碎、重复性的工作，比如维护平台上的商品描述、回复用户留言等，这些工作可以交给综合能力一般、经验一般，但工作细心、踏实的员工来完成。

在组织架构方面，可以把上述互联网运营团队作为数字化策略的主要执行团队，可以将其设置在公司总部类似市场部的部门下，成立一个"数字化运营中心"之类的部门。这样的好处是，公司原有的市场线中的高层管理者即可作为线上运营方面的管理者，而对于一个处于"媒体渠道"阶段的公司来说，与公司势能匹配的专业人员基本上也可以接受市场线中高层管理者的管理。如果到了下一个阶段，即效率提升阶段，则数字化团队就必须由具有产品、运营或研发背景的管理人员掌舵了。

效率提升阶段的转型路径

如果你所在的行业整体上位于"Y路径"演化模型的第4个阶段，即效率提升阶段，那么首先要恭喜你，你的行业已经身处当下数字化转型的主战场，这个战场上充满着机会。但同时也要提醒你，在这个阶段，传统行业与数字化的标杆——互联网公司开始变得"亦敌亦友"，你可能会面临更大的挑战。

在业务方面，在这个阶段应该让数字化能力渗透到业务中。虽然大概率不会改变一个行业的核心商业模式，但是可以在整个业务链条的一些单点上发力并创新，而且很可能会在这些单点上成倍地提升效率，甚至产生一些"颠覆"性的效果。另外，从这个阶段开始，数字化的应用属性和思维属性要同步登场了。很多时候，作为传统行业数字化转型的决策者，需要有意识地弱化原有行业内的一些路径依赖。下面我们用贝壳找房来作为案例分析效率提升阶段的业务逻辑。

贝壳找房是链家地产发起的一个基于互联网的房地产买卖及租赁平台。如果你是购房者或者租房者，最初你可能会发现贝壳上有很多房源信息。仅从这一层来看的话，贝壳找房应该与其他大多数房地产服务一同被归为上一个阶段，即媒体渠道阶段的数字化产品。但实际上，贝壳找房平台的价值——不论是对用户的价值，还是其商业价值，远不只信息渠道那么简单。这家公司在数字化方面的水准已经远远领先于同行业。

以房屋租赁为例，在深圳这样的一线城市，贝壳找房已经实现了房东和租客完全不需见面即可完成整个租赁流程。对于房东来说，他可以直接在平台上填写需要出租的房屋信息，包括小区名称、楼栋和面积等。贝壳找房平台会根据一种叫作 ACN⑤ 的模式自动派单，拿到订单的中介人员会与房东联系。此时，房东需要将要出租的房屋钥匙委托给中介。后面的所有流程几乎就不需要房东线下参与了。包括之后平台会派摄影师前往出租屋内进行实地拍摄，并将图片上传至贝壳网站上。如果有客户希望看房，则带看中介会主动联系持有钥匙的中介人员并陪同客户看房。客户确定租赁意向后，只需要双方在贝壳找房平台上通过人脸识别进行身份认证，即可在线上签署电子合同。然后租客以约定的方式向房东支付押金和第一个月的租金，贝壳找房中介还会负责带领租客前往小区物业确认水、电表的读数等，直到将房屋交付给租房的客户。

以上流程完全符合我们在"Y 路径"演化模型中对于效率提升阶段的特征描述。我们回溯上述业务逻辑会发现，作为一家中介公司，它的核心商业模式、协作关系和业务流程并没有变。核心商业模式依然是通过促成交易抽取佣金；协作关系依然是房东与中介公司达成委托协议，不同中介人员之间在线下的各个环节协作完成工作；业务流程也不变，即签署委托合同—带客户看房（不论是客户主动提

---

⑤ ACN 是 Agent Cooperate Network 的缩写，中文意思是"经纪人合作网络"，是贝壳找房平台发明的一种协作方式。它将整个房地产交易过程划分为若干个节点，每个经纪人负责其中的一个或多个节点，彼此合作，期望解决的是"零和博弈"的问题。

出看某套房，还是根据客户的需求推荐房源）—促成交易—签署租赁合同等；同样，对于个别中介人员的一些小心思以及有可能给客户造成的"不靠谱"的影响，也并没有完全被规避。这些都与其他中介公司没有区别。

然而，数字化能力在整个业务流程的一些单点上起到了明显提升效率的作用。比如，在其他中介公司，当促成一笔交易之后，一定需要房东和房客双方见面并当面签署合同。这个步骤的效率是比较低的，要找双方都空闲的时间段，并要求双方都能前往现场，要现场阅读和签署合同、复印身份证等。而采用线上的方式，则可以极大地提升这一步的效率，不论房东和房客双方身在何处，只需通过人脸识别及身份验证后即可签署合同，不但对于双方来说都很方便，而且更加有利于成单。

回到转型路径上来，由于效率提升阶段需要让数字化能力介入业务，这就意味着相应的数字化产品的主要逻辑功能需要自行策划和开发。因此相对应的招聘策略就会稍显复杂，建议对于一般互联网公司的核心职位，如产品经理、UI 设计师、研发工程师、测试工程师、运维工程师、产品运营等都应配置。因为这个阶段对数字化的要求必须是能够支撑完整的线上业务，甚至还需要让线上和线下可以高效地联动。此时的数字化团队相当于一个互联网公司。在人才结构上，这个阶段的最低人员配置应该是几位中 / 高层管理者，外加大量的专业 / 资深员工。中 / 高层管理者一般需要按互联网的业务线去配置，如一名产品总监，管理产品团队、设计团队和运营团队；一名研发总监，管理研发团队、运维团队和测试团队；同时，两位总监向具备互联网背景的 VP 汇报。而每一个团队中都需要有资深的业务骨干以及多名有经验的员工。

注意，上述招聘策略只是在这个阶段建议的最低配置。事实上，国内一些处于这个阶段的公司如平安科技、顺丰科技、贝壳找房等，都专门成立了独立的公司来负责整个数字化产品。其中，贝壳找房等公司甚至按照"第二曲线"[⑥]的原则，

---

⑥ 第二曲线理论来自英国管理大师查尔斯·汉迪的畅销书《第二曲线》。作者认为，如果组织和企业能在第一曲线到达巅峰之前找到带领企业二次腾飞的第二曲线，并且第二曲线必须在第一曲线达到顶点前开始增长，弥补第二曲线投入初期的资源（金钱、时间和精力）消耗，那么企业永续增长的愿景就能实现。

将公司的整体资源向负责数字化的独立分公司倾斜，因此才取得了今天的成绩。

最后，不论是配置一个部门还是成立一个分公司，这个阶段的组织架构设计也非常重要。原则上，负责数字化业务的部门，至少需要与其他业务部门处于平行的位置，并且分管数字化业务的高管（高层管理者，以后简称高管），最好与分管其他传统业务的高管在职能上完全区分开，但是可以让这些高管共同向 CEO 汇报。注意，千万不要将负责数字化业务的部门置于其他业务部门的管辖范围之内。原因是这个阶段数字化转型的难点有两个，一个在战略层，公司管理层必须想清楚具体将业务体系中的哪一个或哪几个环节率先以数字化能力重构；另一个在执行层，就是如何才能保证数字化业务与传统业务真正打通并顺畅合作。其中，执行层的问题，必须在组织架构层面给予至少是同等级的权限才有可能被解决。

国内很多优秀的处于行业领军地位的公司，都是由于数字化业务与传统业务无法真正打通，以至于使数字化转型的效果受到了极大的不良影响。很多时候，这些公司在数字化领域投入了不少资源，但从专业的互联网公司的角度来看，这些公司只是在浪费资源、浪费时间或者是“自嗨”。举例来说，笔者曾经与某房地产公司的 HR 有过交流，当时笔者正处于职业的低谷期，打算退出前一个创业项目，有意向去应聘该公司的某个职位。在交流过程中笔者发现，该公司的组织架构非常不合理，互联网团队基本上受限于传统业务的管辖，于是笔者提出了如何才能让数字化业务和传统业务有效结合的问题，同时对其业务方向还提出了一些其他疑问。没想到该公司的 HR 非常不耐烦地回了一句“业务做好业务，科技做好科技就行了。”

其实这句话实际上表达的是目前国内大多数传统企业对数字化转型的错误认知。他们潜意识中认为公司原有的业务与数字化业务是割裂的，自己做好自己的事情即可。但显然这样的思维方式是不可能做好数字化转型的。笔者听到这样的回答后基本上就可以确定该公司未来的发展路径，于是礼貌地结束了交流。

巧合的是，几个月后，笔者有不止一位朋友进入了该公司担任总监或总监以上级别的职位，从他们传递给我的信息来看，我当时的判断是准确的。该公司面临如下问题：

首先，在业务层面，基础的服务几乎没办法"走通"。例如使用 App 开门，本来是一个既方便住户又有利于公司推广互联网平台，从而深化数字化战略的事情。从互联网产品和技术的角度来看，开门这个功能毫无技术含量，很容易实现，但是它对运营和维护层面的要求极高。必须要确保所有小区的所有门禁在大多数时间内要联网且服务可用，仅仅这一条他们就做不到。因为线下的物业管理团队的配合度较低，存在各种各样的问题，因此尽管这个功能已推出了很多年，但使用率一直是百分之个位数的比例。而且类似这样的基础服务几乎都处于存在但用不起来的状态。

其次，由于基础服务没办法打通，以至于很多强推 App 获得的用户没办法维持活跃，最终的结果是很多管理层希望推行的数字化战略没办法有效地实施。不仅如此，由于数字化业务与传统业务割裂，线下的职能团队同时又在一定程度上承担着 App 的推广工作，最终的结局就是业主和住户怨声载道，这一点从苹果 App Store 上对其 App 的评论中就可以看出。

最后，由于该公司给出的薪资并不高，导致该公司招聘互联网相关的员工非常困难，同时由于一些其他原因造成在职人员流失严重，团队结构出现问题。据称，大多数优秀的候选人在面试后都表示不会加入该公司，少数有能力的候选人虽然入职但基本在 3 个月到半年内离开了，理由是认为公司没有发展前景，自身没有成长空间。同时，公司的管理层也没有认清现状，反而鼓励 HR 去名牌大学招收应届毕业生，或者去优秀的互联网公司"挖人"，从而使公司的人力资源陷入死循环：优秀的人不来或者来了留不住；而留下的大多是碌碌无为之辈，以至于产品和业务长期没有明显进展。

在此提醒各位读者，**从效率提升阶段开始，数字化转型已经是一场硬仗，必须从战略到执行，从人才到组织架构，从薪资配置到综合管理面面俱到地考虑到，找到最适合的方案并推行，这样才有可能打赢这场仗。**

改造重构阶段的转型路径

如果你所在的行业整体上位于"Y 路径"演化模型的第 5 个阶段，即改造重构阶段，那么你的行业正在承担着数字化的创新先锋角色。处于这个阶段的行业，称为数字化转型是不准确的，应该称为"数字化探索"。

在业务方面，改造重构阶段会将数字化的技术、能力和思维与传统业务进行深度融合，基于新的能力和认知，试图重新去思考该行业中的用户、场景和需求，重新提出解决方案，必要时会重构行业内部的商业模式、协作关系及业务流程等，甚至创造新的行业。

特别要提醒的是，在这个阶段，数字化的一切技术和能力都只是创新的基础，真正主导数字化探索的是它的思维属性，如以用户为中心去思考问题，以平台的思维方式去解决问题等。如果说上一个阶段的难点在于思维的转变，那么在这个阶段，深入理解数字化的思维属性和互联网思维，同时深入理解原行业并将这三者有机地融合在一起，将是数字化探索的起点。

举例来说，如果按照出租车公司现有的路径去解决问题，仅仅把数字化看作技术和能力的话，其中一种合理的做法应该是在出租车上安装某种智能终端设备、很多城市的出租车上都有。这种终端设备不仅有监控功能，还具有支付、派单等功能。但是，这个思路意味着运力的"池子"还是那么大，高峰期的问题没办法解决。司机还是要通过在路上碰运气的方式寻找乘客，效率问题也没能解决。即便智能终端有派单功能，其也是由出租车公司指派，源头依然是"订车"的方式，对于大量需求并行、高峰期与平峰期频繁切换等场景并未有效突破，所以不可能大规模地被应用。乘客依然需要站在路边等车，等车时间问题也没有明显改善，只是支付方式多了一种银联卡支付而已。同时，这种智能终端设备本质上对司机的益处有限，多数情况下都是由当地政府或出租车公司进行推广，司机被动接受，久而久之也就逐渐废弃。

而打车平台的快车等服务并没有按照出租车公司的现有路径去解决问题，也没有试图去做一套给出租车公司用的 SaaS[⑦]服务，而是绕开出租车公司，搭建了

---

⑦ SaaS 是 Software-as-a-Service 的缩写，意为"软件即服务"。这是一个源自传统软件开发视角的名词，其特点是客户可以直接通过互联网向厂商定购所需的应用软件服务，按定购的服务项目和时间长短向厂商支付费用。

一个平台，在平台上直接连接各类运力、资源和乘客，并且在自己的平台上搭建了更高效的规则。这种模式我们可以称之为 S2b2C。其中，S 指供应链，在这个案例中可以理解为打车平台，b 是指快车司机，他们通过 S 的赋能可以获得乘客并更好地为他们服务；C 则是指终端的用户，即乘客。所以 S2b2C 的方式相当于 S 是主导，通过赋能 b 去更好地服务 C——注意，在这个模式下，实际上是 S 在服务 C，而 b 只是这个服务中的一个核心资源而已，这是与传统的出租车公司完全不同的业务模式。

那么，网约车司机和打车平台之间有类似于前面提到的安装智能终端之类的矛盾吗？当然有。很多网约车司机也不喜欢平台的监管，但是平台对司机的出口是唯一的，那就是其司机端 App，因此即使一些司机不想遵守平台规则甚至想破坏平台的监管，也很难做到——因为不被监管的唯一方法就是放弃使用相应的平台，这样他们就无法接到订单。之所以如此，本质上是因为打车平台构建了一套新的协作体系。现在，很多网约车平台的服务过程中均有针对司机的人脸识别核实身份功能，全程录音、录像的摄像头监控等功能。如果你在凌晨打车，平台还会使用语音识别功能，每隔一段时间就要让司机与人工智能助手说一句话，以便确认司机没有疲劳驾驶。这些在之前的协作体系下面都是很难实现的，这也正是数字化思维属性的体现——仅仅实现功能是不够的，想要"颠覆"行业，必须回归本质，重新思考解决方案。

然而，思维的转变是非常困难的，正因为如此，目前改造重构这个阶段的优秀案例基本分为两种：一种是以互联网公司为主导去"颠覆"传统行业的；另一种是一些年轻的、未受到行业经验所禁锢的创业者进入传统行业，以全新的方式开展业务。很少有已经在行业内扎根很深的公司转型成功的案例。当然，这并不是说通过转型的方式一定无法到达这个阶段，如果你熟悉"第二曲线"等理论，相信你会找到一些方法，比如成立完全独立的新公司来做新业务等，只是能够真正找到第二曲线并持续增长的公司并不多。

回到转型路径上，在招聘方面，这个阶段的公司需要完全重构自身的人才体系。

首先，不论是成立单独的公司还是改造现有的公司，必须先确保公司的 CEO 深入理解数字化相关的思维方式——他可以对数字化的技术和能力理解不深，但一定要深入理解数字化背后的思维方式。这一点在转型的路径中非常难达成，因为一个已经在商业上取得巨大成功的人，很难更新甚至舍弃自己固有的思维体系。因此，笔者认为当下唯一在逻辑上可行的路径是成立一个在组织架构上完全独立的机构，可以是部门或公司，以单独负责数字化业务。一旦走向这条路，往往意味着公司的最高领导层需要承担巨大的压力，需要力排众议坚持自己的决策。新公司的 CEO 职位应该寻找一名具有优秀数字化思维的高管来担任，如有大型的互联网公司工作背景的高管。

其次，有了具备优秀数字化思维的高管后，第二个问题会马上产生——这些高管如果对原行业的理解并不深刻怎么办？合理的方式是，给新的 CEO 配备几名原行业中的资深顾问，让他们在工作中相互协作。注意，这个协作关系必须是思维和创新很活跃的 CEO，搭配资深的原行业专家作为顾问——决策权在 CEO，不能反过来配置。很多处于上一阶段即效率提升阶段的传统企业是按后面的方式配置的，结局往往没办法突破自身的路径依赖。

举例来说，小米的创始人雷军是中国 IT 界的老前辈，其在创办小米公司进军手机行业之前，并未深入地从事过与制造业相关的工作；美团的创始人王兴是电子工程及计算机方向的学历背景，2003 年回国创业，在创立美团之前并未深入从事过泛零售行业，但他有一些成功创业的经历；超级猩猩的创始人之前是一名 HR，其专业背景跟健身一点儿关系都没有，但她深入理解"人"的管理，事实上，超级猩猩在早期能够最大限度留住那些教授标准化课程的教练，与创始人在人力资源上的沉淀和深刻认知不无关系。如果我们把当今在数字化改造重构阶段最优秀的成功企业全部梳理一遍会发现，大多数企业的创始人都没有本行业的工作背景。

最后，基于上述高管团队完全重构或者重新搭建中层及基层管理团队。一般比较合适的方式是按照业务来划分团队，在同一个团队中既有传统业务工作背景的员工，也有数字化及互联网工作背景的员工。

在组织架构层面，对于改造重构阶段的企业来说，如果成立新公司，则应遵循"第二曲线"原理中的原则，必须确保新公司完全独立，其业务不被传统业务所干涉；不但如此，当新公司需要资源时，传统业务有必要向其提供帮助。如果打算在现有公司架构下进行改造，你要面临的将是一个极其庞大、复杂、几乎不可能完成的工程。

2.2.3 数字化转型的常见弯路

2.2.2 节所介绍的是处于不同阶段的公司做数字化转型的理想路径，或者说是推荐的路径。总体上要参考行业整体水平及企业自身的实际情况。但是理想与现实之间总是有差距的，本节将会总结笔者多年来观察到的很多传统企业在数字化转型过程中所走过的弯路，笔者将其命名为"数字化恐怖谷效应"[8]。

很多传统企业在进行数字化转型的过程中都会经历一个如图 2-7 所示的起伏的路径。图中横轴代表数字化转型的不同阶段，但这里划分阶段的视角不同，它们实际上是由企业高管对于数字化的认知所决定的，因此代表的是高管认知的不断迭代过程；纵轴代表企业整体的数字化生产力。随着认知阶段的不断迭代，数字化生产力整体上会呈现一个先提升然后急剧下降的走势，这个急剧下降的过程称之为"数字化恐怖谷阶段"。如果方法得当，条件满足，则企业可以走出数字化恐怖谷阶段使其数字化生产力继续提升，甚至与原生的数字化企业不相上下；如果高管的认知跟不上，或者方法、条件等出现问题，则很多企业会一直停留在数字化恐怖谷阶段。下面对其进行详细解读。

最初，在很多企业的高管团队眼中，数字化只是一种简单的技术手段，其定位是为企业的传统业务服务。这个阶段称之为工程阶段——数字化仅仅是一种技术工程。

图 2-7 中的 a 点代表工程阶段的"立项时期"，企业决定开展大规模的数字化

---

[8] 由于表述这个规律的曲线形态很像日本机器人专家森昌弘所提出的恐怖谷理论所对应的曲线，故此得名。

建设（此时还应称为数字化建设，而非数字化转型）。由于认知层面将数字化定义为辅助手段，因此企业往往会以相对较低的标准招聘员工，并且一般不会设置专门负责数字化的高管，组织架构方面一般是仅成立一个组或者一个部门，放在市场部、销售部或者业务部门下面，由非专业人员管理这个团队。

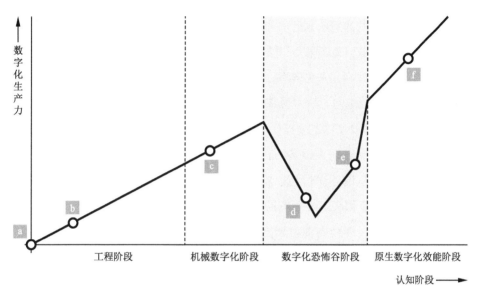

图 2-7　数字化恐怖谷效应

注：表现形式参考自日本机器人专家森昌弘的"恐怖谷理论"。

如果该企业持续发展，会到达图 2-7 中的 b 点，其代表工程阶段的"扩张时期"。在这个时期，由于传统业务的增长，带动了数字化团队和业务的持续发展，数字化生产力也随之持续发展。但由于数字化团队一直是一个相对被动的辅助角色，加上前面的招聘策略决定了这个时期团队成员的综合能力不会很强，因此会造成技术架构层面缺乏规划，代码、逻辑的耦合越来越重，研发效率越来越低，这些问题称之为"技术债"。同时，从表面上看数字化业务蒸蒸日上，因此在这个阶段，管理层可能会将数字化业务的发展路径简单理解为随业务进行扩张。相比于上一阶段，其认知变化在于扩张，所以此时一般会招聘更多的员工加入数字化团队。

如果该企业继续持续发展，则会进入一个新的阶段，即机械数字化阶段。在这个阶段，企业的数字化建设已经具备一定的规模，从表面上看，企业的数字化生产力依然在平稳提升，但是数字化建设只是在扩大规模、增加产品功能，对于系统架构的合理性和稳定性等则少有可圈可点的优化，甚至开始出现明显的问题，与传统业务之间的关系依然是传统业务作为主导，数字化能力被动支撑，二者并没有很好地融合。很多企业在这个阶段试图探索一些数字化领域的新概念和新技术。例如一些公司的高管听说了一个什么新概念，就马上想在公司里试一试，最典型的就是很多企业开始建设所谓的"中台"。但是他们往往对于新概念和新技术的认知并不深入或者是一知半解，同时由于缺乏底层规划，从而造成逻辑耦合更加严重，代码质量更差，研发效率更低的结果。恶果开始显现，bug 开始增多，技术债加速累积。图 2-7 中的 c 点代表这个时期，笔者称之为"尝鲜时期"。同时，随着规模的扩大，问题越来越多，在这个阶段企业高层及传统的业务团队往往开始积攒对数字化团队的不满情绪。实际上高管们并不知道，这个阶段的问题根源在于前期的认知不足和底层规划的缺失。

机械数字化阶段继续向前发展会进入一个低谷期，称之为"数字化恐怖谷阶段"，这个阶段是很多传统企业数字化转型道路上的"噩梦"，事实上，很多大型的传统上市企业，其数字化水平都停留在这个阶段无法走出。在这个阶段，首先是图 2-7 中的 d 点，笔者称之为"混乱时期"，前期累积的技术债集中爆发，线上bug 频发，底层架构开始无法支持一些业务需求，研发效率持续降低，经常是在这里做了一些改动，但是在其他地方就会出现问题。而数字化团队由于长期处于一个被动支撑的角色，解决问题的方式一般是不停地打补丁，而打补丁这个行为本身又是在不断地叠加逻辑，增加耦合，促使整体架构和系统更加混乱和不稳定。

这个阶段同时也是考验企业高管认知迭代能力、魄力和决策力的最重要阶段，一部分企业的高管团队开始意识到，必须招聘一名高级别管理人员来统领数字化业务，并且必须要合理调和数字化团队与传统业务团队之间的关系。所以很多企业在这个时期会招聘数名技术总监，甚至 CTO，但遗憾的是，笔者所观察到的大多数传统企业高管在这个阶段依然是将业务和科技割裂来看待的——就像是前面那个 HR 的说法一样，整体上依然认为数字化只是一种技术能力。这样的认知决定了 CTO 最多只能在技术层面力挽狂澜，但无法挽救数字化业务——这是后话。

如果企业足够幸运，能够招聘到合适的 CTO，并且企业众多高管拥有足够的决心和能力，那么这个阶段的首要任务是要逐步完成数字化体系的重构工作。重构工作可能是一个漫长并且艰难的过程，甚至可能会影响正常的业务，但是只有完成重构，才有可能使各类数字化系统恢复健壮和灵活性，bug 会减少，研发效率也会明显提升。需要提醒读者注意的是，这个阶段的重构工作是一个系统、庞大的工程，高管的决心、全公司的执行配合、CTO 的架构设计和管理能力，以及团队的综合技术能力，四者缺一不可。

另外，如果企业招聘到的是一位有远见的 CTO，他作为高管，在这个阶段可能会尝试建立一个基本的"平衡态"，即数字化应该成为一类独立业务，然后与传统业务融合发展，而不是被动地支撑后者。因此管理层在该阶段要面临的另外一个问题就是数字化业务与传统业务之间的争斗问题，权衡利益、促成融合是推荐的办法。如果企业招聘到的是一位"服从型"CTO，那么这些平衡和融合的工作，就只能寄希望于 CEO 去推动了。

我们假设企业招聘到的是一位有远见的 CTO，在他的影响下，这个时期的企业高管们对数字化的认知应该继续迭代。数字化在他们眼中应该由单纯的系统建设变成整体的业务、模式层面的转型。同时他们应该认知到数字化转型是一整套体系，数字化业务必须与传统的业务深度融合。但是大多数 CTO 的思维方式依然是偏技术、偏工程化的，这个时期暴露出的具体问题可能是技术团队开发出了很多功能，但是产品上线后用户的反馈并不好，使用数据也没有很明显提升。原因可能是虽然技术层面稳定了，但是产品的策划和运营依然没有很好地遵循场景思维和运营思维所致。

如果企业的管理层能够意识到这一点，则可能会寻求一位或几位有产品或运营背景的人作为高管，如产品 VP 或 CPO（首席产品官）等，让他们去优化业务，而不仅仅是建设系统，这就是图 2-7 中的 e 点。

最终，如果合适的 CPO 也可以到位，同时管理层可以处理好 CTO 与 CPO 之间的关系，并且众高管需再次拥有足够的决心和能力推动变革，企业便有可能跳出"数字化恐怖谷阶段"，进入"原生数字化效能阶段"。该阶段的目标是数字化技术线、产品线、运营线与传统业务深度融合，团队具备较强的创新能力，在数字化领域具备原生数字化企业的整体竞争力。这个阶段的达成其难度比走出数字化恐怖谷还要困难数倍，本质上是在彻底重构企业和业务，应参考第二曲线等理论来做综合决策。此时，在 CPO 的影响下，高管们的认知需要再次迭代升级，必须完全冲破"业务—科技"的二元割裂观点，必须深入理解场景思维和运营思维，成为对数字化和传统业务都有较为深入的理解，并且可以融会贯通的新管理者。

需要说明的是，并非所有企业都有必要和有能力发展至"原生数字化效能阶段"，同时上文关于不同阶段、不同时期的描述也并非简单的线性关系。很多公司可能会长期停留在某个阶段或者某个时期止步不前，也有一些公司几乎还没经历过"机械数字化阶段"，就会落入"数字化恐怖谷阶段"。但是，如果你在一开始就能够看清全局，就知道在什么时期应该规避什么问题。在技术债刚刚开始形成的时期（图 2-7 中的 b 点），就招聘优秀的技术专家一面支撑业务，一面优化架构，防止技术债集中爆发跌入"数字化恐怖谷阶段"；在数字化业务高速发展时期（图 2-7 中的 c 点）或者在某个更加前置的阶段，就要配备好相应的拥有产品或运营经验的高管，并且协助他以适合的方式来融合数字化业务与传统业务。更重要的是，作为企业管理者，在初期就应深入学习和思考数字化除技术属性之外的应用属性和思维属性，从而可以从容面对一波又一波的战略和管理方面的难题。

2.3　创新思维框架：优势-变量推演

我们已经大体确定了适合自身的数字化转型路径，也已经准备好了避开数字化转型弯路上的各种"坑"，在战略部分的最后，我们需要关注业务层面。笔者在本书中已经多次表达过这样的观点，如果仅仅是将已有的业务流程以数字化的方式重做一遍，或者从线下搬到线上的话，往往没办法在激烈的竞争中脱颖而出。这样的思维方式基本上还停留在"Y 路径"演化模型的第二个阶段。所以，在方案层面，笔者更推荐的方法是综合竞品的情况，发现差异化，然后针对差异化的点进行创新。

那么，如何寻找差异化以及适合创新的点呢？本节将介绍一个笔者常用的思维框架，叫作"优势 – 变量"推演框架，我们要通过寻找那些对自身有优势的变量来确定创新的突破口，如图 2-8 所示。

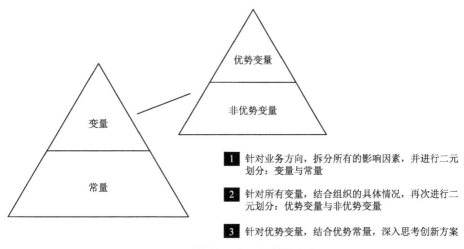

图 2-8 "优势 – 变量"推演框架

第一步，我们把一个业务取得成功的所有因素整理出来。然后把这些因素分为两类，即变量和常量。如果某特定因素企业有能力去优化，则将其视为变量；如果在可以接受的成本范围内没有能力去做出明显的优化或改变，则将其视为常量。举例来说，假设某种产品如果要扩大销量，有两个重要的影响因素，分别是产量和品牌。再假设对于一个产能尚未饱和的工厂来说，如果招聘大量工人并加班加点进行生产就可以提升产量，那么产量这个因素就认为是变量。另外，如果这个工厂当前只有产能但没有任何品牌可言，那么品牌这个条件就认为是常量——因为工厂不可能在短期内构建品牌，即提升品牌的时间成本太高。

第二步，针对变量部分，结合自身情况并对比行业中的主要竞品寻找有优势的变量。举例来说，某种产品如果希望扩大销量，经过分析认为有产品质量和渠道两个变量。假设对于某工厂来说，它的销售渠道整体上跟其他工厂差不多，虽然它也在不断拓展新渠道，但其他工厂也在同步拓展渠道，因此难以拉开差距。如果该工厂的研发部门恰好在近期研制成功了一种新的生产工艺，能够在成本不变的前提下将质量有效提升，那么质量这个因素就是该工厂的优势变量。

第三步，针对优势变量，思考可以最大化将这些变量用起来的方法，这些优势变量就是创新的突破口。有时候针对某个优势变量提出了某种具体方法后，可能又可以将这个变量再次拆分成不同的影响因素，重新区分变量与常量，重新寻找优势变量。同时在这个过程中结合有优势的常量，综合规划最终的创新方案。

我们以前文提到的腾讯医疗 AI——腾讯觅影这个产品为例，来做一遍"优势－变量"推演。

第一步，列出所有影响结果的因素。如果目标是要提升医生阅读医疗影像的效率和准确率，那么影响这两个结果的独立因素都有哪些呢？或许有这么几个：是否具有相应的医疗设备、影像的清晰度、医生的经验、读片的速度、用来读片的时间及对病灶的识别能力等。

第二步，区分常量和变量。医疗设备这个维度，笔者认为是常量。因为在短期内，一个医院拥有哪些设备是不变的，设备的精确度也不可能瞬间提升。影像的清晰度也是常量，它与设备、病人的配合程度，以及影像科医生的操作手法有关。同样，医生的经验在短期内也不可能有明显改善，也是常量。而另外三个量中，读片的速度除了与医生经验有关之外，还与读片时的专注度、当天医生的状态甚至环境有关，如果配合一些辅助手段是有可能明显提升的，因此在一定程度上可以认为是变量。同理，用来读片的时间也是变量，如果医生愿意加班，肯定可以延长读片的时间；而对病灶的识别能力，同样与专注度和辅助手段有关，也是有可能提升的，所以也是变量。至此，我们发现了至少三个变量，分别是读片的速度、用来读片的时间及对病灶的识别能力。

从变量中继续分析，哪些变量对于腾讯公司来说是优势变量呢？显然，用来读片的时间腾讯是无法优化的，这是医生和医院自己的事情。剩余的变量有两个分别是读片的速度和对病灶的识别能力。而对于腾讯来说，提升这两个指标有两个大方向：一个是做一套系统软件，辅助医生人工读片；另一个是使用 AI 算法来识别医疗影像。显然后者有更大的想象空间。同时要说明一下，如果使用 AI 算法来识别医疗影像，相比于医生人工读片来看，理论上对"用来读片的时间"这个因素也有提升的空间——因为系统是不知疲惫的，可以全天不停歇地读片，所以时间肯定可以延长。但是它并不是腾讯公司方案的优势，因为其他公司开发的系统同样可以做到全天不停歇。而对于"读片的速度"和"对病灶的识别能力"这两个变量来说，由于腾讯拥有更强大的技术能力，所以可能会成为优势。

第三步，只针对读片的速度和对病灶的识别能力做优化。对于 AI 来说，需要考虑的因素与算法、调优、训练和数据有关。这也是大多数 AI 相关产品的底层逻辑，即：

首先，选择某种或某几种通用的底层算法，各类 AI 相关的产品所使用的底层算法是大致相同的甚至很多是开源的。因此，我们可以认为底层算法并不是一个变量——如果想要在算法层面有所突破，需要大量的科研和工程方面的工作，短期内是无法改变的。

其次，需要针对具体的应用场景对底层算法进行各类调优。举例来说，同样是影像识别算法，用于识别医疗影像与用于识别车牌号的调优方法是不一样的。这个阶段就需要大量的算法工程师和医学专家参与。显然，这是一个变量，同时是一个适合腾讯去优化的变量。因为相比于很多创业公司或者一些业务较少涉及 AI 影像识别的互联网公司来说，腾讯拥有强大的 AI 相关团队，科研力量和工程力量都在市场上有一定的优势；同时，在腾讯原有的业务中本身就需要大量用到影像识别相关的算法，如对不良信息的监控，因此在这个方面也拥有足够的经验。

在调优的同时也需要使用海量的真实数据，加上精准的标注来训练算法。这里又涉及两个因素，一个是数据及标注，另一个是训练。其中训练这个因素依然可以认为是个常量，因为它的主要影响因素就是算力，算力来自硬件。在某一个时期，公司拥有多少算力，这些算力有多少可用于医学 AI 项目，基本上是不可变的。而数据则是一个变量，显然，能够拿到的真实影像数据越多越好。在这方面腾讯也是有优势的，因为相比于其他公司来说，医学 AI 团队有了腾讯的品牌背书，更容易与医疗机构达成合作。因此团队可以拿到比其他创业公司更多的真实数据用来训练算法。

最终我们可以得出结论：腾讯有能力研发出一些产品来帮助医院提升读片的效率和准确率。具体来说，可以选择 AI 影像识别的大方向，并且从算法调优和数据方面着手，以便于构建竞争力。

我们来回顾一下这个案例，整个逻辑过程就是不断地在分离和识别变量，通过综合分析来挑选在自身能力范围内适合去优化的变量，思考具体的优化方案。因此使用"优势－变量推演"的方法不但能够帮助决策者发现可以创新的机会点，同时也有利于针对竞品形成差异化，更加有利于整个数字化战略的推行。

至此，我们已经完成了战略层面的准备工作，在第 3 章中我们将深入方案层面讨论一下数字化产品具体的产品策划及运营原则，以及在整个过程中的一些注意事项。

第 3 章

方案：拆解数字化产品的核心要素

本章我们将全面介绍策划一个数字化产品所需要考虑的 6 个重要维度，分别是用户、需求、规划、体验、增长和盈利。如果你是一家公司的高层管理者，理解这些维度上的思维方式和方法论，有利于顺畅地与下属讨论方案，明白数字化团队的工作方式；如果你是负责数字化转型的团队管理者或者具体的产品策划和研发人员，理解这些要素则是做好产品的基础。

3.1 用　　户

我们在前文中多次提到过"以用户为中心"，用户在数字化的标杆——互联网公司中具有极其重要的地位。然而互联网公司对用户的定义与我们日常理解的不太一样。

3.1.1 第一层：使用产品的人

对于用户，最粗浅的理解就是：使用产品的人就是产品的用户，这也是大多数人对用户的字面理解。在这一层理解的基础上，我们可以获得几个推论。

首先，既然用户就是使用产品的人，那么人与人之间一定是不同的，用户与用户之间也理应不同。其次，不同的用户之间，其需求也会不同。因此，我们可以推导出一个最基础的推论：**一个产品，不可能同时满足所有用户的需求。**

这是一个在数字化领域，特别是在互联网公司由来已久的共识。**在策划一个数字化产品之前，必须先明确它面向的用户是谁。**这个问题看起来简单，实际上在不同的情况下却可能会给产品经理造成不同的困扰。

最简单的情况就是产品面对的用户个体之间的属性高度相似，产品本身的功能也比较简单，直接针对需求提供服务即可。比如地铁服务的核心基本上就是这样的情况。虽然乘坐地铁的用户不同，但是大部分用户在地铁上表现出的属性是高度相似的，即都是健康的人，识字，行动方便，有明确的目的地，这意味着他们可以自行购票、刷卡、进闸、上车，到站后可以自行下车并按指示出站。当然，也会有残疾人之类的用户出现，但他们是特殊用户，整体上占比较低。对于这类用户，只需要制定特殊的流程来服务他们即可。而地铁公司提供的是简单的客运服务，按照既定的路线和时间把用户从 A 站运到 B 站。

再复杂一些的情况是产品所服务的用户明显分为不同的类别。例如，打车平台所服务的用户明显分为司机和乘客两类；笔者之前在腾讯负责的医疗在线咨询产品，其用户大概分为医院管理者、医生和患者三类。在这种情况下，不同用户的属性就会完全不同。以在线咨询这个产品为例，医院管理者一般是一类具有专业背景的综合管理人员，他们可能会关注医院的效益，同时也会关注医院的口碑。而医生是专业技术人员，他们关注的是薪金收入及对患者的具体治疗方法。同时，在我国的公立医疗体系中，如果医生希望提高职称等级，则必须通过各类考试并在专业期刊上发表相应的科研成果，因此他们也会关注是否能够遇到更多的典型病例，以便作为研究对象。他们通过治好这些患者来总结经验，然后发表论文。而患者关注的内容更加简单，首先是能否治好病，其次是是否方便和快捷，以及价格能否接受。在这种情况下，其产品的性质已经不能像地铁一样，即几乎对所有的人提供相同的功能。

还有更复杂的情况，如早教产品，它的用户实际上是小孩子，但决定是否使用这个产品并付费的人却是孩子的父母。父母与小孩子的属性不可能完全一致，因此这类产品需要做到既满足父母的期望，让他们肯付款购买，同时又要确保小孩子在使用过程中的体验，让他们喜欢产品并持续使用。

综上所述，我们对用户的第一层认知是，不同的用户其需求不同，我们的产品不可能满足所有人的需求，如果在我们的产品体系中天然存在着几类不同的用户，那么必须在其中找到某种平衡的方式。

如图3-1展示的是某电信运营商App的主界面中主导航前4个入口的第一屏截图。仅从这几张截图来看，这个App的功能和内容简直包罗万象。内容方面有游戏、小说、知识、旅行和影视等，并且还可以订火车票；功能方面则承载了各类可以办理的电信服务入口，还可以缴纳各类生活服务费用，如燃气费；商城中有各类靓号、手机和电子产品可以选购，大到空气净化器，小到运动手环；此外还有一个位于主导航上面的"财富"栏目，可以贷款和购买理财产品。

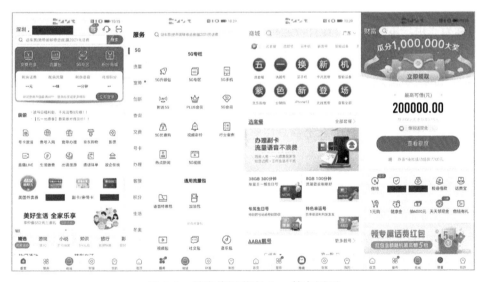

图3-1　某电信运营商App的主界面

这样"大而全"的产品策划思路，基本上还停留在"Y路径"演化模型的第2个阶段，即流程电子化阶段。如此包罗万象的功能和内容，并且在UI层面几乎没有主次之分，仅仅是依次排列，机械地展现给用户，其主要问题恰恰在于没有想清楚用户的定位。数字化产品想要满足所有人的所有需求，最终的结果往往是任何服务都做不好。当然，如果结合下文对用户概念的另外两层介绍以及对需求的介绍来看，这个 App 存在的问题远不止这些。

3.1.2 第二层：具有特定特征的人群模型

如果简单地将用户理解为使用产品的人，那么马上就会遇到一些问题。例如，你可能会发现，不同的人会有不同的要求，同样是用户，他们可能会提出完全相反的要求。作为产品经理，如何确定目标用户，什么样的反馈应该接受，什么样的反馈应该拒绝就成了一个难题。

其实，这个难题本质上反映出产品经理对用户的理解还不够。事实上，互联网行业早已有共识，数字化产品特别是互联网产品，不是为某个"具体的用户"而设计的。在互联网公司中，大家所说的**用户实际上指的是"用户模型"，也可以称为"用户角色"**，即具有特定特征的一类人。

这个道理其实很容易理解，所有的工业化制成品都不会去做定制化的功能。例如，同一个品牌下的同一个型号的冰箱，我买到的跟你买到的是一样的。只有如此，我们向用户提供的才能称得上是产品。虽然在 AI 和大数据等技术的支撑下，一些数字化产品特别是内容类产品已经可以做到"千人千面"，即根据不同用户的行为和特征来推送不同内容，但从产品策划的方法论层面上看，**我们思考一个产品应该有什么功能时所参考的依然是"用户模型"，而非某个具体的用户**。

理解了这一层，上述那个问题就很容易解决了。我们应该**根据产品的定位去满足主流用户的主流需求**，其他的需求可以不去满足。那么，会不会由此造成一些用户流失呢？可能会。但是只有服务好一个产品的主流用户，才有可能实现产品与用户的双赢，**必要的时候，数字化产品的策划原则是放弃那些边缘用户**。

从这个理念我们可以看出数字化产品与用户之间的关系。首先，它们并不是传统商业活动中的甲方和乙方的关系，因为大多数时候产品经理决定做什么并不是由具体用户直接提供的，而是通过综合分析得出的结论。其次，它们也不是一般意义上的厂家与消费者之间的买卖关系，因为有为数不少的数字化产品其基础功能都可以免费使用，在庞大的用户群中，只有一部分用户会为产品付费，或者通过其他方式为产品创造商业价值——即便是一些硬件产品，开发企业销售硬件所得利润也很微薄，它们往往是靠后续的增值服务来持续盈利的。

那么，**典型的数字化产品，特别是互联网产品，它们与用户之间究竟是什么关系呢？笔者认为是合作关系**。产品为用户提供有价值的功能从而留住用户，并使得用户在产品中活跃；而用户则在使用产品的过程中以某种形式自然地为产品创造价值——不论是直接价值，还是间接价值。

举例来说，爱奇艺的非会员用户依然可以观看其网站上的很多电影，但需要看几十秒的广告。在这个过程中，爱奇艺为用户提供了有价值的内容，而用户通过观看广告，就自然地为爱奇艺创造了商业价值。

在手游"和平精英"中，不论是免费玩家还是付费玩家，都可以一起组队进入岛上作战。区别是付费玩家可以拥有更强大的装备，在遭遇敌人时有更高的胜算，同时，付费玩家还可以购买各类装饰品让自己操作的人物看起来更有个性。除此之外，付费玩家还可以享有一些其他的增值服务。而免费玩家亦可在游戏中体验作战的乐趣，并且实际上同时也充当着付费玩家的助手，这在客观上起到了陪伴付费玩家玩游戏的作用（其实是互相陪伴），因此免费玩家的存在对游戏本身来说是有明确价值的。

如果以合作的视角去看待用户，我们的很多认知会发生改变。既然是合作关系，那么合作的双方必然要有一类共同的目标。这样的认知与前文提到的互联网行业的典型商业路径"研发—使用—转化"相互作用，强化了在产品策划过程中"以用户为中心"的思维方式。典型的数字化产品特别是互联网产品，一定是通过更好地满足用户的需求来创造更大的商业价值，而不仅仅是通过更强大的渠道和营销。

同时，合作的认知会反作用于我们对用户定义的理解。因为需要有共同的目标，所以合作者一定是一批有特定属性的人，不可能是所有人。同时合作双方之间应该是平等的，这意味着产品不应该强迫用户去做仅有利于自身的操作，同时，对于个体用户所提出的反馈意见，产品经理不会像乙方角色一样照单全收。双方既有共同的目标，又有各自的底线，如果无法达成一致，那么最好的方式是解除合作关系。对于用户来说是放弃这个产品所带来的价值；对于产品来说则是放弃这个用户或这类用户。

3.1.3 第三层：人群模型背后的需求抽象

我们已经意识到，数字化产品就像是大多数工业制品一样，不是为某个具体的使用者设计的，而是为特定的人群模型设计的，因此确定产品定位最核心的工作是要确定产品所服务的核心人群模型，也称为用户角色（persona）。然而，仅仅清楚用户角色是不够的，更重要的是产品经理需要透过用户角色洞察这些角色背后的用户需求。**由用户角色的特征来推测这类用户会有什么需求是策划一个数字化产品的核心工作之一。**

依然以笔者参与的"在线咨询"产品为例来介绍。对于该产品，医生显然是一类重要的用户角色。同时，该产品的商业模式决定了在线回答问题的大多数是相对年轻的医生，老专家一般不会使用。因此对于这个产品而言，被称为"医生"的用户角色实际上具备如下基本特征：

- 整体上收入不高：这可能与一般人的印象不一样，但相比医生从业前的学习过程及从业后的职称评选路径，这些年轻医生的收入的确不高，相关的调查报告也可以证实这一点。
- 需要评职称：这意味着他需要写论文，需要有科研成果。
- 忙碌：大多数医生平时的工作是比较忙碌的。

知道医生这类用户角色的上述特征，我们就可以以此为基础，通过这类用户角色去分析其背后的需求。

首先，由于这些医生的收入不高，所以他们有动力去利用业余时间，通过输出相应的知识和服务来获得额外收入。这是医生使用"在线咨询"产品的基础，也是这个产品能够运转起来的前提。因此，在产品功能的策划层面，必须要有便捷的支付方式，必须能够明显地提示医生每一单的收入情况，而且必须保证医生能够顺利地提现。事实上，当时合作的第一家医院并没有向患者收费，而是采取了每完成一单，医院给医生发一定数额补贴的方式。但即便如此，在医生端的界面上，显示相应的收入明细依然很重要。

其次，由于这些医生需要评职称，所以他们希望可以遇见更多的典型病例，并将他们治好，这样才有可能推进科研工作。在产品策划层面，这个需求对应的一个非常重要的场景就是异地患者的咨询场景。经常会有一些住在小城市或者城市周边的乡镇的患者，他们希望去大城市中更好的医院来治疗自己的疾病。如果按照以前的方式，异地患者需要在家人的陪同下先来到这个大城市，然后去排队挂号，这个过程可能需要几天甚至几周的时间，而且大城市医院的医生对其病症是否有更好的治疗方式还不得而知，因此他们往往会等到病情已经很严重时才会前往大城市就医。但是结合上述医生希望可以遇见更多典型病例的需求，医患双方正好可以互相满足对方的需求。因此在产品功能策划层面，我们做了很多可以引导双方在线上进行病情交流的小功能。从医院的反馈来看，的确有很多异地的患者选择先在线上针对具体病情咨询相关的医生，医生可以先做一个简单的判断，确定有更好的预后，可以直接帮助患者在网上挂号，患者按照约定时间前往即可。这样不但节约了患者的时间和成本，也满足了很多医生希望获得典型病例的需求。

最后，由于这些医生平时的工作比较忙碌，所以整个平台的设计必须能够支持医生利用碎片时间来回复患者的咨询。当时我们的"在线咨询"产品架构在微信平台上，那时还没有小程序，企业微信也尚未与微信打通，所以采用的是微信服务号 +H5 的方式实现的。与"忙碌"这个特征相对应的功能包括患者新消息的提醒、提供给医生的"任务列表"视图（可以看到所有未回复的消息），以及后续的转单功能，即如果某个医生长时间不回复患者，这一单咨询可能会转给其他医生等。所有这些功能都不是"灵光一现"想到的，而是从用户角色到属性再到需求一步一步分析出来的。

总结一下"用户"这一节的内容：

- 互联网公司日常定义的用户不是指某个具体的人，而是指某类具有特定特征的人群模型，也称用户角色。
- 典型的数字化产品特别是互联网产品不是为某个具体的用户设计的，而是为用户角色设计的。
- 具体用户的反馈本身的价值不大，必须将反馈与用户角色和产品定位相结合，综合分析后才有价值，才能够指导后续产品的迭代。
- 典型的数字化产品特别是互联网产品与用户之间是合作关系，因此我们必须站在与用户平等的视角去思考问题。

3.2 需　　求

我们已经深入地理解了互联网公司语境中用户的含义，紧接着，我们需要去研究这些用户有哪些需求。在讨论需求之前，依然要对读者再次强调：需求是针对用户来说的，如果不清楚用户定义，不理解用户的具体属性，是没有办法谈论需求的。同样，对于需求的理解也可以分为三层，下面具体讲述。

3.2.1 第一层：用户需要什么

对于需求而言，最粗浅的理解就是用户需要什么。比如，出租车司机需要寻找乘客，爱美的女士需要购买化妆品，读者需要阅读小说。这些都是很容易分析出的需求，而上述的所有人称代词——出租车司机、爱美的女士及读者，均是指相应的"用户角色"而不是某个具体的人。显然，就像上面所列出的，满足用户不同的需求，需要不同的产品或功能。同时，需求有的时候是会叠加及分层的，不同的产品满足的是不同层次的需求。

例如，我们去超市购物，可能会观察到同样是水，不同的品牌其价格不同，并且价格相差挺大。大多数人日常喝的纯净水的价格大概是在 1 ～ 2 元之间，最贵的不会超过 3 元，这类纯净水对应的用户，其背后的需求主要是解渴。另外，超市中还能见到 5 ～ 10 元区间的水，如"×××天然冰川矿泉水"，但是这类水一定会附加其他价值，如小分子、弱碱性和富含各类微量元素等。对于这类用户来说，解渴的需求依然是要满足的——如果他不渴，往往也不会去喝水，但在解渴的同时还需满足其类似于"健康"或者"觉得健康"之类的需求。除此之外，我们还能够找到 10 ～ 30 元区间甚至更贵的水。首先，这些水可以满足用户解渴的需求，其次，它们的品质也不会差，更进一步的是，它在一定程度上可以看作一种身份的象征。很多用户选择它们并不仅仅是为了解渴，也不仅仅是追求健康，可能还附加了一些其他需求，如用来标记自己所处的圈层。

随着我们对用户理解越来越深入，往往可以挖掘出越来越多的深层次需求。在当下的市场环境下，浅层的、人人都能洞察到的需求基本已经被挖掘出来并被相应的产品或服务很好地满足了，而在数字化的领域内，由于大家都秉承"以用户为中心"的基础理念，对需求的挖掘能力往往要求更高。

在挖掘需求的过程中，要特别提醒读者注意两点：

第一，需求的主体是用户，不是你、我，也不是老板，更不是销售人员。 如果你是公司的管理层，要特别注意这一点。在大多数公司中，老板的要求是一定要执行的。作为老板的你可能会想当然地认为用户有某种需求，因此向你的下属表达了出来，但听者有心，很可能具体负责执行的人就会遵照这个方向去做相应的功能研发。最终的结局可能是公司耗费了不少资源，但做出来的产品却没人用。而前文提到的互联网公司试图构建的开放、包容、平等的团队氛围，正是这类问题在管理层面的一种解决办法。事实上，在典型的互联网公司，如果上级提出了一个具体的想法，负责任的下属不会直接执行，而是会与上级反复讨论其合理性。

第二，具体用户的反馈不等于需求。 这是很多人在初期会犯的经典错误，包括很多公司高管。用户会为产品提很多意见，这些意见大体上分为两种，一种是问题，一种是方案。

例如，用户反馈："我在使用这个产品的时候，发现需要填写用户编号，但是我找不到用户编号在哪里。"这是典型的"问题"型反馈。再如另外一种用户反馈："我认为你们应该做一个群发功能，用户是很需要这样的功能的。"这是典型的"方案"型反馈。当然也有两者结合的情况，例如用户反馈："我在使用这个产品的时候，发现需要填写用户编号，但是我找不到用户编号在哪里。所以你们应该在我购买产品的时候就让客服人员告诉我这个编号。"

对于一个有经验的产品经理来说，他应该知道，即便是"用户"也代表不了"用户"。对待问题型反馈，应该结合用户角色、产品的战略方向及用户场景来综合判断这个问题是不是一个典型问题。如果是，则应该综合分析决策，给出具体的解决方案并开发上线；如果不是，要么利用一些其他方式"走通"流程，要么忽略这个问题。

对待方案型反馈，正确的做法是分析和思考用户提出的方案背后的真实需求和问题，即透过方案还原问题，然后再以对待"问题型反馈"的方式去解决问题。但是这就要求产品经理具有深厚的功力，可能要通过扩大样本数量的方式来准确地还原问题，如深度访谈、问卷调查及数据分析等，都是常用的方法。

至于对待两者结合的用户反馈，道理是一样的，即分析问题，忽略方案，综合决策后给出最终的解决方案。

3.2.2 第二层：用户在特定条件下需要什么

互联网公司"以用户为核心"的思维方式，在执行层的另一个具体表现就是在分析用户需求的时候会加上条件限制。这是一种有效地将用户需求细化，以至于深入思考的方法。因此对于"需求"理解的第二层就是**用户在特定条件下需要什么**。这意味着，即便对于同一类用户，当外界条件改变时他的需求也可能发生变化。我们还是用 3.2.1 节提到的出租车司机、爱美的女士及读者来举例。

出租车司机在什么条件下需要寻找乘客？并不是任何时候都需要，而是在空载的时候才需要。如果车内已经载有乘客，则他的需求就会发生变化，可能是导航，也可能是收费等。

爱美的女士在什么条件下需要使用互联网平台购买化妆品呢？可能是在没空

逛街的时候。如果你的目标用户是一群平时没空逛街的女士，那么产品针对她们推出的功能可能就是顺畅的在线购物能力。如果目标用户是一群经常逛街的女士，那么做导购功能更合适。

读者会在什么条件下阅读小说？有时是在上下班的路上，在拥挤和不断晃动的地铁车厢里阅读小说可不是什么好的体验，因此你应该做朗读功能，把读变成听。也许是在晚上关了灯后躺在被窝里阅读小说，这时候朗读功能就没那么重要了，可以把手机调成夜间模式，即将屏幕调成暗色，同时调低底色与文字之间的对比度，才有可能获得更好的体验。

可以有效地将"用户需要什么"扩展为"用户在特定条件下需要什么"的工具，就是用户场景。本书的读者应该早已对"场景"这个词不陌生了，我们在前文中多次提到的场景思维本质上就是在策划产品的过程中，要深入思考用户使用产品的条件，只有这样，才有可能最终实现"以用起来为目的"。如果缺了用户场景，就会落入工程思维的坑里。因此接下来，我们要具体介绍一下用户场景这个工具，虽然它的应用范围是在具体的产品策划过程中，但是作为公司高管，理解这个工具可以更好地理解用户和用户需求，从而更好地把控战略层面的大方向。

3.2.3 用户场景画布

在典型的互联网公司中，用户场景多指用户在使用产品过程中所涉及的内外部环境，即条件。然而，如果不将用户在使用产品过程中的各元素打通，不同时明确用户和需求，则无分析价值。因此这里所说的用户场景，更多的是将其作为一种工具来看待。

具体来说，我们可以从以下几个维度来分析用户场景，笔者将其命名为用户场景画布[①]，如图 3-2 所示。

---

① 源于 Design Thinking 中的 POV 和 HMW 等框架，笔者认为文中的表述更适合用来分析需求，并且更简洁。

谁 Who	在怎样的条件下 with What	有什么需求 Need or Want
会用什么方式满足需求 How to		
当前方式有什么问题 Problem		
我们可以为他做什么 How Might We		

图 3-2　用户场景画布

用户场景画布中有 6 个核心要素，分别是：谁、在怎样的条件下、有什么需求、会用什么方式满足需求、当前方式有什么问题，以及我们作为产品的策划者可以为 TA 做什么。 我们只需要不断问自己这 6 个问题，即可将方案推演得越来越明确、合理。

第一个要素是"谁"，这个格子里面要填写关于用户角色的描述。当然，我们并不需要把这个用户角色的具体属性都写在这里，但是写进去的角色名称要事先做好定位，研究清楚他们的主要属性。

第二个要素是"在怎样的条件下"，这是对于狭义的场景，或称为"情境"的描述，即我们需要在这里写清楚用户当前所处的环境及限制条件。比较简单、通用的描述方法是"在 ××× 的情况下"或"在 ××× 的时候"。

第三个要素是"有什么需求"，显然，这是对于需求的描述。请注意，需求一定是与用户即"谁"相对应的，应该是通过观察、调研、数据分析等方式，由用户属性推断出来的，而不是拍脑袋"感觉"。另外，如果用户在特定条件下有多种需求或者是分层次的需求，则在用户场景画布中一般一次只讨论一种需求。如果用户的确还有其他的重要需求，那么要换一张"画布"继续讨论。

第四个要素是"会用什么方式满足需求"，它的逻辑是：理论上这个世界上并不存在完全没有被满足的需求，只是现有的方式不够好而已。所以在这里要填写的是当前对这个需求的处理方式，在一定程度上相当于是对上一个元素"有什么需求"的一种校验方式。如果你发现了一种目前完全没有被满足的需求，其实很可能并不是你发现了新大陆，而是你发现的是伪需求。这么说虽然有些绝对，但将伪需求当作需求去分析，也是产品经理经常会犯的错误。

第五个要素是"当前方式有什么问题"。如果当前方式完全没有问题，处于完美状态，那么我们也就没有必要去优化它。因此这个要素实际上是在引导我们发现用户的"痛点"，找到当前方式不足的地方，为下一步思考方案明确目标。同时，它也为我们设置了一个基本要求，就是我们所提出的新方案必须比原有的方案更好，而且不能引发新的严重问题，否则，我们的新方案就是弄巧成拙。

第六个要素是"我们可以为 TA 做什么"，这是一个需要发散思考的要素。产品经理可以根据前面定义的内容来思考具体的解决方案，并且比较解决方案之间的优劣。

举个具体的例子，一个出租车司机，在空载时的典型用户场景中可以使用用户场景画布进行如图 3-3 所示的描述。

谁 Who 出租车司机	在怎样的条件下 with What 在车"空载"时	有什么需求 Need or Want 需寻找乘客
会用什么方式满足需求 How to 他一边驾车在路上行驶，一边留意路边是否有人招手		
当前方式有什么问题 Problem 找到乘客的效率较低		
我们可以为他做什么 How Might We 做一款手机App，利用手机定位、乘客发单、司机抢单等方式， 让司乘双方更加高效地找到彼此		

图 3-3 出租车司机寻找乘客的典型用户场景

在上述用户场景中，出租车司机是用户，确切地说是用户角色；在车空载时是条件；寻找乘客是需求；以往满足这类用户需求的描述是"一边驾车在路上行驶，一边留意路边是否有人招手"，但问题是"找到乘客的效率较低"。

针对上述场景，我们或许可以想到很多解决方案，比如，让出租车公司提供电话订车服务；让司机自行印制名片并发放给乘客，使乘客有需要时可以联系司机；与其他经常在同一地区运营的司机师傅一起建立一个微信群，共享打车需求等。

相比之下，"做一款 App，利用手机定位、乘客发单、司机抢单等方式，让司机和乘客双方更加高效地找到彼此"，不论是从效率、体验，还是可以并行服务的用户数来看，都是比上述更好的方案。

用户场景画布学习起来非常简单，熟悉之后你会发现，它是一种可以融入日常行为的有效的分析框架。很多优秀的互联网公司的产品经理在讨论用户需求的时候都会使用类似的框架去表述和分析用户需求。

3.2.4 第三层：需求要与其他因素平衡

对于最后这一层的理解，也是通过无数次的错误尝试所总结出来的经验。一定程度上它与用户定义的第二层理解是相通的。在用户的定义中我们提到，数字化产品与用户是合作关系，因此对于用户反馈的具体要求到底是满足还是不满足，要回归到用户模型和产品的整体方向上。而需求概念的第三层所强调的恰恰就是这种边界。

在《俞军产品方法论》这本书中，作者提出"企业能做的是在给定条件下，选择满足哪些用户需求，创造哪些用户价值，以更多地促成交换，让企业有最高的边际收益和 ROI（投资回报率）。"

在互联网圈子里有这样一个共识，即**做产品要"有所为、有所不为"。很多时候，想清楚不做什么，比做什么以及"去做"更重要**。具体来讲，假设我们发现了一些目标用户的真实需求，但是这些需求与产品的大方向、公司战略、盈利模式甚至法律道德相违背，那么我们就应该拒绝为这样的需求开发相应的功能，何况很多时候用户认为自己有的需求不一定是真需求，需要深入挖掘和分析才能推断。

如图3-4所示为笔者在腾讯负责互联网医疗相关产品时收到的真实用户反馈的演绎版本（注：截图为虚拟内容，并非是真实的反馈）。具体情况是，笔者的商务部门同事与某医院管理层开了一个会，在会上，对方院长针对我们的"在线咨询"产品反馈了一些问题，商务部的同事则将这些问题转达给了产品团队。

在讨论这个反馈问题之前先交代一下产品背景。我们的"在线咨询"产品是以患者在线上向医生咨询问题为核心场景，希望结合医保支付、处方流转等我们已有的其他产品的模块，尝试实现一套线上与线下相结合的新型的诊疗模式。因此具体到产品层面，我们希望以医院为"抓手"来获取医生资源，然后构建一个平台，为患者提供全方位的服务。

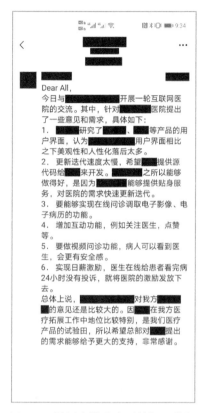

图3-4 某用户的真实反馈场景演绎

下面我们来逐一分析院长的反馈：

第一，"美观性和人性化方面比较落后"，这是典型的无效反馈，是个人主观层面的表述。如果当时面对院长的是一位有经验的产品经理，那么他应该追问具体的原因。比如，询问院长为什么会觉得不够美观，美观的界面是什么样子的请举例，如何定义人性化请举例，请列举一个人性化方面做得较好的功能并阐述原因等。想要最终把产品做好，这是必经的环节，即便不通过"问"的方式，也应该通过其他方式将用户的主观感受转化为真实的场景。

第二，希望我们将源代码开放。这更是一个"异想天开"的想法，源代码是一个互联网公司的核心资产，不可能开源。另外，我们的产品迭代速度的确不快，是因为我们的所有迭代都是从搭建一个平台的角度来考虑的，这位院长所见的只是其中一部分功能而已。

第三，希望实现在线调取电子影像和电子病历的功能。这是一个典型的"方案型"反馈，但也是一个可以思考的方向，只是依然要将用户和场景带入思考。这个问题反馈值得展开讨论：

首先，电子病历一般的载体是文本或者说是结构化文本。如果能够打通医院的 HIS 系统，让医生在接受患者咨询的同时可以调取其历史病历，则非常有利于医生做出更加准确的判断。同时，线上咨询的很多内容是询问用药方法、注意事项等，如果可以参考病历，则能够让医生给出更加准确的回复。这是一个非常有价值的功能。但是从"做平台"这个大方向来看，即便有价值，也要考虑具体的实现方式、成本，以及优先级等。显然，腾讯不会去做 HIS 打通这个层面的开发，因为 ROI（投资回报率）太低。如果日后平台搭建初见成效，则可以将这部分工作交给服务商去做，达到一个多赢的局面。因此针对这个反馈的最终结论是有价值，但优先级可以放后。

其次，关于电子影像查看问题，经过与我方医学专家的沟通，给出的建议是这个功能意义不大。医学影像分为很多种，有的可能打印在纸上就能正常阅读，而另外一些则必须使用高精度的医学专用显示器才能看清楚细节。机械地将医院的 PACS 系统②中的影像数据读取出来并在手机上显示并不一定有实际意义，因为手机屏幕的精度很可能无法满足医学影像的阅读要求。因此这个反馈被拒绝。

第四，希望增加关注、点赞等功能。这是一个不错的想法，但同样是"方案型"反馈，我们需要透过方案去分析其背后的场景。"关注"功能可以让患者快速找到自己要找的医生，实际场景可能是这名患者去医院看病时就经常挂这位医生的号。如果他先进行线上咨询服务，则诊前、诊后的事宜就更清楚了。这种情况也对应慢性病及定期开药的场景。"点赞"功能则可以让患者表达对医生的感谢之情，甚至可以继续做类似"红包感谢"之类的功能也未尝不可。因此我们接受这个反馈，

---

② PACS 系统是 Picture Archiving and Communication Systems 的缩写，意为影像归档和通信系统。

并且准备之后细化成具体的功能逻辑。

第五，希望实现"视频问诊"功能，理由是患者可以看到医生，会更有安全感。这个意见虽然是"方案型"反馈，但后面补充了一个具体的场景描述。同样，我们将这个反馈带入用户和场景来进行分析。

视频问诊功能有两种主要的用户角色，分别是医生和患者。如果患者可以看到医生，会不会更有安全感呢？笔者认为会，这样可以提升患者的用户体验，并且一对一实时的交流方式，效率也更高。但是我们在前文中已经讲过，在线上对患者提供咨询服务的医生具备的属性，其中一个是"忙碌"。如果真的要做视频问诊，则要求医生在提供服务时必须处在一个安静的环境，并且要着装得体，即医生为了提供服务，需要专门抽出时间去做一些准备。这与医生角色中"忙碌"的属性是相冲突的，即在当时的产品框架下，这很有可能是一个即便有但也难以被广泛使用的功能。

另外，视频问诊听起来简单，但实际上还会涉及一些其他问题。例如，患者普通话不好，说话带有浓重的口音，或者周边环境嘈杂，可能会影响沟通；医生可能需要另外排班，并且需要做预约制——因为医生不可能像客服一样随时准备接通视频，而一旦有排班机制，那么一次视频咨询要多长时间、患者迟到怎么办、医生不方便接通视频怎么办等都是问题，而且大部分问题是需要与医院联动的，而作为一个平台去思考的话，就需要考虑通用性——并不是某医院的院长保证可以协调就可以做，因为在其他医院可能并不可行。因此，在尚未思考清楚之前，不要贸然开发这个功能。

我们依照对于这个产品的大方向设定，以及医生这个用户角色的属性，最终拒绝了这个反馈。我们的产品只提供图文和语音方式的咨询服务，这就意味着医生可以使用零碎时间回答患者问题。中午吃饭的间隙，坐地铁回家的路上等都可以利用上——但显然，回家的路上或中午吃饭的间隙是不方便提供视频咨询服务的。

另外，并不是说视频咨询这个功能完全不能做。比如好大夫平台等就有类似的功能，这是因为好大夫的产品定位、商业模式，以及医生这类用户角色模型与上述我们所说的用户角色不同。

第六，希望实行所谓的"日薪激励制"，每日为医生自动结算费用。这是该医院的一个定制化诉求，是与这家医院的具体管理方式有关的。但我们的方向是做平台，因此不会考虑这种只有一部分甚至是一小部分医院才有的诉求，因此对于这个诉求予以拒绝。另外，对于互联网产品来说，类似场景早已有更好的通用的解决方案，那就是支持用户可随时提取现金到银行卡，并不需要什么"日薪激励"功能。

但是，这个诉求背后的场景是值得考虑的，具体可以拆分成两个场景。第一个场景是要将医生的每一笔订单都记录清楚，包括时间、状态和费用等，用于结算、对账，以及在前端向医生展示。第二个场景则是院方的管理场景，由于我们的业务模式是通过与医院合作去触达医生，而所有的公立医院都有监控医生行为的需求，在线咨询过程中的行为自然也是其中的一部分。但是这个场景分析起来就比较复杂了，不是几句话、一两个功能就能解决的。事实上，我们为医院管理者准备了管理平台，上面的很多具体功能都是针对这些日常管理场景所构建的。

基于以上几项反馈，我们派出了专业的产品经理前往该医院与院长进行了一次沟通，修正了之前的一些理解。最终的决策是，对于我们认为有价值的一部分反馈，将进行细化、排期和功能开发；另外一部分（其实是大部分）反馈是拒绝的。

这个案例中的用户个体是与我们合作的"标杆"医院的院长，可以说是 VIP 级别的用户代表。但是即便如此，当一个合格的产品经理面对这样强势并且重要的用户个体时，依然要回归用户角色与用户场景，综合战略方向、产品定位和商业模式等因素做出最终的决策——特别是要做出哪些事情"不要做"的决策。

3.3 规　　划

前文我们曾经提到过，所谓的互联网思维，它的一个核心要素叫作快速迭代。因此对于数字化产品特别是互联网产品的研发来说，规划就显得尤为重要。这里的规划，并不是说要提前把所有功能细节、分支情况、发展目标都计划好，而是恰恰相反，要把目标拆分，然后分阶段实现。并且互联网公司的习惯是，大的方向要反复斟酌，合理论证，一旦确定就不会轻易改变，但小的细节要不断修正，并且不做细节上的长远规划。注意，不是不做长远规划，而是不做细节上的长远规划，毕竟市场瞬息万变，闭门造车的方式已经无法适应当下的环境。

3.3.1　产品规划四部曲

前文提到过，互联网公司常用的开发方式叫作敏捷开发。以敏捷开发的思想来做产品规划，可以分为 4 个步骤：

第一步，罗列功能。基于公司战略和产品的大方向，以及各类调研、分析、反馈和数据会产生很多需求，每一种需求可能都要对应一种到多种的具体功能才能够实现。所以最初，我们要尽量根据需求来罗列可能要做的功能。在这个阶段，只要有可能产生价值的功能就可以列出来，不需要纠结这些功能具体的逻辑是什么，以及是否足够合理。

第二步，功能分类。这一步其实一定程度上是在还原用户场景，以场景的维度来为功能分类。某一个具体的场景，可能需要多个功能组合才能够满足其需求；同样，某一个具体的功能，可能会同时服务于多个场景。这个阶段就需要考量具体功能的合理性及业务逻辑了，因此相关的团队成员在这个阶段需要进行更加深入的讨论，甚至会发生争论。

第三步，排优先级。明确了场景、功能，以及每一个功能大概的业务逻辑后，我们需要把这些功能按照优先级顺序来排列。哪些是更重要的，要先做；哪些可以暂时不做。

第四步，版本规划。最后我们要根据上述场景、功能分类和优先级来确定哪些具体功能可以合并成一个版本上线并提供给用户使用。版本的规划一般需要基于"场景闭环"的思想来做，即上线的具体功能加在一起，应该可以完全支撑一个或多个具体的用户场景。举例来说，假设提供了新建功能，一般就需要同步提供删除和修改功能。因此，有时候版本的规划并不完全遵循优先级的先后顺序。

3.3.2　最小化可行产品

基于上述敏捷开发的思想，在很多互联网公司中有一种叫作"最小化可行产品（Minimum Viable Product）"的说法，英文缩写为MVP。在维基百科上，它的解释如下：

A minimum viable product (MVP) is a version of a product with just enough features to be usable by early customers who can then provide feedback for future product development.

这段解释中，有三个关键点，分别是just enough features（刚刚好的功能）、early customers（早期客户），以及provide feedback for future product development（为未来的产品研发提供反馈）。

刚刚好的功能，意味着MVP只关注核心用户的核心场景，只提供基本的功能。MVP必须要符合"最小化"及"可用"两个要求。由于最小化，所以它应该可以快速地上线并提供给用户使用；必须可用，意味着它能够满足用户的核心场景，要在场景上闭环。

早期客户，意味着MVP更多的仅仅是针对早期客户来做价值验证。早期客户可能会具备各种明显的特征，例如可能本身就是该类型产品的爱好者，可能更愿意投入时间去尝试新鲜事物，也可能本身就是相关领域的专家，具备更优秀的理解力等。

最后一个关键点叫作"为未来的产品研发提供反馈"，这个关键点讲明了MVP的目标。它并不是预期会用来售卖的最终产品形态，它的核心功能是获得有价值的反馈，以至于不断地去指导后续的产品策划和研发。

总结起来一句话，**即MVP的功能是用来验证"价值假设"**。它可以看作敏捷开发思想的一个延伸方案，虽然我们的产品方案是经过细致分析和"打磨"的，但投入市场之前，我们并不知道它的价值是否能够被用户和市场承认。既然如此，我们就需要以最小的代价来做一个验证。如果价值可以验证，那么我们就针对用户反馈、数据及其他抓手持续优化产品；如果价值无法验证，则可以及时修正底层的产品方向，或者放弃产品。

对于数字化产品来说，MVP 的具体形态其实不一定是一个开发好的产品，只要能够达到验证价值假设的目的，它可以是任何形式。

举例来说，Dropbox 是国外一家著名的面向个人提供云存储服务的公司，也可以说是它开创了"网盘"这个品类。Dropbox 的一个最核心的使用场景就是可以帮助用户在不同设备之间同步数据。但是最初提出这个创意的时候，创始团队其实并不确定这是不是一个好主意，因此他们当时做了一个 MVP，以视频方式来展示产品。

如图 3-5 所示为当时 Dropbox 创始团队所做的视频，它使用简单的绘画、剪纸，以及把不同的元素摆在画面不同位置示意的方式，讲述了一个故事。这个故事大概是这样的：用户出门旅游，期间拍摄了很多照片，但是不小心把相机弄坏了，导致存储卡中的照片全部丢失。如果他使用了 Dropbox 的产品，就可以及时将照片备份到云端，同时还可以自动同步到笔记本、家里的台式计算机及手机上。

图 3-5　视频 *What is Dropbox*

这个视频的制作成本非常低，但是却把这个产品的核心用户场景讲述得非常清楚。Dropbox 的创始团队将这个视频上传至 Youtube 网站上后收获了很多点赞及留言，很多网友对这个产品非常感兴趣，还有不少人询问在哪里可以下载这个产品。显然，网友的行为已经帮助团队验证了价值假设。之后，Dropbox 的创始团队才开始招聘工程师把这个产品做出来。

再举一个例子，笔者之前做的一个创业项目是基于 AI 的健身服务。它的最大特点就是，可以通过手机摄像头识别你的健身动作是否标准，并且给出提示。所以它就像是一个电子私教一样，可以随时随地陪伴你健身，还可以根据不同的用户来调节训练强度。

同样，我和我的联合创始人当时也并不确定这个创意是否有价值，于是我们也做了一个 MVP，具体做法是请朋友画了两幅漫画，然后以公众号这种载体上流行的长图方式进行展现，如图 3-6 所示。

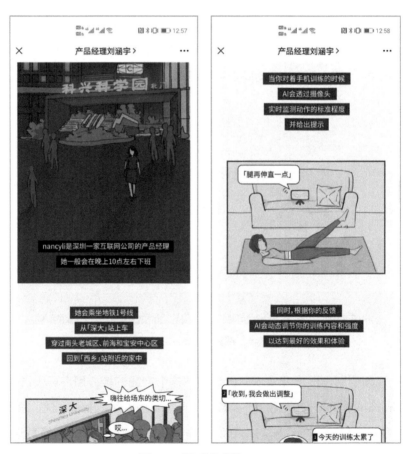

图 3-6　漫画形式的 MVP

扫码查看漫画

我们将长图发布在微信公众号及简书上[3]，在文章最后放了一个客服的微信，如果有用户感兴趣，可以加微信并进入讨论群。我们通过朋友圈转发这些文章并且获得了一些可观的二次传播，在3天之内就有近200人添加了客服微信，并且有不少用户向客服询问具体的产品细节。通过对这些用户进行具体的属性分析，再配合访谈形式来最终判断这个产品的价值假设是否成立。

现在再来审视这个方案，笔者认为我们的MVP与Dropbox的MVP相比还是不够严谨。理由在于，Dropbox的模式是经典的互联网增值服务模式，即基础功能免费，增值功能收费，因此它的基础价值假设其实只需要有很多人来用就可以验证，因为只要具有足够的用户基数，自然就可以通过空间收费等方式实现商业价值。而我们的产品定位与它不同，我们是直接通过售卖服务来盈利，虽然初期也会做各类促销如赠送体验账号等活动，但本质上并非增值服务模式。因此我们的问题在于，没有在MVP中明确地验证用户的付费意愿，这在后续的产品运营过程中给我们造成了一定的困扰。

3.3.3　时机与外部环境

在本节的最后，我想要与各位读者讨论一下宏观的外部环境问题。很多时候，**一个产品能够成功并不是仅仅把它做得好即可，更重要的是在对的时间做了对的事情**。因此时机与外部环境也是作为企业管理者需要去思考的重要维度，它可以看作更加宏观的产品规划。

对于数字化产品来说，我们可以从以下3个维度来思考这些问题，分别是行业环境、用户认知和自身的能力储备。

第1个维度是行业环境，这个维度可以与数字化"Y路径"演化模型相结合。大体上讲就是，先判断自己的行业处于哪个阶段，然后再决定最优的策略。很大程度上，发展阶段决定了外部环境，决定了可用的外部资源。如果你拥有一套宏

---

③　使用微信扫描上方的二维码可以查看漫画。

大的构想，但是外部环境没办法提供良好的支持，那么即便战略再强，方案再优秀，也很难成功。

举例来说，假设你是一名极具前瞻性的创业者，早在世纪之交的 2000 年时就想到了外卖平台的点子。你认为，随着国内城市化的不断推进，城市中的生活节奏越来越快，80 后也开始进入社会，一定会有很多人不愿意在买菜、做饭上耗费时间。如果做一个互联网平台，高效地连接餐厅和食客，每一单抽取一定的佣金，直接把外卖配送到用户家中或者办公室楼下，这肯定是一个非常有发展前景的业务——没错，我们是以今天的视角来做这个假设，显然这个假设已经被验证了。

如果 2000 年做外卖平台的话，能成功吗？可以说成功率很低。今天意义上的外卖平台能够成功，需要基于诸多前提条件，比如其中最重要的有两个：强大的城市内的配送能力，以及方便、高效的线上支付渠道。

当时，电商的概念刚刚在国内萌芽，淘宝尚未上线，国内的主流物流服务还是中国邮政。而中国邮政更多的是远程业务，比如城市之间的物流服务，相比之下，城市内部的快速物流服务在当时尚未大规模出现。如果在那个年代就有外卖平台的话，只能商家自己派人配送，这样的方式效率是很低的，完全无法支撑现在意义上的外卖服务。

同样，在那个年代，智能手机尚未出现，支付宝要在 4 年后的 2004 年才会上线第一个版本。如果想要在网上付款，主流的方式是开通"网上银行"。而当时可以支持网上银行业务的银行，在国内也只有 2 到 3 家，而且开通过程及使用过程都很烦琐。当然，那个年代其实有电信运营商的支付渠道，即从手机话费中扣取，但是在一个充话费需要去线下营业厅的年代，运营商的支付渠道也没办法很好地支撑像外卖这样的高频支付场景。

因此，在 2000 年即使你有外卖平台的宏大构想，也没办法真正实施，因为很多基础条件都不具备。很多数字化产品最终走向失败，不一定是产品自身的问题，有可能只是太超前，缺乏相应的外部环境支撑。因此，作为数字化转型方向上的决策者，合理地判断行业大环境，继而决定在当下要做什么，不要做什么，这是非常重要的。

第2个维度是用户认知，数字化领域总是会有各类新技术、新方法、新模式出现。但是，最新的不一定是最适合的，因为很多新的方式可能尚不成熟，尚未完成用户教育，所以创新是要付出成本的。这时，作为决策者，需要理性地衡量这些代价能否接受，继而做出合理的决策。

举例来说，二维码在国内基本上是微信运营起来的，如果现在我们的数字化产品中需要用到二维码功能，直接做一个即可。只要有这个功能，大多数用户都知道二维码要用扫描的方式来打开，然后他们便可以顺利地使用相关功能，因为微信已经帮助我们完成了用户的教育工作。但其实二维码这项技术由来已久，在我们的邻国日本，早在20世纪就有了成熟的应用。如果在微信出现之前我们希望在自己的产品中使用这种技术，那就要面临艰巨的用户教育工作，这将是我们要付出的额外成本。

第3个维度是自身的能力储备，作为企业管理者，做出的决策必须要基于企业的实际能力，否则将成为空中楼阁。如果自身能力有缺陷，并且没办法在合理的窗口期补足的话，即使抢占了先机，最终也会败下阵来。

搜狐是国内最早的互联网公司之一，早在1998年它就推出了基于分类的中文搜索引擎，这是现代搜索引擎的雏形。然而，它虽然抢占了搜索的先机，但并没有最终抓住这个机会，在互联网信息呈爆炸式增长的大趋势中，搜狐没有及时地更新自己的搜索技术，最终整个中文搜索市场被百度等公司占据。作为企业的管理者，当我们看到新的机会时，如果只是头脑发热地扎进去，往往不会有太好的结果。特别是在数字化领域，新机会层出不穷，但结合自身的能力储备，结合自身的优势，选择适合自己的机会投入资源才是明智的做法。

3.4 体 验

用户体验这个概念被提出的时间并不长，但从市场发展的趋势来看，越来越多的公司开始关注用户体验，这也是整个市场迈向成熟的标志之一。在物质匮乏的年代，只要有足够的产量，就有足够的销量；而**在物质、信息都过剩的当下，仅仅把产品做出来，确保产品能够解决用户的问题已经远远不够了。**

3.4.1　发现、优化与验证体验问题

用户体验的定义是：用户在使用产品过程中所形成的纯主观感受。其实如果我们观察一下周边的产品就会发现，很多日常的产品和服务的体验都不够好，都处于一个能用但是不好用的状态。

例如我们日常常见的标准 USB 接口。它的特点是外观上看起来完全对称，但内部却是一个凹凸结构，如果拿反了则插不进去。因此我们在日常使用过程中经常会有这样的体验：手持接口，尝试插入计算机前置的插槽中，试探了一下发现好像插不进去，此时可能是角度没有对准，也可能是拿反了，因此旋转 180° 再次尝试，发现依然插不进去，但是依然不知道究竟是角度问题还是拿反了。于是再次旋转 180°，反复尝试直至成功。甚至有的时候组装台式机的前置 USB 插口可能会有供电不足的问题，需要把主机搬出来甚至钻到桌子底下去插后面的插口。如果想要插入的是一台挂在墙上的电视，在可操作空间很狭小的时候，问题会更加严重。

在上述例子中，USB 接口这个产品在功能上其实是可以使用的，可以正常地连接设备，但是在使用过程中用户的主观感受并不好。因此在 USB 的较新标准——USB Type-C 中，对这个设计做了优化。目前的 USB Type-C 接口不但更加小巧，而且其内部的结构也是完全对称的。插线时，不需要区分正反面，直接用力即可顺利插入。

如图 3-7 所示为某国外网站上的一张图片，这张图片在国内数字化相关人群的朋友圈中也流传甚广。它展示的内容是一块草坪中修建了一条垂直的人行道，但是由于走直角路程较长，所以很多人都会斜向直接穿过草坪，走直线到达另一端。作者戏言，直角的人行道是设计，而被很多人踩出来的草坪上的小路才是用户体验。

图 3-7　体验与设计的区别

同样，如果我们从功能角度来看，在上述案例中，垂直的人行道是可以解决问题的，但是这样的设计会使用户多走一段路，所以体验不好。很多时候，产品策划者之所以会做出体验或功能有问题的产品，本质上依然是对用户场景的理解不够深入和全面。理论上这类问题没办法完全在源头上避免，但是可以事后不断迭代、修正。在深圳南山区的软件产业基地内也有一些类似的草坪或绿化带，同样也会有一些草坪由于行人经常踩踏经过，继而被踩出了一条小路。但当地绿化管理者的做法是，将在草坪上踩出的小路直接修建成真正的人行道，这样既能防止行人再去踩踏其他位置的草坪，影响草坪美观，又解决了效率问题。

在互联网公司，有很多工具和方法可以帮助产品经理发现各类体验问题，本节我们介绍两种易于操作的工具，分别是用户体验地图和可用性测试。

用户体验地图

用户体验地图又称使用者旅程图，它是一套从全局视角梳理用户体验问题的框架工具。下面以笔者之前的一个创业项目——懒人易健（如图 3-8 所示）为例进行介绍。

小程序：自然流量私教服务用户体验地图

用户画像概述：对健身（主要是减脂）有兴趣，无基础，主动注册并使用懒人服务的用户。不认识任何线下教练。

用户需求	找到合适的教练		找到感兴趣的课程，并匹配自己的时间	
阶段	发现教练	浏览教练资料	选课	确定门店和时间
行为	1. 浏览教练列表 2. 按现有维度筛选 3. 按目的搜索，如：减肥	参考：基础信息、头像、简介、评价等	参考：课程名称、课程简介、其他信息（如课程图片）	选择门店、选择时间、选择优惠券
接触点	首页、教练列表、搜索框	教练个人主页	教练个人主页-可售课程tab	"购买私教课"页面
想法/感受	1. 哪个教练适合我？ 2. 我不懂健身啊，如何评价教练的好坏？ 3. 想找个美女/帅哥教练。 4. 这些列表上显示的都是什么？一堆图片，有证书，有二维码，还有合照，这里面哪个是教练？	1. 这个教练是美女，能看大图吗？ 2. 为什么教练还要"比心"装可爱？太不专业了。为什么还有人站在树上？ 3. 其他用户对这个教练的评价如何？为什么全是五星？	1. 减脂、增肌、塑形、拉伸这些课都是干什么的？我想变美，应该选哪个？ 2. 私教、团课、精品团课，有什么区别？ 3. 具体课程的内容是什么？运动量大不大？我生理期刚过会不会不方便？	1. 哪个门店离我近？ 2. 我明天晚上有时间，看看教练能不能约这个时间段？ 3. 优惠券是啥？我有优惠券吗？如何获得优惠券？
情绪				
痛点	1. 除了看长相，不知道如何挑选教练。 2. 给的信息无意且冗余，从而让用户更加"不知道"如何挑选教练。 3. 教练级别能够起到的辅助作用有限。	1. 有一些教练的内容看起来不专业，容易让用户怀疑平台专业性。 2. 评价数据出错，没办法帮助用户更好地了解教练，还会使用户产生怀疑。	1. 不明白各类课程都是干什么的，不知道如何选。 2. 私教、团课等几种不同类别课程，区别是什么不太清楚。 3. 不知道课程的难度和运动量，没办法很好的选择适合自己的课程。	1. 没办法直观地看清楚门店与用户的距离。 2. 时间段选择的功能逻辑不清晰。
机会点	1. 线上给出相应的功能和流程，辅助挑选教练。 2. 重新设计教练列表，重新梳理列表项和信息展现。	1. 优化教练主页的信息架构，规范信息内容。 2. 调整评价内容和显示，不要出现歧义。	1. 给予各类课程适当的提示，帮助用户理解这些课程是干什么的。 2. 为每一个课程贴新的标签，例如：可感知的难度，运动量大小等。 3. 开发"选课向导"。	1. 重新设计地点、时间选择器。不要将时间粒度切得太碎。

图 3-8 懒人易健小程序用户体验地图（局部、精简）

这个项目是一个线上和线下结合的新式健身服务，我们使用用户体验地图的方式，对用户约课、到店、上课、离店的全流程进行了细致分析。为了方便说明，图 3-8 中只截取了靠流程前端的一小部分，并做了内容精简。

　　一个典型的用户体验地图，可以包括用户需求、阶段、行为、接触点、感受、情绪、痛点、机会点这几个部分，当然，前提依然是要明确"用户"是谁。而每一个维度、每一个框里面的内容都不应该是凭空想象的，而是通过观察、调研、访谈以及进行数据分析等方法发现、梳理和总结出来的。

　　第一个维度是"用户需求"，在用户体验地图中，我们需要把用户的需求进行更细粒度的划分。比如，一个典型的以减脂为目标的用户，他在使用服务的整个流程中，在不同的场景作用下可能会有这么几个细分需求：选择合适的教练、选择合适的课程、以最优惠的价格付款、找到去健身房的路线、到健身房签到、跟随教练训练、课后放松等。

　　第二个维度是"阶段"，是要根据每一个细分的需求来罗列步骤。每一个具体的需求落实到产品上可能需要好几个步骤才能完成。比如对于"找到合适的教练"这个细分需求，在我们的小程序中至少需要分两个阶段来完成，一个是从列表中挑选一个教练，另一个是查看这个教练的详细信息。

　　第三个维度是"行为"，罗列我们观察、访谈、分析出的用户的客观行为。例如浏览列表、筛选等。

　　第四个维度是"接触点"，这个维度用来明确在相应的行为过程中，我们以何种方式与用户交互。比如，在线上约课的时候，用户主要的接触点是微信小程序，在这个过程中的不同阶段，接触点是小程序的不同界面；到店后，用户的接触点可能依次是前台服务人员、教练、客服等；训练结束，用户需要淋浴、更衣并离店，又可能涉及智能硬件、体重秤等接触点。我们必须去优化每一个接触点上的用户体验，这样才能让用户的整体体验有更大的提升。

　　第五个维度是"想法／感受"，这是用户体验地图的精华所在。我们在前文中已经提到过，用户体验本质上是一种"主观感受"。因此我们必须在这个过程中完整、准确地记录用户的感受，这样才能够找到优化体验的线索。同样，再次强调一下，这里的感受是用户的感受，需要通过观察、访谈等方式获取，并不是我们自己的感受。

　　第六个维度是"情绪"，这也是用户体验地图这种工具的特色之一。情绪是一种简单、有效地表达具体体验的方法，应根据用户的感受来推断。一般情况下，我们可以把用户的情绪分为积极、正常和消极三个等级。给主要的感受都对应一个情绪，就可以清晰地看出当前最应该优化的是哪些问题。

最后两个维度是"痛点"和"机会点"，在有些版本中可能只有"痛点"，因为本质上它们讨论的是同样的内容。对于用户来说的"痛点"，就是我们的"机会点"，前者描述问题是什么，后者描述我们可以如何优化。同样，我们把每个阶段中的痛点和机会点也一一列出，然后逐一审视并优化。

可用性测试

另一种常用的方法叫作"可用性测试"，它可以很好地与用户体验地图配合，后者负责发现并梳理问题，前者负责产品优化后进行效果验证。可用性测试的核心流程就是邀请用户来使用产品，同时观察他们在使用过程中的反应，配合访谈等方式来验证产品的可用性。

在腾讯、阿里这样的互联网公司，一般会建设专门的"可用性实验室"。把一个面积较大的房间使用单向玻璃分成一大一小两个区域，大区域是用户的操作间，小区域是观察间。在操作间中会摆放各类设备，如计算机和手机等，同时还有各角度的摄像设备；在观察间则可以看到用户使用的设备屏幕上的实时影像，同时摄像设备也会实时传来用户的手指动作和表情等影像。而由于两个空间之间使用单向玻璃分隔，所以在观察间里可以看到操作间里的一切活动；而用户从操作间看向观察间方向，看到的则是一面镜子，因此理论上用户并不知道有人在观察他的操作。

当然，并非所有公司都有可用性实验室，上述可用性测试也可以在安静、氛围轻松的房间内配合两名工作人员来完成。在测试过程中，一名工作人员负责观察用户的操作过程，另外一名工作人员负责观察用户的肢体动作、语言和表情等。

可用性测试大致分为 5 个主要步骤，即选择并邀请用户、交代任务、观察用户操作、用户访谈和得出结论。

首先，需要根据测试的目的拟定任务，主要原则就是这些任务应该尽量贴近产品的核心用户场景。例如，对于一个网盘产品来说，类似于上传一张图片到网盘或分享一个文件给微信好友等任务就很适合，一般情况下，一次测试任务不宜过多，建议控制在 10 个以下。其次，选择拟邀请参加测试的用户，根据具体的目标及测试内容的不同，应选择不同类型的用户。例如要做新功能的可用性测试，可以多邀请几名老用户和深度用户；如果要做产品的整体可用性测试，则可以按比例同时邀请完全没用过产品的用户、新用户和资深用户。用户就位后，可以简单向其介绍测试的目的和流程，然后依次给出任务并观察用户操作。在用户操作的全流程中应保持安静，不要打断用户操作，也不要给用户任何提醒。在上述过程中，记录有价值的点，如用户卡顿、明显的误操作等。用户把任务全部完成，或者主动声明无法完成某些任务之后，可以针对你记录的点对用户进行访谈，以便于深入了解这些行为背后的原因。重复上述过程，一般要求至少测试 8 ～ 10 名用户，算出每一个任务的完成概率，然后根据记录及访谈获得的信息，综合决策优化产品。

3.4.2 价值 – 体验金字塔

产品能够满足用户的需求，解决用户的问题，我们称之为创造了用户价值；让用户在使用产品的过程中感受更好，我们称之为提升了用户体验。用户价值和用户体验可以看作以用户为中心思想的两个具体表现，然而有时候这两者却无法两全。作为决策者，应了解在不同的时期要有不同的倾向性，那么我们该如何处理用户价值与用户体验之间的关系呢？接下来介绍一个笔者总结的模型，叫作价值 – 体验金字塔，如图 3-9 所示。

笔者将一个产品的完善程度分为三个层级，从低到高分别是有用、可用和易用。有用的定义是产品能够满足其目标用户的某种需求。这是对一个产品最基本的要求，如果有用性存疑，那么谈不上其他层级上的内容。

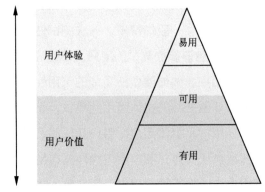

成熟期，充分竞争的
市场环境

用户体验

易用

可用

用户价值

有用

对于目标用户来说，产品不需要付出过多的学习成本，可以相对自然地使用

对于目标用户来说，以其现有的条件（如身体状况、知识水平和认知能力等）可以顺利地使用这个产品

产品能够满足用户的某种需求，并能够解决用户的某种问题

早期，非充分竞争的
市场环境

图 3-9　价值 - 体验金字塔模型

　　在确定有用的前提下，上面的一个层级叫作可用，可用这一层的定义是：对于该产品的目标用户来说，以其现有的条件（如经济状况、身体状况、知识水平及认知能力等）可以顺利地使用这个产品。举例来说，如果要做一个面向 0 ～ 3 岁儿童的早教产品，那么该产品与用户（即儿童）的主要交互形式应该是图片和声音，因为这个年龄段的儿童大多还不识字。假如在产品中有涉及点击等操作的界面，其与用户的交互触点也应该尽量设计成图形方式，而非文字，否则它的可用性就比较差。可用这一层，一般很难是 0 或 1 的状态，即一个产品很难完全可用或者完全不可用，我们要做的是尽量提升其可用性。

　　最后一个层级叫作易用，它的定义是：对于目标用户来说，产品容易操作，容易上手，不需要付出过多的成本来掌握和学习。易用这一层与可用层的含义有些相近，但实际上，可用关注的是"可"，即能否顺利完成；而易用关注的是"易"，即完成的过程是否足够容易、顺畅，甚至足够优雅。

　　另外需时刻注意的是，不论是有用、可用还是易用，都是针对产品的目标用户来说的。充电桩对于开燃油车的用户来说不具备任何有用性，但是对于开电动车的用户来说则是基础服务。对于一个早教产品来说，如果其中有一个模块需要家长操作，那么使用文字的表述方式可能非但不会影响可用性，反而可以更加清晰地传递信息。同样，股票的 K 线图对于专业投资者来说易用性极佳，可以一眼看出更多的参考信息，而对于金融"小白"来说可能不及普通的折线图那么直观。

我们回到用户价值与用户体验的话题上来，在上述三层结构中，"有用"对应的完全是用户价值；"可用"则混合了价值与体验，可用性达到某个能够接受的程度后，再往上就被认为是体验范畴，低于这个程度则会影响用户价值；而"易用"完全对应用户体验。那么，如何平衡用户价值和用户体验之间的关系呢？

如果目前我们面对的是一个早期的、非充分竞争的市场环境，则应该将大部分资源放在用户价值上，以便迅速抢占市场——但是在抢占市场的过程中，必须要客观对待由于体验层缺失所埋下的隐患，并早日将其解决；**如果目前我们面对的是一个成熟期、充分竞争的市场环境，则应在确保将用户价值层面做到合理程度的前提下，重度投入用户体验**——但要注意前提是"用户价值层面合理"，而"合理"的定义要视具体情况综合决定。不要还没弄清楚价值就开始重度优化体验，更不要为了虚幻的体验迷失了自己。

早期市场举例：手机第三方支付的技术框架

举例来说，几年前，移动支付开始萌芽，相关的产品策划者在当时或许都面临一个问题，就是在中国的大环境下，应该选择什么样的技术来支撑移动支付的场景？被讨论最多的两种技术就是 NFC 和二维码。NFC 是一种近场通信技术，由诺基亚、飞利浦和索尼共同制定标准。很多城市使用的公交卡就是基于 NFC 的技术。典型的使用方式就是把卡靠近读卡设备，"嘀"一声即可实现与读卡设备的通信。如果将其作为移动支付手段的话，只要可以通信并交互即可实现支付功能。而二维码我们更加熟悉，它实际上是用某种特定的几何图形按一定规律在平面分布的记录数据符号信息的图形。二维码的典型使用方式是付款方出示付款二维码，收款方使用扫描枪扫码收款，扫码的过程其实是系统识别二维码并读取其中信息的过程。

NFC 和二维码各有优缺点。NFC 可以存储更多的数据，读取速度更快，并且安全性更好，但是需要双方都安装专门的硬件设备，所以成本也会更高一些。而二维码可以用网络传输，成本低廉，一般只需要在读取方安装扫描设备，但是在其他方面不及 NFC。

我们站在今天的视角回看，会发现当年微信支付和支付宝"不约而同"地选择了使用二维码作为近场支付的基础技术，这是一个明智的选择。在 2010 年前后，当时国内的移动支付市场还是一个早期的、非充分竞争的市场环境，作为移动终端的核心手机平台上，还尚未出现任何可以"一统天下"的支付方式。电信运营商原本有机会抢占这个市场，但是它们最终错过了。根据"价值 – 体验金字塔"这个模型，在早期的市场环境中，应该更多地考虑用户价值，以便于快速抢占市场。对于几近空白的市场来说，最核心的用户价值就是要先把功能"跑通"，并且要用一套稳定、合理、高效的方式跑通。如果从用户体验角度讲，二维码的体验其实不及 NFC，如速度慢，需要让手机显示特定的界面并且安全性不佳。但是从用户价值角度来讲，二维码显然可以更加快速有效地搭建支付体系，最小化实现方式只需要编程、更新 App 即可。而 NFC 技术需要双方安装特定的硬件，从无到有再到普及，肯定需要漫长的过程。

微信支付和支付宝最终可以迅速抢占移动时代的支付渠道，与其选择的技术不无关系。而且这两家公司及相应的监管机构也在不断推动二维码支付体系的优化。例如，为了解决安全性问题，目前国内所有的支付二维码都已经改为活码，并且后端拥有复杂的风控体系。为了解决读取速度问题，很多 App 在打开二维码支付界面时会自动调亮屏幕。这些其实都是在优化可用及易用层面的问题。另一方面，当年同样看到了机会，但是选择了 NFC 技术的厂商，目前在这个领域的商业价值则大打折扣。

成熟期市场举例：海底捞火锅

如果面临的是一个成熟期、充分竞争的市场环境，那么应以另外一种策略来对待价值与体验。餐饮业显然是一个竞争非常激烈的行业，如果具体到火锅这个细分领域内，则更加是一个"红海市场"。

海底捞成立的时间并不算早，在海底捞之前，国内已经有不少知名的火锅店，如小肥羊等。海底捞面临的是一个典型的成熟期、充分竞争的市场环境，如果我们再次套用"价值-体验金字塔"这个模型，会发现根据模型的建议，应该在确保将用户价值层面做到合理的前提下重度投入用户体验。我们来分析海底捞的策略，它恰巧就是这样做的。

先来说用户价值，对于一个火锅店来说，用户价值主要体现在味道方面。在笔者的课堂上，每次讲到这里我都会询问在场的学员，如果只有好吃和不好吃两个选项，你认为海底捞更符合哪一个？同时我会问他们来自哪里。笔者也曾多次询问过身边的朋友、同事相同的问题，至今为止已经问过超过500人同样的问题。笔者得到的答案很有趣，几乎所有来自重庆或四川的朋友都认为海底捞不好吃；而来自其他地区的朋友则认为海底捞比较好吃。后来笔者与他们中的一些人深入讨论这个话题，得到的结论是，由于四川和重庆地区好吃的火锅太多了，所以这两个地区的朋友相当于火锅这个领域里面的"专业用户"，他们对味道更加挑剔；而其他地区的朋友则相当于普通用户，他们很多人认为在其所在的城市，海底捞的味道已属上乘。因此，对于绝大多数的用户来说，海底捞首先做到了用户价值明确合理。

同时在此基础上，海底捞一直在重度地关注用户体验。对于一家火锅店来说，所有除餐饮之外的额外服务都可以看作为提升用户体验。比如，在等位时提供小食、水果和饮品；礼貌、周到的各类提醒；为女士做美甲；遇到自己一个人吃火锅的客人时在其对面放一个毛绒熊等，本质上都是用户体验。

而海底捞正是凭借这样的组合——合理的价值加上优质的体验，创造了独特的品牌形象，从而获得了今天的商业成绩。但是请注意，海底捞在用户价值层面并没有做到所谓的极致，只是合理，因为它的味道依然无法让最专业的四川人满意。在此前提下，海底捞将更多的资源投入在了用户体验层面上，这才是"价值-体验金字塔"这个模型的深层含义。当市场已经进入非常成熟的时期，要想继续在用户价值层面有所突破已经很难——不论是寻找新的价值，还是将原有价值推向更高的水平，而在用户体验层面往往可以做出差异化，让产品在竞争中脱颖而出。

3.5　增　　长

对于大多数传统行业来说，直接推动其业务不断增长的是市场体系和销售体系。其中，市场体系负责整体的营销策略设计，例如搭建渠道、广告投放和促销活动等，而销售体系则实际去执行售卖活动。简单理解就是，市场体系负责研究"如何卖"，销售体系直接"去卖"。

而数字化及互联网产品的典型商业路径决定了其增长是一个长期运作的过程，并非单点的销售；另外，互联网产品商业价值的增长，很大程度上要依靠用户价值的增长，其增长逻辑不一定是直接售卖，而可能是由于用户活跃所形成的主动转化。因此，典型的互联网公司一般是没有销售部门的，其市场部门更多的是负责品牌、公关等工作，其推动业务不断增长的职能则一般由运营体系负责。对于数字化产品的运营来说，常用的方式是以产品为基础不断地"折腾"，如做活动、进行社群运营等，目的是获取更多的用户，并且让现有用户更加活跃，更频繁地使用产品，让用户越来越离不开产品，最终的目的是实现商业转化。因此，除传统的软件公司之外，数字化的运营方法也与传统销售完全不一样，比如传统销售面对的是具体的人，喜欢通过察言观色来洞察顾客心理，而数字化的运营面对的是人群模型，更擅长以数据分析他们的共性行为；传统的销售渠道更多的是投入相应的资金，选择公开渠道去做推广；而数字化的运营，特别是在最近几年，更加看重所谓的"私域流量"。

3.5.1　无处不在的漏斗模型

漏斗模型这个概念提出已经有一百多年了，显然它并非最早出现在互联网公司，但在数字化相关领域中运用极广。理论上，我们可以将任何一个流程拆分成若干个步骤，把这些步骤中的同维度数据（如到达某步骤的人数）依次排列在一起。由于理论上每个步骤中都会有人流失，所以后面步骤中的数据一定会小于或等于前面步骤中的数据——就像是一个漏斗一样。

例如，对于一个通用的电商平台来说，其核心业务流程的漏斗模型可能包含浏览商品、加入购物车、购物车结算、确认订单信息、支付等步骤。如果将线下的步骤也算上，需再加上发货、签收等步骤。理论上，一个用户在上述漏斗中的任何一步中都有可能放弃，而他在任何一步中放弃，就意味着这个购物行为没有真正完成。我们通过分析每一次跳转过程的转化率，找到转化率比较低的步骤，就可以深入研究在这些步骤中具体出现了什么问题，以便于持续优化这个漏斗的成功率。

漏斗模型不仅仅可以作用于一个流程中，也可以作用于其他方面。例如常用的AARRR模型，就是从一个用户的生命周期角度来思考的。AARRR模型将一个用户的生命周期分为5个步骤，分别是用户获取（Acquisition）、用户激活（Activation）、用户留存（Retention）、获得收益（Revenue）和推荐传播（Referral）。既然是漏斗，那就意味着不可能产品获得的每一个用户都能够最终走完这些步骤，而显然，运营的目标就是希望更多的用户完成这5个步骤，因为走得越远，越有利于产品的长期增长。如图3-10所示，我们以一款一般的网盘产品为例来说明AARRR模型是如何辅助产品策划和运营的。

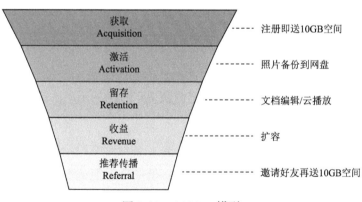

图3-10　AARRR模型

首先我们要明确的是，网盘类产品的基础功能就是可以将用户设备上的文档上传到云端存储，当需要的时候能够随时下载到设备中。在这个基础预期之上，我们来一层一层地看看AARRR模型可以指导我们做什么。

第一步是"获取"，即需要想办法获取更多的用户。仅仅提供注册功能，甚至开通更多的注册方式（如手机号注册、微信登录等）显然是不够的，如果举办活动的话，则有可能获得更多的注册用户。比如，只要注册就送 10GB 的存储空间，我们讨论的这个案例实际发生在 2013 年，10GB 已经是很大的空间了，对很多用户非常有吸引力，这种方式也是当时的网盘类服务商通用的获取新用户（简称拉新）的方式。

当然，依照这个模型，我们还可以继续思考更多的可以获取新用户的方式，如以 SDK[4]形式植入其他产品中作为存储服务、通过邀请码制造产品稀缺性效应等，都是当时网盘类产品使用的有效方式。

第二步是"激活"，如果仅仅获得了很多注册用户，那只是"虚假的繁荣"，在互联网产品的典型商业路径中，我们希望用户在产品中能够活跃起来。对于一个注册了网盘的用户来说，除了其日常的上传和下载操作之外，我们应该围绕"激活"这个环节思考更多可以促使他更活跃地使用网盘的方式。最常见的就是帮助用户管理其手机上的个人信息，如自动备份通讯录、相册、短信等信息到云端等。因为用户可能会更换手机，大多数用户在换手机时并没有特别好的途径去备份信息，而将这些数据备份到云端是一个不错的选择。

围绕"激活"还可以继续思考更多的方式，原理与"获取"环节是一致的，我们就不再赘述了。

第三步是"留存"，意思是我们已经获得了大量的用户，这些用户已经在使用我们的产品，在这个阶段，我们希望用户能更加长久地使用产品，因此我们需要开拓更多的用户场景。对于一个网盘来说，其基础能力是数据的存储，向上游拓展可以做内容的获取，我们在"激活"环节中做的很多事情就是在获取内容；而向下游拓展则应该做内容的消费，即用户将很多内容存储在网盘中，我们应该帮他快捷地使用这些数据内容。依照这个思路，可以做文档内容浏览功能、文档编辑功能和云播放功能等。

---

④ SDK 是 Software Development Kit 的缩写，是一些软件工程师为特定的软件包、软件框架、硬件平台和操作系统等开发应用软件时的开发工具的集合。

至此，我们已经在 AARRR 模型前三个步骤的指导下把用户的完整生态系统搭建起来了，存储、传输和处理这些数据会耗费大量的计算、存储和带宽等资源，因此必须考虑是否盈利。这就到了第四步"收益"，对于网盘类的产品来说，顺理成章地创造收益的方式就是空间扩容。用户存储了很多数据，空间不够用需要扩充时候，我们可以向他们收取额外的费用。另外，传输提速、回收站中文件存储时间延长、在线解 / 压缩等常见的服务也可以打包为增值服务对付费用户开放。

最后一步是"推荐传播"。目前很多用户已经非常信赖我们的产品，他们很活跃，有黏性，甚至支付了费用，因此应该鼓励这些"铁杆"用户将产品介绍给他们的朋友，帮助我们获取更多的用户。对于一个网盘来说，促使他们推荐产品的有效方式是邀请用户并赠送空间的裂变活动。Dropbox 曾用类似的活动在初期就获得了大量的用户，活动的核心逻辑是，任何用户都可以邀请其他用户使用该产品，一旦邀请成功，则邀请者和被邀请者都可以获得所赠送的额外的存储空间。其实相当于用户有可能以两种方式为产品创造商业价值，一种是直接付费购买空间，另一种是邀请有效的新用户。后一种本质上也是在间接地为产品创造商业价值，因为被邀请的用户越多，最终付费的用户也会越多。

在 AARRR 模型之后，互联网圈子里也曾出现过一些其他的模型，如 AIDMA 模型和 AISAS 模型等，如果读者有兴趣，可以自行搜索了解，它们本质上都是漏斗模型的思维方式。

3.5.2 私域流量运营方法论

网络流量一词原本的含义是指在网络上传输的数据量，然而在具体的场景中，数据传输的背后往往代表着用户的使用行为及用户的关注度。而所谓的"流量运营"，则是从流量中获取用户的过程。

最近几年，很多公司将流量运营的重点转到了"私域流量"上。私域流量并没有一个统一的标准定义，但大多数定义都会着重强调两点：第一，私域流量是可以在任意时间、任意频次直接触达用户的渠道；第二，触达用户的过程中无须每次都付费。因此，当下我们所说的"私域流量"，基本上是针对传统营销的"公域流量"而言的。

在传统的营销过程中，获取流量并转化成交的思路往往是相对短线并且直接的。例如，在各类媒体上投放广告、在线下举办各类促销活动及发传单等。这类方式的特点一般是以增加营销成本（如增加广告投放）来换取更多的短期成交，但一般无法有效地将以广告等方式获取的用户留存起来进行二次或多次触达；即便是线上的方式，也多是通过活动策划及运营来实现流量运营。活动一般都会有具体的目标，如拉动新增、拉动成交等，即整体上依然是追求短期的效果。

私域流量运营表面上看就是在运营微信朋友圈、社群、公众号、抖音短视频等，但实际上**其背后的思维方式是更多地关注长期价值，更多通过与用户建立情感化连接的方式来触达、运营和转化流量**，而并非只追求短期的销售业绩。因此私域流量运营可以看作近几年来数字化产业对于运营思维的一种新的解读。

私域流量运营与传统的漏斗模型最大的不同在于，漏斗模型强调每一步的转化，更关注的是最终的转化率，其底层逻辑更偏向于短期收益；而私域流量强调对私域用户的反复触达和运营，强调通过长期服务用户来换取更大的价值。因此，**如果我们认为漏斗模型是一个线性逻辑，私域流量运营则更适合表述成一个循环逻辑**，如图 3-11 所示。

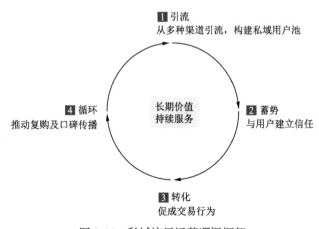

图 3-11　私域流量运营逻辑框架

私域流量运营的整体逻辑可以分为 4 个部分。

首先是"引流"，在这个部分我们需要通过各种渠道获取流量并且留住用户，形成私域用户池。当下可以获取私域流量的平台有很多，如微信、企业微信、抖音和小红书等线上方式，当然投放广告也是一种方式；线下方式也有很多，理论上可以将获客二维码印在任何地方。举例来说，很多零售业门店会在前台放置企业微信"小助手"的二维码，并说明只要添加小助手为好友，即可获得一张优惠券。很多顾客都会主动添加，这样在短期内小助手就可以获得大量的好友，这些好友都是在店内有明确购买行为的优质顾客。同理，在一些高频使用的购物小程序中也会嵌入相应的二维码，以优惠券、活动、会员福利等方式吸引用户主动添加。

如图 3-12 所示为瑞幸咖啡某门店前台的"福利群"宣传资料，用户进店买咖啡的时候很容易就能看到，上面明确说明只要加入就可以领取一张 4.8 折优惠券。扫描二维码，添加小助手的企业微信后，用户会自动收到打招呼消息，并且附带优惠券领取方法，如图 3-13 所示。

图 3-12　瑞幸咖啡某门店前台的"福利群"宣传资料

我们来回顾一下上述流程。首先，用户进店后向其宣传福利领取方式，而并非直接推销商品。其次，用户只需添加小助手的企业微信，并且点击相应的链接即可领取到优惠券，如果用户尚未注册过瑞幸的会员，仅需要一步授权操作即可完成注册，并不需要经历传统的注册流程，也不需要填写任何信息。最后，用户得到优惠券之后，购买商品时可以立减现金，获得即时的激励。

从商家的角度来看，付出一张优惠券的成本，不但可以多卖出一杯咖啡，而且获得了一个随时可以触达的高意向顾客，更重要的是，这样的方式实际上是将线上和线下的流量打通了，为私域流量运营的后续步骤打下了坚实的基础。众所周知，瑞幸的咖啡是常年打折的，以"拿铁咖啡"为例，这张所谓的 4.8 折优惠券的实际成

图 3-13　添加瑞幸门店小助手后收到的
提醒消息

本不到 3 元钱，但却为门店带来了可观的复购。

除了在线下摆放二维码并发优惠券之外，在"引流"环节还有很多其他的方法来构建私域用户池。例如在微信上使用"社交裂变"的方式做活动，在抖音上通过优质的短视频内容来吸引关注，以及各类直播等方式。

引流之后，需要持续做的另外一个动作是"蓄势"。私域流量运营的核心思想是以用户为中心，更加关注长期利益。因此在我们有能力连接用户之后，除了销售转化之外，还应长期向用户提供其他价值，以便于与用户建立信任感。"蓄势"的方法同样有很多，如定期在社群中发放优惠券、与社群中的用户持续互动回复问题、邀请核心用户体验新品、持续输出有价值的内容等。

如图 3-14 所示为某财经类媒体社群运营的日常手段。他们会通过各类渠道触达用户，并且将用户拉到特定的微信群中，然后每天都会在微信群中发送一些有价值的行业研究报告，这个过程就是一个"蓄势"的过程。虽然用户每天在群内的活跃度不高，但会偶尔来翻一翻这些研究报告并参考阅读上面的内容，在这个过程中就自然地形成了对社群的黏性。当有用户需要针对特定行业或主题做研究时，就会在群里询问小助手是否有某特定行业的研究报告集合，这时小助手就会抛出购买链接。当然，上述这个社群的运营方式可能会涉及一些版权问题，这是我们并不提倡的，如果只看逻辑的话，会发现在"蓄势"环节我们要做的是与用户逐步建立信任，而不是直接向用户推销商品。在私域流量运营中，只有建立了足够的信任之后，才可能获得持续的、有效的商业转化。

"蓄势"严格讲不是一个步骤，而是一个长期的动作。当私域流量用户池中有足够多的用户已经与商家建立了信任之后，则可以考虑以这些用户为基础定期做转化工作。转化这一步本质上就是促成成交，但是在私域流量运营体系中一般不建议生硬地推销，而是基于前面与用户建立的信任，从用户角度思考用户需要什么，思考自身的哪些商品更加适合用户，从而提升转化的成功率。

在很多服饰类的专卖店中，店员会主动添加顾客的微信，并且会主动为顾客的朋友圈点赞，在节日发送问候信息。从私域流量运营的角度看，添加微信相当于"引流"，而点赞和问候则相当于"蓄势"。在与顾客建立了基本的信任之后，特别是当店铺中有新品到货的时候，店员会在微信上为顾客推荐商品。但是这种推荐并不是无脑地发送广

图 3-14　某财经类媒体的社群运营

告，而是根据顾客的实际情况为其推荐穿搭方案。

由于顾客的微信是在线下添加的，所以店员会在添加时备注该顾客的一些个人信息，如身高、身形、整体气质和喜好等。服饰专卖店的店员一般在穿搭方面比较有经验，因此当新品到货时，她们可以根据每一位顾客的信息，为其设计适合这些顾客的穿搭方案，并且通过微信向顾客推荐这些方案。因此在这个案例中，店员推荐的实际上是她们设计的方案，并不是生硬的售卖商品。由于店员给出的搭配方案考虑了顾客的实际情况，所以推荐的转化率往往比生硬地推销及顾客自行浏览的效果更好。

对于一般的顾客来说，店员可以使用类似的方式将他们再次拉回店面，有机会做出可观的销售转化。对于一些老顾客来说甚至不需要到店，店员只需要求这类顾客转一些订金，然后即可将商品邮寄给顾客。如果是配合比较完善的 CRM 系统，配合储值卡、用户级别等功能，甚至连订金都可以省略。顾客收到商品后，可以直接在家里试穿，并且还可以跟家里已有的服饰进行搭配调整。如果觉得商品不错，就留下并通过微信支付全款；如果觉得不合适，则寄回商品退回订金。

如果上面的三个步骤做得足够细致和用心，自然就会触发第四个步骤，即"循环"。如果"引流"环节使用的"钩子"非常有价值，如优惠券足够给力，则已经领取并使用了该优惠券的用户自然会将其推荐给朋友，促使更多用户加入私域用户池。如果"蓄势"环节提供的价值足够大，用户则会在主观上建立更强的信任感，从而黏性必然更大，也必然更愿意将产品或服务推荐给朋友。如果在转化环节让用户体验更好，则他们一定愿意复购或者转推荐。

当然，在"循环"这个步骤中，我们也可以使用一些运营手段来促使更多的循环产生。例如建立"积分商城"，用户的特定行为可以获得积分，而积分可以兑换奖品；再如微信体系下常用的裂变营销方式，邀请其他用户加入可以获得奖励等。

私域流量运营的新方式层出不穷，但不论操作层面如何变化，其基本的四步框架——引流、蓄势、转化、循环是相对确定的。而作为企业的管理者，必须明确的是操作层面背后的思维方式：重点关注长期价值，以长期服务用户去换取更大的商业利益。

3.5.3　内容传播：情感化原则

不论是相对传统的漏斗模型思维，还是最近几年流行的私域流量运营思维，在具体运营过程中都少不了内容的呈现。传统的广告营销受制于内容长度、版面、表现形式等因素，更多的是开门见山地介绍产品；偶尔有一些优秀的广告作品可能会嵌入简单的剧情，但是一般也会迅速地转向对商品特性的表述。这些原则至今为止依然是有效并且实用的。

然而，数字化运营方式的内容载体、用户场景等都发生了比较大的变化，特别是在私域流量运营的过程中，我们的目标不仅仅是让用户了解商品，还希望能够与用户产生共鸣和信任感，从而让用户帮助我们传播内容。在这样的背景下，仅仅开门见山地介绍产品不一定是一个好的选择，需要将我们要推广的内容融入情感。而以情感化的内容促成传播行为，需要注意四个要素，分别是故事、起伏、共情和传播。

首先，具有良好传播性的内容一般都兼具故事性，人们愿意去传播一个故事，但并没有多少人会愿意传播一个广告。其次，故事中必须有合理的情节起伏来引导用户情绪的波动，平铺直叙的故事很难引起用户的关注，合理的情节起伏是一个好故事的基础。设计情节起伏的方式多种多样，如剧情的反转、两难的选择、生动的隐喻等。最后，故事的情节和起伏需要能够引起目标用户的共情，让用户意识到自己也有类似的遭遇，或者让用户意识到自己不能陷入这样的境地中。在此基础上合理地引导用户传播、分享内容。

在具体的内容策划过程中，这四个要素不一定按照上述顺序出现，但这个基本框架是通用的。

案例：如何让医疗产品广告具有传播性

这个案例说的是前面多次提到的腾讯觅影产品，这是一个基于 AI 的医疗影像识别系统，是一套深入医学专业的、普通人用不到的数字化产品。如果我们希望策划一个活动，在普通的微信用户中宣传腾讯觅影这个产品，那么应该如何做呢？如果仅仅是宣传这套系统有多么强大，对特定病种的医疗影像识别率有多高，获得了多少奖项的话，虽然有一定的作用，但是很难产生主动传播的效果。当时的运营团队给出了一个以情感化内容为核心，结合社会公益来宣传的运营方案，名为"一场特殊的摄影展"。具体情况如下：

如图 3-15 所示，用户进入活动页面后，首先看到的是黑色的背景中有一个隐隐约约的相框，上面出现了两行字："你将看到一组特殊的影像作品，它们来自一群'特别'的作者"。画面简约，略带神秘感，这时用户会很好奇，到底是什么样的作品呢？文字停留两秒钟后会自动进入下一页。

图 3-15　一场特殊的摄影展——起始页面

如图 3-16 所示，紧接着画面变得明亮，用户看到的是一个类似画展的场景，白色的墙上悬挂着一幅看起来像是摄影作品的图片，左右滑动后可以发现这次摄影展一共展出了 4 幅摄影作品。仔细看，每一幅摄影作品还会有一个名字，比如图 3-16 叫作《裂冰》，下面有一行文字提示"长按查看作者"。在这个页面中，除了左右滑动可以查看不同的作品外，只有"长按查看作者"这一个操作提示，所以用户往往会在这样的引导下在某一幅作品下面长按。而一旦长按，画面会通过几次变化，还原成一张黑白影像。

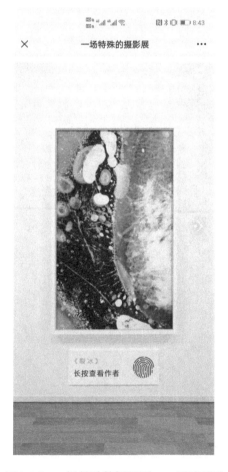

图 3-16　一场特殊的摄影展——展示页面

如图 3-17 所示为《裂冰》这幅作品还原后的黑白影像，这时用户会开始意识到这不是摄影作品，而是一张医疗影像。同时左上角的文字内容也证实了用户的猜想，上面显示的是"作者"信息。这张图的"作者"是一名公司职员，女性，40 岁，同时下方标明了从这张影像来看，这位"作者"可能患有哪一种癌症。此时用户才恍然大悟，原来最开始所谓的"特殊的摄影展"，是指这些使用医学仪器拍摄的医疗影像。按照上述框架，此时，策划者使用制造冲突的方式成功地引起了用户情绪的起伏。

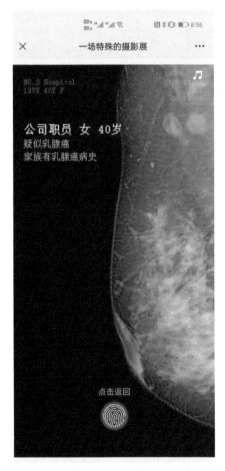

图 3-17　一场特殊的摄影展——影像还原页面

返回"上一页"之后，在该页面上出会出现新的操作提示——一个向下的箭头。如果用户划动屏幕，则会进入如图 3-18 所示的页面。

图 3-18 一场特殊的摄影展——乳腺癌介绍页面

策划者在这个页面中直奔主题，使用极其简短的语言对乳腺癌进行了介绍，同时页面上有一个非常明显的按钮，即"查看真实故事"按钮。用户进一步明白，原来前面几幅所谓的摄影作品都是跟乳腺癌相关的临床表现。这会唤起用户的好奇心，很多人会点击这个按钮进一步查看相关的故事，于是会跳转至下一页。

如图 3-19 所示，这一页会播放一个视频，讲述了一位被查出相关癌症的患者，由焦虑不安到决心正面对抗病魔的故事。在视频中以及页面下方均会打出字幕，告知用户"腾讯觅影将 AI 技术应用于医学影像，助力医生进行癌症早筛"，同时告诉用户只有早筛查、早治疗，才是防治相关疾病的科学方法。这时用户才真正了解到这个产品，策划者并没有向用户传达这套系统如何强大之类的内容，但是用户刚刚经历了情绪波动并对相关癌症有了了解，这样的简单叙述反而更加能够打动人心。整体上相当于给了用户一个关于上述问题的解决方案，会让用户有种"幸亏如此"的庆幸。而从上述情感化传播的四要素来看，这一步则补充了完整的故事，让用户更加直观地理解了活动的主题。

图 3-19　一场特殊的摄影展——腾讯觅影产品露出页面

　　这一页的最下方还有一个"了解乳腺癌"的入口，如果用户希望更加详细地了解这种疾病，向上滑动页面，会进入如图 3-20 所示的页面。

图 3-20　一场特殊的摄影展——癌症介绍页面

　　这个页面同样是通过四张图片的方式传达了与乳腺癌相关的疾病知识。包括该疾病的发病与哪些因素有关、相关的数据、不同年龄患病的风险，以及相应的体检建议。其中有很多内容都会与人们的日常行为有关。例如，其中明确提到了长期熬夜、饮酒、久坐、脂肪摄入过高等因素。按照上述情感化传播的四要素框架来看，这一页承担了"共情"和"引导传播"的作用。

用户看到了这些因素后，会联系到自身的生活习惯及自己的亲朋好友的实际情况，产生共情。然后他可能希望自己的亲人和朋友也看到这些信息，从而帮助他们提高防范意识，由此引导其长按图片保存，并发送给朋友或者分享到朋友圈，而这样过程恰好就完成了内容的传播。

3.6　盈　利

最后我们来讨论一下数字化产品的盈利问题。如果你认为你的行业尚处于数字化"Y 路径"演化模型中的前三个阶段，或者在战略层面你认为应该主要以"+互联网"的方式来辅助传统业务的运行，那么或许你不需要单独考虑数字化产品盈利的问题。但是，如果你所处的行业已经处于数字化"Y 路径"演化模型的后两个阶段，或者你希望真正做数字化转型，那么你就有机会建立一套以数字化产品为核心的新商业模式，从而创造更大的商业价值。

3.6.1　数字化产品的三大盈利模式

关于盈利，本节强调的只有一个核心观点，即数字化产品不一定适合直接售卖，很多时候可以有其他更加有效的盈利手段。如果你已经习惯了传统制造业、服务业或者零售业以售卖商品为核心的盈利方式，那么通过本节内容的阅读，希望可以帮你拓展一下盈利层面的可能性。

我们依然回到"典型商业路径"上，以互联网产品为代表的数字化形态产品，其典型的商业路径一般是"研发—使用—转化"。这决定了最适合的盈利方式是在长期的使用过程中不断地转化，而不是单一的售卖变现方式。具体来说，依然以互联网产品为例，除了直接售卖之外，可以有流量变现、增值服务及佣金分成这三大盈利模式。

我们先说流量变现。前文提到，流量的背后代表着用户的关注度，同时也代表着对用户的触达。从营销角度来看，只要有触达，就有机会产生交易和转化。因此互联网作为一个流量载体，最先探索出来的盈利模式就是把流量直接卖掉，转化为收入。流量变现是互联网上最常见的盈利模式，所有拥有足够多流量的产品都可以使用这个模式盈利。具体的形式，可以是广告、App 推广以及内容分发等。

最简单的形式是广告，广告的盈利逻辑很容易理解，但是使用数字化的能力和思维往往可以让广告更加精准，从而卖出更高的价格。数字化产品中最普通的广告是 banner 广告和文字链广告，常见于各类门户网站的页面上。这种广告从逻辑上看与报纸、杂志和电视上的广告差不多，都是由媒体单向地推送给用户，每个用户看到的内容是一样的，只是基于数字化能力，这类广告可以方便地统计点击量以及引导用户跳转至更加详细的网页上。这类广告一般是按 CPT（Cost Per Time）或者 CPC（Cost Per Click）售卖的，即一天多少钱，或者一次点击多少钱。如果我们停留在工程思维层面，或许数字化的广告形式也就如此了。

但是，如果我们跟具体场景和业务相结合，会发现不一样的可能性。传统的 banner 广告是强制让用户观看，无法与用户实际需求相结合，所以其点击率极低，一般是在千分之一以下。如果用户使用搜索引擎或者淘宝等电商平台搜索一个特定的关键词，那么说明他对相关内容是感兴趣的，这时如果出现与其搜索内容相关的广告，则很可能会吸引他去点击，这就是搜索广告。目前，百度、淘宝、京东等平台上都有相应的搜索广告服务，这些服务可以帮助广告主把推广内容展现在可能感兴趣的用户面前，极大地提升了广告的点击率，但其价格也更高。以百度为例，即使是一些冷门的关键词，可能一个点击也需要收取几毛钱的费用，如果是热门关键词，一个点击有可能需要花费几百元才能买到。

沿着这个思路一直向下分析，广告还可以结合其他的能力和场景。例如，在社交网站上，平台有能力针对人群属性有针对性地投放广告，帮助广告主把特定的推广内容只推给特定的人群。同样，广告的形式也不一定只是生硬的产品介绍，也可以通过赠送优惠券等方式引导用户转化。

而到了移动互联网时代，用户的上网入口开始由浏览器和搜索引擎变成手机里的 App，这个时候让更多的人下载并使用你的 App 就是积累用户、做大业务的基础。因此对于一些拥有流量的数字化产品来说，也可以通过帮助其他 App 做推广的方式来盈利。最常见的方式就是手机上的应用商店。同样，如果把被推广的主体由 App 换成优质的内容，也是一样的逻辑。例如抖音平台上的"DOU+"服务就可以帮助内容生产者推广其优质内容，以此换取商业利益。

再来说增值服务，这是一种极具互联网特色的盈利模式。依然回到"典型商业路径"上，在"研发－使用－转化"的路径上，具体用什么去做转化呢？即用户付费后跟付费前有什么不同之处呢？答案是，一旦付费，就可以获得增值服务。增值服务可以是不同的形式，常见的有两种，分别是高级功能和优质内容。一般情况下，工具类产品及内容平台类产品使用的多是增值服务的方式盈利。

在高级功能方面，最典型的案例是 QQ 会员。如果用户不付费，可以使用 QQ 的基础功能，聊天、找好友、发文件等。一旦用户付费开通 QQ 会员服务，则可以使用 100 多种高级功能，如可以建立人数上限更多的 QQ 群、可以屏蔽广告、可以使用更丰富的元素聊天等。

同理，如果把上面的功能换成内容，逻辑也是不变的。例如，在爱奇艺中有很多免费的电影，用户不支付任何费用也可以观看，只是片头会播放广告，但是有一些优质的电影，或者一些高清版本的电影，必须付费开通会员后才能观看。

最后是佣金分成，它的逻辑是，将数字化产品作为渠道、能力等形式，帮助一些商家做成某种交易，然后从总的交易额中抽取一部分金额作为佣金。佣金分成模式广泛应用于各类具有双边市场效应的平台产品中，如天猫、打车平台、微信支付等。

以打车平台为例，由于平台连接司机和乘客，所以这是一个典型的双边市场。平台上的司机要完全依赖平台为其派单才能够获客并取得收入，因此打车平台每次都会从我们乘车所付的车费中提取一定的比例作为平台佣金。虽然每一单的佣金不多，但是平台上海量的订单加在一起会为平台构建一个庞大的收益空间。这也恰恰符合双边市场效应的核心逻辑——整体市场的价值取决于不同类别用户之间的有效交互的频次。

因此，我们在试图设计一个数字化产品的盈利策略时，需要注意直接售卖的方式不一定合适，只有选择更加适合数字化产品的盈利模式，甚至将多种盈利模式合理地组合，才可能达到更好的盈利效果。

3.6.2　多种盈利模式与业务的有机组合

优秀的数字化产品一般都会把盈利触点与业务紧密结合，让用户在使用的过程中自然而然地转化为付费用户，或者以其他方式为产品贡献商业价值。本节会列举 360 和"得到"App 两个案例来说明。

案例：360 安全产品的盈利模式

在 PC 时代，360 公司（北京奇虎科技有限公司，以下简称为 360）推出的计算机安全软件如"360 安全卫士"和"360 杀毒"等可谓家喻户晓。但是在这之前，国内的安全软件市场是被诸如瑞星、江民杀毒等公司占据的。为什么 360 公司可以以后来者的身份攻占大部分面向普通用户的计算机安全软件市场呢？笔者认为这与它的盈利模式有关。

如图 3-21 所示为 360 安全产品的主要盈利模式示意图。我们先找到图中标记"开始"的位置，在计算机安全市场已经被传统杀毒软件垄断的前提下，360 推出了安全卫士和杀毒软件。传统的杀毒软件是需要付费购买的，并且有些软件的升级并不方便，而杀毒软件如果不及时升级，就无法查杀最新出现的病毒，也就无法有效地保护计算机。但是 360 的这些软件不向用户收取任何费用，所有用户都可以在 360 网站上免费下载，并且 360 安全软件的自动更新功能也是免费的，即当新的"流氓软件"和病毒出现时，用户不需要付费即可获得查杀能力。

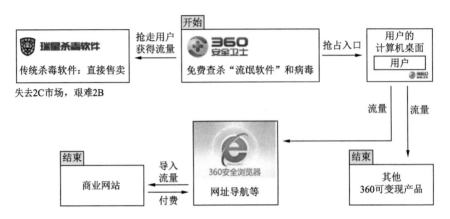

图 3-21　360 安全产品的主要盈利模式

　　理所当然的，360 使用这样的策略从传统的杀毒软件厂商手中争取到了大批的用户。当时以瑞星为代表的传统杀毒软件厂商并不明白安全软件不收费的话，其盈利模式是什么？事实上，360 使用的是一套全新的互联网流量变现的盈利模式。计算机安全软件对于每一名用户来说都是刚需，它通过免费向用户提供软件的方式满足了大量用户的刚需，实际上是在抢占互联网的入口。一旦 360 可以常驻用户的任务栏，它就可以不断地弹出提示，将用户引导到其可以盈利的服务上去。

　　其中"可以盈利的服务"，其收费的对象并不是用户而是商业客户。比如这其中最重要的一条线索就是 360 会积极地向用户推荐"360 浏览器"这个产品。一旦用户安装了这个产品，就可以将用户的关注度引导到各类商业网站上，然后向商业网站收费，即"流量变现"。具体引导方式可能包括导航页（浏览器首页）、小游戏及广告等。

　　当然，360 安全卫士和杀毒软件由于可以常驻用户任务栏，能够做的还不只这些。根据 360 年报披露，其盈利方式还包括为搜索引擎导流和网页游戏联运等。但是不论流量如何流转，其底层逻辑是只要控制了流量入口就可以控制流量的分发渠道，从而将这些流量引导给特定的商业客户进行盈利。

　　总结一下，360 相当于完全打破了传统软件厂商"直接售卖"软件的盈利模式。它将原有的"生产—销售—使用"这个商业路径升级成为互联网的"研发—使用—

转化"路径。销售环节一般认为是传统软件商业路径的终点，但是其对应360模式中的"下载"，其实是后者商业路径的起点。如果我们只看到安全软件免费这一步，360的行为无疑是"自废武功"，但实际上一旦通过免费软件抢占了入口，其盈利能力和想象空间就要比单纯的售卖方式更加广阔，一旦后续的变现通路搭建完成，其免费模式则相当于废掉了其他竞品的"武功"。

如今，瑞星和江民等优秀的安全软件公司依然存在，但是基本上已经失去了2C的市场。

案例："得到"App 的盈利模式

"得到"App 是罗振宇创立的一个合理组合盈利模式的经典案例。如图 3-22 所示为"得到"App 的盈利模式示意图。

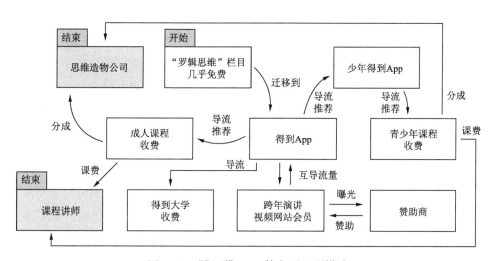

图 3-22 "得到"App 的主要盈利模式

我们依然先找到图中标记"开始"的位置，"罗辑思维"是罗振宇做的一款音频内容节目，最初以微信公众号的方式承载，约有几百万的用户。后来罗振宇开发了"得到"App 并将"罗辑思维"迁移到了"得到"中，相当于把他已有的用户一同迁移到了"得到"App 中。

同时，罗振宇开始广泛地与各类学者、企业家和名师合作，帮助他们制作课程，并且以付费课程的方式在"得到"平台上线。至此，"得到"中除了逻辑思维课程之外，还会在首页展现很多其他老师的付费课程。从盈利模式角度来看，这相当于是"流量变现"，将自身拥有的"得到"平台上的流量，引导给这些付费课程。

自从有了"得到"平台，罗振宇的"罗辑思维"节目也随之改版，同时上线了"罗胖精选"等栏目，内容也由以前的自策划变成付费课程推荐。但是推荐的形式并不是生硬的广告，而是采用罗振宇自行复述推荐课程的精彩内容，或者是一段推荐语加原付费课程音频的方式。如果以我们介绍过的三大类盈利模式来看，这个推荐过程相当于是增值服务，即将付费课程的一小部分内容以免费形式提供给用户，这相当于是一个个的"钩子"，无时无刻不在试图引导用户付费。一个"得到"的用户如果不想花一分钱，那么他只听这些免费内容也是有价值的，如果他希望听更多、更优质的课程，则需要付费购买。而一旦用户购买了某位老师的付费课程，则"得到"平台可能会抽取一定的佣金，这是典型的佣金分成模式。

同样，在"得到"平台以及新的"罗辑思维"节目中也会时常推荐一些专门为青少年制作的课程。这时罗振宇则会介绍另外一款叫作"少年得到"的 App，这个行为又是在做间接的流量变现，把"得到"上的一部分用户导入"少年得到"上。后续的流程与上述是一样的，推荐课程，用户购买后平台分成，"得到"体系将一模一样的盈利组合在成年人和青少年这两类不同的用户群体中都做了一遍。

此外，罗振宇每年都会举办跨年演讲等大型活动，但是跨年演讲的直播是无法在"得到"平台上观看的，用户必须前往第三方平台观看，例如 2021 年是在爱奇艺平台上。笔者认为，除了技术层面的考量外，这种方式本质上也是一种导流行为。在爱奇艺平台上看到了跨年演讲的用户，有可能成为"得到"的新用户。同时，跨年演讲会邀请多位赞助商，跨年演讲这个优质内容与赞助商之间的商业关系本质上也是"流量变现"，前者为后者导入流量，后者为前者付费。

最后，"得到"还有很多线下的课程和活动，如"得到大学"。大多数时候，线下课程的源头依然是线上的"得到"平台，学员在线下学习"得到大学"的课程需要付费，所以这又是一种流量变现方式。同样，在线下为"得到大学"讲课的老师与"得到"平台之间也存在佣金分成的商业关系。

总体来看，"得到"平台是一个组合盈利模式的优秀案例。说它优秀，最重要的原因就是在这个体系内，盈利模式之间并不是一个简单的多样性问题，而是与业务逻辑紧密配合，互相协助，共同促进。如果你是企业数字化转型的决策者，"得到"的案例值得深入研究和学习。

3.7 总结：数字化思维金字塔

本节我们将前面章节所介绍的思维和方法论串联起来，从全局的视角来看一看做一个数字化产品，其核心的思维方式和方法论是怎样的。

如图 3-23 所示，笔者将其称为数字化思维金字塔，它一共有四层结构。

图 3-23 数字化思维金字塔

最底层也是最基础的部分是"用户"和"需求"。我们知道，用户不是指某一个自然人，而是指某一类具有特定特征的人群模型。作为决策者，更重要的是要通过人群模型去合理洞察他们背后的需求集合。同样，需求也并非是简单的用户需要什么，而是要附带"场景"，即用户在特定条件下需要什么。但同时，任何一个产品都不可能满足所有用户在所有场景下的需求，所以做产品必须要分清楚边界，很多时候想清楚不做什么比去做更重要。

"用户"和"需求"两者向上支撑"原则"这一层。具体来说，我们在策划一个数字化产品的过程中，要遵循如下原则：

- 要针对用户模型去思考问题，即便有一些用户个体提供了明确的反馈或建议，也应该还原到用户模型的角度来思考是否支持，以及实现方式。

- 要关注用户体验，即关注用户在产品使用过程中的主观感受，优秀的数字化产品不但可以解决用户的问题，而且应该让用户顺畅、开心地使用。

- 要明确数字化产品和用户之间是合作关系，而不是传统的甲乙方关系。这意味着一方面产品并非被动地为用户服务，而是要与用户共赢；另一方面则对产品经理提出了更高的要求，在做任何决策时，他们都需要权衡考虑用户、市场和自身目标三个因素。

- 要厘清用户场景。优秀的数字化产品基于场景思维构建，为用户提供强大而复杂的功能体系往往不是好的选择，在适当的时候为用户提供合适的功能，解决问题但不添乱是更好的方式。

- 要有迭代的思维。数字化产品不可能一蹴而就，基于数字化的技术能力，更适合的研发方式是"小步快跑，快速迭代"。先构建一个基础可用的版本验证价值，再慢慢完善产品，往往可以得到更好的结果。

- 最后，数字化产品的盈利模式多种多样，并不一定要直接售卖。作为决策者，应该结合产品的大方向，合理组合盈利模式。这同时意味着一定程度上的"延迟满足"，通过更好的服务用户来换取更大的商业价值。

基于上述原则再上升一层则是"思维"层面的认知。传统行业更多秉承的是工程思维和营销思维，工程思维更关注的是生产过程本身，而营销思维则关注单点的销售突破。因此传统行业总体上是以将产品"做出来"和"卖出去"为目的来思考问题的，而数字化的标杆——互联网公司则秉承的是场景思维和运营思维。场景思维关注用户为什么要用产品，以便于反推产品应该做成什么样子，而运营思维则关注长期的用户价值。因此互联网公司总体上是以促使用户将产品"用起来"和"持续用下去"为目的来思考问题。

而构建在"思维"层面之上的金字塔最顶端的一个层级叫作"模式"。对于数字化特别是互联网产品来说，终极的追求是构建或强化网络效应，利用网络节点之间的频繁互动，推动产品自生长。这里要特别说明一下，构建或强化网络效应并不是数字化产品唯一应该遵循的模式，而是一个标杆方向。一般认为具备足够网络效应的数字化产品可以在资本市场上获得更高的估值。

第4章
执行：组织架构和文化建设

本章将重点讨论如何才能将数字化转型相关的方案执行下去。本质上这是一个管理问题，涉及在相关战略方向和思维作用下的团队搭建、组织架构变更，以及企业文化的建立或迭代。这一部分内容对于一些相对保守的传统行业管理者来说理解起来可能会有一定难度，因为这些内容可能颠覆了你长期以来积累的成功管理经验。但是兼听则明，如果你可以认同传统行业与互联网公司的底层差异，相信你也能够理解应使用不同的管理方式来对待这二者。当然，笔者也见过少数相对激进的管理者，他们试图在短期内将自己的团队完全重构，甚至直接声称自己是一家互联网公司。这并不是明智的做法，因为数字化转型需要过程，选择适合自身的发展方式才是明智的做法。

4.1 数字化团队的一般分工

不同的公司，在不同的时期，不同的业务形态作用下，数字化团队的职能构成也会有所不同。下面我们以一个相对完善的互联网公司的职能体系作为基础，结合传统行业的实际情况来讨论分工问题。

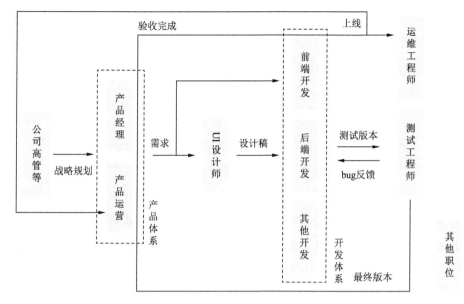

图 4-1　数字化团队的一般分工

如图 4-1 所示为一个典型的数字化团队的分工示意图。

位于团队最上游的是公司的各类高管，需要注意的是，这里所指的不仅仅是负责数字化转型的高管，而是公司内的所有高管。**数字化转型的核心并非"数字化"，而是"转型"，是以数字化的能力和思维驱动公司转型**。这意味着绝不仅仅是组建一个团队来开发一个 App 那么简单，而是需要将数字化能力、思维与公司现有业务融合及联动。因此在战略层，必须让公司的全部高管都参与进来，对齐并认同目标，然后积极配合。

当战略和产品的大方向确定后，下一个环节是数字化团队中的产品体系。在互联网公司，产品体系一般分为产品经理和产品运营两大类。如果业务庞大，还会按照所关注的领域继续细分。例如，产品经理可能会再细分为业务型产品经理、数据产品经理、策略产品经理、商业化产品经理等；而产品运营则可以细分为用户运营、内容运营、产品（活动）运营等，如果业务需要客服，那么客服团队可能也会归入产品运营部门。

总体上，由产品经理和产品运营人员所组成的产品体系主要负责明确产品的需求，同时，产品经理也会作为项目开发过程中的负责人来协调下游的各类资源。所谓的明确产品需求，具体工作包括研究用户行为，抽象出用户场景，思考具体的功能和方案，细化功能的业务逻辑，以及输出方便开发人员理解的需求文档等。所谓的开发过程中的负责人，其具体工作包括组织需求评审会，时刻关注开发进度，发现风险（如开发延期风险）并及时介入资源处理问题等。

产品经理和产品运营人员最终交付给下游的是一套产品需求文档，这个文档相当于一套设计好的产品逻辑说明书。此时产品经理会发起需求评审会，即召集后续开发过程中的所有成员开会，会议内容就是详细地阐述这个文档中的内容。请注意，**即便文档上面已经将功能逻辑罗列清楚了，但需求评审会一般也是必须要开的**。因为大多数数字化产品的业务逻辑会很复杂，业务逻辑实现的方式也可能有很多种，如果不采用面对面的沟通方式，极有可能会出现双方理解不一致的情况，从而导致后续开发工作需要返工。

需求评审会结束后，UI 设计师和开发人员会兵分两路针对产品体系提出的需求来设计用户界面及编程。理论上，开发过程的启动必须基于 UI 定稿这个前提条件，但是在实际操作过程中，一般都是 UI 设计与前期开发工作并行。开发人员会根据需求文档的内容，先开发不涉及用户界面的部分，等到 UI 定稿，再完成用户界面部分的开发。

UI 设计师的交付物是一套高保真的设计稿，即一套效果图，一般要求设计稿要与开发完成的实际产品完全一致。而开发人员的工作量就比较大了，他们的工作就是通过编程的方式把产品体系想要实现的功能真正做出来。开发人员可以分为前端工程师和后端工程师两大类—当然这只是最粗浅的分类方式，如果团队业务规模较大，还有可能需要其他类型的工程师。

前端开发主要负责数字化产品与用户直接交互的那部分的开发工作，例如手机的客户端程序、微信小程序的前端部分及网页等。而数字化产品一般都需要通过网络与服务器交互，很多重要的计算和逻辑功能是在服务器上运行，并非在用户的设备上运行。而后端开发者主要负责开发在服务器上运行的程序。前端开发与后端开发也是两种大类，依然需要细分，在各类招聘网站上，一般是根据开发人员所使用的工具和平台来划分的。例如，前端开发可以分为 iOS 开发工程师、安卓开发工程师、Web 前端开发工程师等；而后端开发则可以分为 Java 开发工程师、PHP 开发工程师等。

除此之外，根据产品的具体业务需求，还可能需要配置其他类别的开发人员，如专门负责数据库相关工作的 DBA 和算法工程师等。

开发体系下的各类工程师最终交付的是用于测试的数字化程序，这些程序最终会由测试工程师负责进行测试工作。绝大多数情况下，数字化产品不可能开发完成后完全没有任何问题，有时候即使程序表面上看起来运行正常，也有可能在一些特殊情况下出现问题。在数字化领域，程序中的各类错误和问题被称为 bug，测试工程师的职责就是发现这些 bug 并且反馈给开发人员，以便于他们可以在产品正式上线前及时修复 bug。此处要特别提醒传统行业的读者，**如果你希望确保数字化产品最终的质量，那么必须要对开发和测试人员进行合理的配置**。具体的配置情况根据不同的产品复杂程度、不同的时期及开发团队的总体水平而有所不同，但一般应该是几个开发人员中就要配备一位测试人员。笔者曾见过一些传统企业的数字化团队，开发和测试的人员比例达到了近 10∶1 甚至更加夸张，这种配置就有些不合理了，一般这样配置的团队其产品质量都不会太好。

当然，有一些公司的开发团队的能力很强，特别是一些国外的创业公司，他们甚至没有测试工程师也依然可以保证产品的质量。但是笔者不建议这样做，以笔者的经验来看，很少有团队能够做到如此地步。

开发工程师与测试工程师之间会发生频繁的交互，测试工程师不断发现问题并反馈给开发工程师，后者不停地修复问题然后再交给测试工程师进行验证。这样持续下去，直到所有已知的问题都被修复，或者一些问题经讨论决定可以暂时不修复，这时开发工程师会提供一个最终版交由产品体系人员来验收。验收通过后，由产品体系人员决定何时上线。而上线并不是终点，产品上线后，依然需要有相应的员工时刻确保其运行的稳定性，这就是运维工程师。大多数情况下，程序一旦确定就会忠实地按照设定的逻辑去运行，并不会自行变得不稳定，因此运维工程师主要关注的是服务器端的硬件和网络环境。他们需要采用技术手段来监控各类参数，时刻保证服务器的硬件和由开发工程师编写的软件程序可以一起稳定地对外提供服务。同时，大量的产品运营工作也会从这时开始。

以上各职能构成了一个数字化团队的主要架构。除此之外，根据不同公司的业务特点，还有可能存在其他的相关职能，如参与运营工作的品牌经理，负责线下宣传设计的平面设计师，硬件及电子工程类的研发设计人员以及各类商务人员等。

一般情况下，一个数字化团队的最低配置应该包含产品经理、UI 设计师、前端开发工程师、后端开发工程师和测试工程师。传统行业的读者要特别注意，**想要做好数字化转型，产品经理和测试工程师不可或缺，数字化转型远非招聘一些开发人员就能完成的。**

4.2 数字化团队的一般组织架构

由 4.1 节的内容我们可以知道，一个典型的数字化团队需要诸多不同的职能来支撑。同时，数字化转型需要与企业的传统业务重度结合，因此组织架构的设计尤为重要。前文已经讨论过位于数字化"Y 路径"演化模型的不同阶段，在整体组织架构层面可以参考的不同设计方式。本节我们将重点讨论数字化团队内部的组织架构。总体上，可以参考以下几个原则。

1. 业务导向原则

业务导向原则的意思是，应以业务为基本单元，配置齐全所有需要的职位，从而组成一个团队。假设某创业公司拥有两条核心的业务线，从战略层面看，A 业务与数字化结合非常深入，应以数字化团队作为主导；而 B 业务则是以传统方式为核心，数字化人员更多的是配合角色，那么可以采用如图 4-2 所示的组织架构设置方式。

由图 4-2 可以看出，两个部门下面的组织架构的设置是一样的。第一，都是针对该部门的具体业务范围，配置所有的职能组。第二，数字化相关的职能组与其他职能组并行，不存在相互之间的汇报关系。不同的地方仅仅在于两个部门的负责人配置，A 业务部应配置有互联网背景的负责人，而 B 业务部则可以配置有传统业务背景的负责人，这两位负责人都是统管整个业务团队。这种情况下要注意，B 业务部整体的数字化能力往往会比 A 业务部弱。

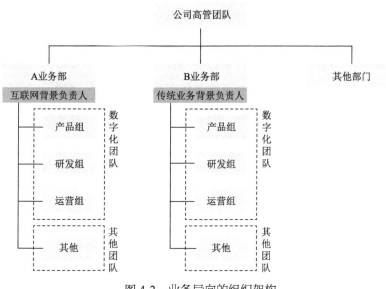

图 4-2 业务导向的组织架构

与业务导向相对应的是职能导向的组织架构设置方式，如图 4-3 所示。

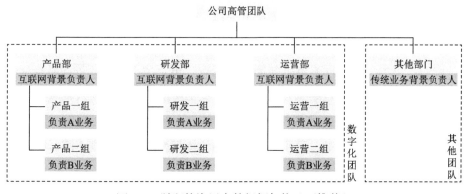

图 4-3 以职能为导向的组织架构（不推荐）

以上这种组织架构的特点是，数字化业务部门与其他业务部门完全平行，并且向各自的管理者汇报，甚至在数字化团队内部，把产品、研发和运营团队进行了平行排布。笔者并不推荐这样的方式。类似这样的方式在传统的业务范围内或许是可行的，因为在很多传统业务中，生产、销售、服务等相关环节是相对割裂的（有的公司甚至这些团队都不在同一个城市）。而数字化团队的不同职能组之间必须高效、频繁地沟通，其产品策划、设计、研发、运营等职能组之间往往要求进行更加深度的协同合作，并且会在协同合作的过程中相互影响。如果想要真正做好数字化转型，还需要完全打通数字化团队和其他团队之间的"部门墙"。想要让这些不同职能组的员工目标一致，协同合作，除了价值观和利益等方面的协调之外，最重要的方式就是在组织架构层面让他们同时向同一个负责人汇报，并且汇报层级不能太深。而以职能为导向的组织架构设置，恰恰与上述目标是背道而驰的，即这种方式实际上是在制造"部门墙"。

2. 长期负责原则

组织架构设置的另外一个原则是长期负责。前文曾经多次提到，数字化产品的生命周期往往很长，在整个生命周期中，并不是产品研发完成后交付使用，然后一直处于维护状态就可以了，而是需要不断迭代、优化产品。因此，不论是产品策划人员、研发人员、测试人员还是运营人员，都应该相对长期、稳定地负责某项特定的业务，而不应该频繁地被调动。数字化产品的研发与很多传统的偏工程的、短期的、以交付为目的的项目不一样，这意味着数字化相关的人力并不适合以"公共资源池"的方式存在。

例如，对于一家面向家庭的装修公司来说，每一个项目的工期可能在 1 到 3 个月之间。特定项目一旦结束并交付，除非发生质量问题，否则大概率不会再次投入人力。工程部分的先后顺序是相对确定的，而每一个阶段所需的工人的工作内容也是大体上标准化的，区别只是工人的熟练程度、细心程度不同。所以，装修公司完全可以使用"公共资源池"的方式来调配工人。例如，一个油漆工人完全可以前几天在 A 项目现场施工，完成后马上被调配到 B 项目现场施工。

但大多数数字化产品无法以上述方式运作，因为，大多数数字化产品需要长期迭代和优化。以微信为例，2011年发布了第一个版本，直到笔者写作本书时，其已经持续迭代、优化了10年之久，并且还在继续研发和迭代。对于游戏类产品来说，玩家很可能会喜新厌旧，生命周期相对稍短，但一般也有几年的持续时间。

如果企业的数字化项目都是短期项目——短期开发，长期维护但不进行优化，则不可能满足具体业务的变化和发展，也就谈不上转型。如果以数字化转型为目的，就必须要做更加长远的打算。产品的策划、研发、运营等工作持续时间较长，意味着新的功能叠加和新的代码叠加，需要基于对以往的业务逻辑深入理解的基础上才能高效、合理地完成，因此就需要工作相对稳定的人员去负责。

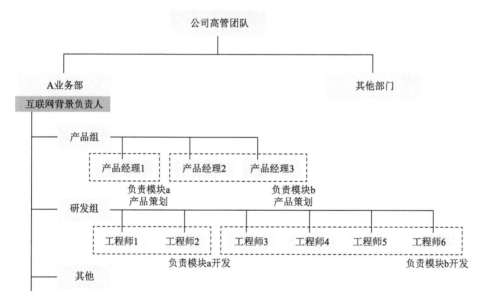

图 4-4　特定人员长期负责特定的产品模块

如图4-4所示为笔者推荐的组织架构。在图中，产品组一共有3名产品经理，其中，产品经理1长期负责"模块a"的产品策划，产品经理2和产品经理3则长期负责"模块b"的产品策划。研发组的6名工程师是一样的任务分配原则。这样的话，产品经理1与工程师1和工程师2会有更加紧密的合作，会经常讨论、对接等；

同样，产品经理 2 和产品经理 3 则会与其他 4 名工程师有更加紧密的合作。同时，由于 3 名产品经理在同一个组中，自然就会有很多的沟通和交流；对于 6 名工程师来说道理也是一样的。因此从整体上看，这样的组织架构加上任务分配的方式，更有可能搭建更高效的协作体系。

4.3　数字化团队的文化建设

每一家公司都会有自己的企业文化，本节我们不讨论使命、愿景、价值观层面的文化，而是讨论一个典型的数字化团队的工作氛围。这个氛围背后所透露出的就是数字化团队的文化。如果你是相应团队的管理者，参考这些文化要素可以优化整体的管理策略。

尊重专业

数字化团队的大多数工作并非流程化的生产，而是包含大量思考、策划和设计等过程，需要不断创新。这些工作需要具备极强的专业能力，而并非熟练即可，因此尊重每一个成员的专业能力，是优秀的数字化团队最重要的文化。在国内大多数成功的互联网公司中，其管理层大多是具有某种专业背景的管理人员，很少有纯粹的综合管理者。而管理者的专业背景往往很大程度上决定了公司或相应团队的基因。

然而，作为一个产品的总负责人，不可能在每一个专业领域内都拥有足够的建树。所以在优秀的互联网公司中，一般的做法是属于管理者专业范围内的工作，他会主导决策甚至亲力亲为；对属于管理者专业范围外的工作，他会在把控大方向的前提下充分尊重该专业领域内核心下属的意见，或者额外寻求一名该专业领域内的优秀合伙人。

如果你正在组建一个数字化团队，不论你的职位多高，一定要尊重团队中的成员的专业能力，否则你的员工可能会很快流失。

开放包容

开放与包容的前提是彼此之间的尊重和认同，具体的行为表现在一个典型的数字化团队日常工作的方方面面。

举个例子，在讨论方案的过程中，由于尊重彼此的专业能力，所以即使是下属也可以直接质疑上级的方案或观点；而上级一般不会由于受到质疑而愤愤不平，而是会与下属平等地沟通，从各自的专业角度出发来分析方案的优劣。如果经由讨论依然无法达成一致意见，由于上级是更大层面上的负责人，他可能会强推自己的方案，但是这种强推更多的是一种"担责"的行为，即由于下属是被动执行了上级的方案，所以一旦出现问题，大家都应该承认上级是第一责任人，而不是让下属"背锅"。

再举个例子，大多数互联网公司都不会要求员工的着装，因此在大型的互联网公司中你可以看到各种穿着的员工，有相对正式的衬衫、西裤加皮鞋的搭配，也会有很随意的 T 恤、短裤加人字拖的搭配，而运动服加运动鞋，连衣裙加小皮鞋或是更有个性的穿着也非常常见。如果你去参观过典型的互联网公司的办公区会发现，很多员工的工位布置都极具个性，一般情况下公司也不会干涉。只要不影响其他同事，你可以在工位上堆满各类与工作毫无关系的物件，如手办、鱼缸、书架、易拉罐等。

再举个例子，在大多数互联网公司中，员工会彼此尊重对方的喜好和习惯。比如在聚会时，喜欢喝酒的同事会喝酒，不喜欢或不能喝酒的同事则会喝其他饮料，而且一般不会遭遇其他同事的挤兑，更不会被劝酒，即使有其他同事来敬酒，大多数情况下也是点到为止。

因此，如果你正在组建一个数字化团队，尊重他们的喜好和习惯，才能获得他们的认同。

考核目标，而非管控行为

与销售、生产、客服等团队不同，数字化团队的日常工作行为很难被有效量化，大多数时候也并没有量化的意义。所以在绩效管理方面，行之有效的方式是考核目标的完成程度，而不是管控行为。

大多数互联网公司会定期制定业务目标，如半年目标、全年目标等，然后将这些目标拆分到各团队，并赋予他们相应的绩效权重。例如，假设某团队的年度目标有三个，分别是用户满意度提升20%、DAU提升30%，以及订单量提升10%。确定这三个目标后，一般会赋予不同团队不同的权重。例如，用户满意度主要与产品的功能和稳定性有关，可能产品团队和开发团队需要承担主要任务，如各自承担40%权重，而相比之下运营团队则承担次要任务，如承担20%权重；而DAU的提升主要与产品团队和运营团队有关，因此开发团队承担的任务权重就相对较小。

目标和权重一旦确定后，各团队都会在自己的职责范围内思考达成目标的办法。而管理者一般会在日常工作中给予指导和支持，在年底时根据具体的目标达成情况为不同的团队发放奖金。但是一般情况下，管理者不会过多地关注在这个过程中的团队的具体行为。例如，运营人员如果积极地维护社群，一般会有效地激发用户活跃度，但大多数情况下管理者不会考核每一名运营人员每天在社群中发言的次数，这其实也可以看作尊重专业的一种表现。

笔者曾见过很多试图管控数字化团队日常行为的公司，如考核每名员工每天在各项目上的工时，要求每名员工详细书写日报，甚至要求员工每天向上级详细汇报最新的工作进度等。这些手段大多数难以奏效，难以执行，甚至得不偿失。

如果你是一名数字化团队的管理人员，你应理解，对于"强脑力、强创新"的工作来说，目标的达成比过程的管控更加重要。管控行为只适用于标准化的作业，并不适用于数字化产品的策划和研发工作。

实事求是，避免形式主义

年轻人是数字化团队的主力，他们大多在改革开放之后出生，在市场经济的熏陶下成长，他们往往看不起虚无缥缈的承诺，以及形式主义的流程。

例如，很多互联网公司的员工都拥有极强的自驱力，他们会自主思考和优化方案，推动方案进度，甚至会为了一个优化点跟其他同事吵架。如果你的团队盛行形式主义，习惯于以完成任务的方式甚至敷衍了事的方式对待工作，那么最终的结果往往是优秀的、有能力、有自驱力的员工会离开，而留下的则大多数是混日子、能力差、缺乏进取心的员工。当今的年轻人有追求，同时又极度焦虑，很多人不满足于现状，如果他们认为在你的团队没有更好职业发展前景，他们便会离开。

如很多华而不实的制度，在年轻人的群体中是无法推行的，不但起不到作用，反而会引发员工与管理者的对立。例如，某公司财务部希望统计每名员工每天在各个项目上的工时，以便于精确估算每个项目的成本，于是推动公司管理层制定了一套工时填写和考核的制度，要求每名员工每天根据具体的工作内容，将耗费的工时填写在不同的系统界面中，并且还要求每天的工时总和要大于或等于 8 小时；粒度需要精确到半小时；工时的填写还需要与某内部系统上的需求关联。

显然，这个方案本身不具备可执行性。首先，数字化团队的工作并非流水线作业，可以相对精确地记录时间，他们的工作包含各种形式，如写文档、写代码、作图、开会、讨论、思考等；在具体工作中又可能会被同事打断，因为可能会有人找你确认方案或者讨论问题。因此具体的工时很难精确统计，很难与具体项目准确对应，更难在系统中与需求关联——因为类似开会、思考、讨论等，都难以归类到具体需求中。其次，一名员工的具体工作不可能在一天内是完全饱和的，所以一天的工时总和大于等于 8 小时这个规定，如果正常填写的话往往无法实现。

推行这样的制度不但会引起员工的抵触情绪，而且相当于在引导员工"作弊"。因为这样的制度根本无法执行，但是又要被考核，所以作为员工来说最后的做法就是乱填一通——事实也的确如此，而财务部显然没有能力去识别工时信息的真伪。这个故事最终的结局是，该制度执行了 3 个月后不了了之，大批员工不再主动填写，也无人再次提起。

如果你是一名数字化团队的管理人员，制定任何规章制度时都需要深入思考其合理性和可行性，实事求是，避免形式主义。

4.4 数字化团队的社会责任

所有企业都应承担起相应的社会责任。所谓的社会责任，除了做公益，努力为社会创造价值增量外，拒绝做对社会有害的事情也算作一种社会责任。俗话说，能力越大责任越大，使用数字化的方式往往可以做到很多以往无法做到的事情，但是作为一名管理者和决策者，必须同步思考这些事情有没有为社会带来不良影响，如果有，则有责任去投入资源消除这些影响，而非放任不管只顾自身发展。

举例来说，现在很多手机 App 都会或多或少地收集一些用户的信息，或者向用户申请使用一些特定的权限。但这些却不一定是其为用户提供服务的必要条件，有的甚至会倒卖用户信息或者用于其他用途。在安卓平台上，如果用户不授予某项权限，有的 App 会自动退出服务，以此迫使用户授予其相应的权限。

如图 4-5 所示为某电信运营商 App 的某个早期版本，该 App 启动时会向用户索取包括地理位置信息在内的诸多权限。如果用户不授权则会直接退出，但是从用户的角度并不认为使用它缴纳话费还需要告诉它精确的地理位置。显然，该 App 已经涉嫌过度收集用户隐私信息。类似这些问题，一方面要凭借企业的自律，同时政府相关主管部门也在同步行动。工信部会不定期地对各类 App 进行审核并且向群众提供了举报通道，在深圳，甚至通过立法的形式完全禁止了不全面授权就不让用的行为。

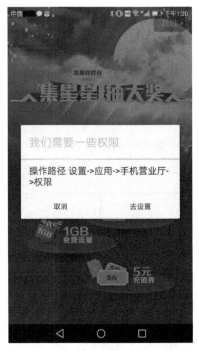

图 4-5　不授予相应权限即拒绝运行的 App

另一方面，社会责任的问题有时候不一定会体现为主观上想要"做坏事"，还有可能是其业务客观上对社会造成了一些不良影响。举例来说，外卖平台为我们带来了很多便利，也为商家提供了一条除门店外的有效销售渠道，并且创造了很多额外的就业机会，这是一个几方共赢的良好局面。然而，其带来的问题也越来越严重。一方面，在所谓的算法的不断催促下，对于配送小哥来说，超时成为一个可能带来经济损失的风险；另一方面，一部分配送小哥也的确有不遵守交通规则的习惯，而平台从一定程度上也在"纵容"这种习惯。这两种因素加在一起，就对一个城市的交通系统构成了巨大的威胁。具体来说，我们经常可以看到配送小哥驾驶电动车在城市的道路中快速穿梭，闯红灯、进入机动车道行驶、与机动车抢行等，扰乱了交通秩序。

以上这些问题除了有个人素质和规则制度层面的原因外，本质上还涉及一个效率与公正的问题，我们是否可以为了保证效率而牺牲公正？是否可以接受为了确保一部分外卖平台用户的送达时间，而使整个城市的交通变得更加混乱，并且让全体市民为这种混乱买单，这样是否公平？对于行人来说，是否需要为这些效率的提升而时刻担心电动车撞到自己，他们为什么要承担这些风险？对于开车的人来说，在过路口的时候是否需要更加小心，以防止有电动车突然窜出来而发生事故——大概率还需要承担赔偿责任？对于配送小哥来说，是否应该为了提升配送效率，以至于可以多接单，而置自己和行人的安全于不顾？对于订外卖的用户来说，他们真的特别在乎早几分钟或者晚几分钟送到吗？

以上这些问题，外卖平台有责任认真思考，是否应该放弃以配送速度为核心的评估体系，弱化甚至取消超时的罚款？是否应该开发相应的监控功能，如时刻监控配送小哥的车速变化，发现速度异常时及时干预，甚至在他违反交通规则时协助交警对其行为进行评估及处罚，是否应该经常对他进行安全教育？是否应该更加合理地设计相应的投诉机制，投入更多的人力去处理客户投诉，以便于让投诉更加公正？甚至是否可以结合平台自身的大数据能力及地理位置信息等，协助政府相关部门对电动车进行更加严格的监管并严格执法？但是显然，外卖平台们目前承担的社会责任还不够。

再来说共享单车，曾经风靡全国的共享单车服务其实跟共享无关，这些服务本质上是基于互联网的自行车租赁服务。但毫无疑问，类似服务已经成为很多城市上班族出行的必备工具，从用户价值角度来看是一类成功的产品。但是每一个共享单车的服务平台上只有一家供应商，就是这家公司自己，所以这样的模式必然导致其发展高峰期的竞争基本上是以"疯狂铺量"的方式完成的。疯狂铺量相当于大幅度扩大了单车的运力池，整体上看算是一件好事，但后来的发展却开始愈发失控。

很多共享单车的运营商只顾着铺量，但是并没有对故障车进行及时回收，以至于在一些城市中，大量的故障单车堆积如山，不但造成了极大的资源浪费，同时故障车无法正常使用却又堆积在路上未有效清理，在一定程度上反而对城市交通造成了干扰。或许你会认为在故障车的问题中，共享单车的运营商其实是受害者，不应对其过度苛责，但是这样的现状毫无疑问的是与其运营策略有关的。它们其中的一些公司资本估值曾经高达几百亿人民币，这个体量的企业应该更多地去思考生态发展，思考更加长远的战略，思考业务发展和社会公共环境之间的关系，并且针对有价值的思考来积极行动，而不应仅仅是"粗放经营"。另外，这些问题不仅仅是社会责任层面的问题，同时也关乎公司的未来。但是很遗憾，共享单车的热度退却后留给社会的很大程度上居然不是便利，而是堆积如山的单车"尸体"和故障车。如果你是企业数字化的决策者，特别是当你面临一个高速发展的新机会准备入局时，共享单车的故事值得你借鉴及深入思考。

最后，在运营层面上，企业及其数字化团队也应该承担起相应的社会责任。举例来说，大力发展数字化，最终的目的是给用户提供更好的服务，为了方便用户，但并不代表非数字化的方式可以完全停止服务。很多年前，微信支付和支付宝尚未完全铺开的时候，在某城市的地铁站售票厅内提供了大量的自动售票机。大多数时候，使用自动售票机购票更加简单和快捷，但是它也存在一些问题，比如，只能识别特定面额的纸币或者硬币，有一些机器甚至只能识别两种面额。这就造成了一些乘客手中没有合适的纸币而需要去窗口兑换的问题。奇怪的是，该城市大多数地铁站的窗口真的只提供零钱兑换业务，不售卖地铁票。既然对外提供了窗口服务，并且用户都已经到达了服务窗口，为什么不能直接售票呢？特别是一些老年人或者从外地进城的人，操作自动售票机可能会有一定困难，并且自动售票机对于钱币的识别也是有概率的，经常是五个硬币塞进去，只能正确识别其中 3 个，另外 2 个被不断地吐出，导致用户的购票效率不但没有提升，反而明显下降了。

如果这些服务的运营单位真的本着以用户为中心的理念行事的话，则不应该取消人工售票服务。毕竟对于一个服务提供者来说，确保用户在任何情况下都能顺利走通流程，是其本职工作。

如果你是数字化转型相关的决策者或管理者，那么在制定战略、拟定方向或与下属讨论具体方案的时候，一定要时刻提醒自己应承担相应的社会责任。这并不是单纯地从道德意义上的号召，更重要的是只有"做对的事"，才有可能使基业长青。

第 5 章
复盘：真实案例分析

本章将精选三个笔者曾亲自负责的数字化产品，基于前面的分析框架和方法论来为它们做一次复盘。我们会基于当时的真实情况进行一步一步地推演和分析，并试图对重大问题做出决策，给出具体的结合数字化的业务方案。这些决策和方案本质上没有对错，也希望各位读者不要去纠结对错。我们真正的目的是用这三个案例，把本书前面叙述的核心方法串起来，以便于可以更好地思考、运用和借鉴这些方法。

选择这三个案例是有原因的。"腾讯挂号平台"是一个成功案例，主要体现的是业务模式层面的创新；"腾讯在线咨询"是一个失败案例，虽然它在宏观层面的思考比较深入，但由于对一些客观条件判断不足，导致项目最终无法大规模复制；"数字化健身"则是笔者作为联合创始人亲身经历的创业案例，我们将会从底层的角度出发，从行业和战略两个方面来讨论数字化及其商业创新模式。

5.1 腾讯挂号平台（成功案例）

2015 年 3 月，当时笔者还在腾讯工作，我所在的部门接到了一个任务，希望我们全面研究"互联网 +"可以做的具体方向。当时，正在召开全国两会，会上首次提出"互联网 +"行动计划，"互联网 +"成为国家战略。

当时笔者所在的部门只有四五名产品经理，我们每人负责一个方向的深入研究，包括政务、金融、旅游和零售等，当时笔者负责的方向是医疗。在 2015 年，国内已经有不少与医疗相关的数字化产品，有的公司已经在这个方向上深耕了十几年，所以面对"互联网 + 医疗"这个大方向，笔者首先面临的问题是腾讯或者说我们部门应该如何切入这个领域。

5.1.1 战略：腾讯如何切入医疗行业

如何切入医疗行业？想要回答这个问题并不容易，笔者的方式比较常规，通过阅读各类研究报告，参加行业会议，结合部门的实际情况进行分析并给出建议。从整体上看，当时在做医疗数字化相关业务的公司中，其主流业务分类如下：

- 就医流程数字化（如挂号平台）；
- 医疗信息化系统（如各类 HIS）；
- 面向医生的医学资讯及社区（如丁香园）；
- 药品流通（如 O2O 买药）；
- 慢病管理（如腾讯糖大夫）；
- 其他方向。

而当时笔者所在部门的基本情况是：第一，部门拥有产品经理、UI 设计师、开发和商务团队，但是我们当中没有任何一位同事有医疗行业的经验。虽然招聘可以解决一部分问题，但是招聘需要时间，并且医疗是一个很庞大的体系，在具体产品方向尚未确定的情况下，很难有效地招聘到合适的人；第二，我们不打算做特别耗费人力、以工程为主的业务方向，而是打算以平台类产品或者新模式探索为主；第三，部门战略决定我们要以公立医疗机构为主要考虑的合作对象，暂时不涉及私立医疗机构；第四，暂时没有营业收入压力；第五，部门有一个入口资源，是微信里面的一个五级入口，虽然流量很小，但是聊胜于无。

基于以上前提条件，笔者试图将主流业务中不合适的方向一一排除。第一个排除的是慢病管理，理由有两个，首先，这是一个需要深入医学专业的方向，我们暂时没有相关的人力支持；其次，当时腾讯已经有另外一个团队在研发类似的项目，并且已经有一定的用户规模，我们难以追赶。第二个排除的是医疗信息化系统，因为不符合基本原则，这个方向是以工程为主，同时要强销售导向，而这些我们部门并不擅长。接下来排除的是医学资讯及社区，原因同样是因为这个方向太专业，一群完全没有医疗行业经验的人很难做起来。最后排除的是药品流通，这个方向其实很有价值，但是利益关系盘根错节，并不适合切入。另外，阿里在这个领域里已经有比较完善的布局，在这个时期我们也不太可能与阿里抗衡。

因此最后只剩下"就医流程数字化"这个方向与实际情况最为契合。而在这个方向上又有很多个重要的节点，包括挂号、问诊、支付、检验检查、电子处方、电子病历和医学影像等。经过不断的分析和讨论，在这些节点中我们最终选择了挂号作为切入点，理由很简单：挂号是距离医学专业最远的医疗服务，不需要"懂医疗"。同时，一旦腾讯有了挂号平台这样一个产品，它就可以成为一个商务拓展层面的"抓手"，部门的商务、产品方向的同事可以借挂号平台业务合作的便利去接触各类医疗机构，有机会更加深入了解医疗行业的问题和痛点，更好地做医疗相关业务的决策。

当时笔者尚未总结出数字化"Y 路径"演化这个模型，现在回看当时的情况会发现，医疗行业在当时整体上已经处于阶段 4，即效率提升阶段。下面我们再用数字化"Y 路径"演化模型来重新分析一下医疗行业。

由于医疗行业整体上已经处于效率提升阶段，所以医学资讯及社区这个方向已经不适合切入，因为这个产品更多的是上一个阶段的形态。上一个阶段形态的产品即使做出来，在当下也很难再做好，很难有价值增量。就像是如果在 2021 年你还试图去做一个类似新浪网一样的综合门户网站的话，一方面价值不大，另一方面也很难跟新浪网竞争。同样的道理，医疗信息化系统是阶段 2 的产物，更加"古老"。

剩下的三个方向，即药品流通、慢病管理和就医流程数字化都更加有可能与"效率提升"结合。但药品流通层面的效率提升通常并不取决于数字化能力，慢病管理的效率提升则需要很深的专业基础支撑。所以我们可以得到同样的结论，从就医流程数字化切入更加合适。

事实上，当时腾讯相对成功的两个互联网医疗产品——挂号平台和腾讯觅影，以"Y 路径"演化的角度来看，都是对应"效率提升"阶段的产物。

5.1.2　市场：网上挂号的实现方式及竞品研究

决定做挂号平台之后，紧接着必然要研究这类业务的实现方式，以及市场、竞品等情况。当时市面上的线上挂号类产品的实现方式主要有两种，笔者将其称为"直连方式"和"号源池方式"。

如图 5-1 所示为直连方式挂号的业务逻辑示意。顾名思义，直连就是医院在他们的 HIS 系统基础上提供接口能力，平台通过这些接口与 HIS 系统直接连接，实时通信。这样的话，当有用户来到平台试图挂号时，平台通过医院 HIS 系统提供的接口可以查询到相应的号源情况，如果有号，则可以马上通知 HIS 系统锁定，并将用户的个人信息传输给 HIS 系统，这样就完成了挂号。

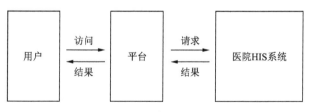

图 5-1　直连方式

直连方式是逻辑上最简单、最合理的挂号实现方式，但是它有一个致命的缺点，就是需要医院有能力提供接口，并且稳定运营。医院并不是专业的互联网公司，几乎没有足够的技术能力将这些专业的事情做好。具体来讲，当时全国只有很少一部分医院（少于 5%）可以提供连通 HIS 系统的接口并做好运维工作。另外有一部分医院可能请外包公司为医院开发了相应接口，但是医院担心无法承受互联网级别的访问量，或者出现安全性问题，以至于不敢将相应能力暴露在互联网上。而剩下的大多数医院则根本没有相应的接口，也无开发能力。因此直连方式虽然合理，但在操作层面并不可行。

针对这样的现状，当时国内一些做挂号业务的公司就与医院一起研发了另外一种方式，笔者称之为"号源池方式"，如图 5-2 所示。

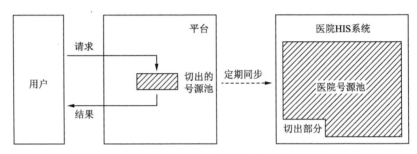

图 5-2   号源池方式

号源池方式的基础是一份商务协议。平台与医院达成合作，医院从其号源池中切出一小块号源作为该平台渠道的专用号源。这样的话，用户只需要与平台进行实时交互，平台自身明确其每天可以挂出多少号，在这个范围内直接记录用户的个人信息并给出用户相应的挂号成功凭证。然后平台通过定期同步的方式将这些用户的个人信息及其挂号信息发送给医院。

既然是"定期同步"，具体方式可以丰富多样。对于上文提到的第一类有接口能力并且有运维能力的医院来说，依然可以保持直连方式，与 HIS 系统实时交互。对于第二类虽然有接口能力，但是无法承受互联网级别访问的医院来说，平台与医院之间可以进行非实时同步，如每天只同步一次数据。在这种情况下，只要确保在第二天之前把第二天要去看病的用户信息同步到 HIS 系统，那么第二天用户到达医院后即可顺利取号。对于第三类连接口能力都没有的医院，也有办法解决，如平台每天自动生成一张 Excel 表格，其中载有成功挂到第二天号的用户信息，平台将这个 Excel 表格发送到医院信息科的一个特定邮箱中，然后信息科指派一名工作人员每天定时收取邮件，手工将 Excel 表中的信息录入 HIS 系统。虽然听起来很麻烦，但是也成功地解决了网上挂号的问题。

从用户角度来看，号源池方式同时也带来了一些不便，如用户体验层面的问题。

例如，有些医院只能在网上预约挂号，但是没办法挂当天的号，而很多看病的需求其实都是病人当下觉得不舒服需要去医院，不一定能等到第二天。这种现象很有可能是因为这家医院使用了号源池方式实现网上挂号，如果当天挂号的话是来不及与平台同步的，因此就直接屏蔽了挂当天号的功能。

比如有一些挂号平台可能没有"网上退号"的功能，如果要办理退号手续，则需要给医院打电话。这种现象很有可能也是由于医院使用了号源池的方式，但该医院的 HIS 系统并没有相应的接口，因此平台只能够以发送邮件的方式单向为医院同步数据。

有一些医院不但需要在网上挂号，到了门诊还需要重新排队，进行取号或者激活的操作。以当时深圳的某一家医院为例，用户在网上挂上号之后，会得到一串数字。用户到达门诊后需要先在一台自助机器上输入这串数字及手机号，然后自助机器会打印出一张单据，用户拿着这张单据再去挂号队伍排队，排到后把单据交给工作人员，同时出示自己的身份证或社保卡，工作人员在计算机上操作后才能真正完成挂号流程。这类现象的背后，可能依然是这些医院使用了号源池方式的缘故。很有可能你到达医院的时候，你的挂号信息还尚未录入系统，或者虽然已经在系统中，但是需要补全你的个人信息。对于完全没有接口能力的医院来说，平台每天会发送一张 Excel 表格给信息科，这些医院有可能直接把最新的表格放在内网的某台计算机中，当你去排队将号源激活时，实际上工作人员的操作流程是：通过网上邻居打开那张 Excel 表格，按 Ctrl+F 键，在搜索框里输入你的名字看看 Excel 表格里有没有你的名字，如果有，则证明你的确预约过了，然后再操作 HIS 系统给你挂号。

分析至此，我们可以得到一个初步的结论，即国内公立医院的数字化能力是不可能在短时间内产生飞跃的，如果我们要做一个挂号平台，基本上也需要沿用"号源池方式"来实现挂号。

另外，从市场角度来看，一方面，区域市场范围内整体上处于一个"群雄割据、各显神通"的状态；另一方面，如果放眼全国，当时尚无一家可以覆盖大多数城市和大多数医院的平台产品。

先说区域市场，对于相对积极推行网上挂号平台的医院来说，它们一般会与多个平台合作，所以平台之间的服务是比较同质化的——大家拿到的号源数量都比较少，挂上号的概率差不多。对于推行网上挂号平台不积极的医院，则需要靠平台的商务能力去推动，而不同平台的商务能力是不一样的，往往是 A 平台可以与这几家医院合作，B 平台可以与另外几家医院合作，重合度不高。

再说全国市场，由于当时大多数网上挂号平台都是区域性质的中小型公司在运营，或者是当地政府的卫生部门建设的专供当地使用的平台，所以基本上是各地各自为政，在服务层面难以形成一个全国化的统一平台。

基于以上市场及竞品分析结论，我们为自己提出了一个略显宏大的目标：在一年之内做一个可以覆盖全国的挂号平台。

5.1.3 定位：确定核心价值及变量

覆盖全国这个目标很宏大，需要深入思考方案和路径。从一个互联网产品经理的角度来看，实现所有的目标首先要有一个优秀的产品作为基础，所以如何在场景思维的驱动下做出对用户有价值、能用起来的产品是关键，其次则是长期地进行运营。

根据 5.1.2 节的市场分析结论，笔者认为当时挂号平台这个细分领域处于早期市场阶段，因为一方面在服务高度同质化的前提下，每一个平台上的号源池都不大，难以形成压倒性优势；另一方面是没有一个平台可以覆盖全国。结合"价值 - 体验金字塔"模型，对于早期市场来说，用户价值高于用户体验，因此应该把大多数资源投入在用户价值的创造方面。而对于挂号平台这样的产品来说，毫无疑问，其用户价值在于让用户挂上号的概率更高。只要能挂上号，线下取号的流程烦琐一些用户也是可以接受的。因此，针对"让用户挂上号的概率更高"这个具体目标，笔者结合"优势－变量推演"模型来梳理所有变量——其实即使不梳理，也能大概推断出这个有价值的变量一定跟号源池的大小有关，但是只有清晰地梳理一遍所有因素，我们才能更加明确发力点。

如图 5-3 所示，推演的结论是令人沮丧的。

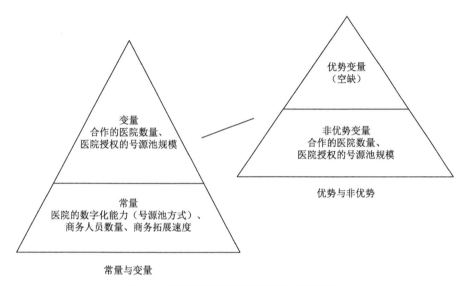

图 5-3　挂号平台变量推演结论（简化版）

先说常量，首先，医院的数字化能力是一个常量，短期内不可能有明显提升，因此，如果腾讯要入局挂号平台这个市场，则必须使用号源池方式来实现业务。

其次，既然需要沿用号源池方式来实现业务，那么最简单的方式就是派出大量的商务人员跟医院谈合作。然而，笔者所在的部门商务同事数量非常有限，并且商务同事的工作众多，没办法只为医疗业务"跑腿"；同时，我们的商务拓展速度也不可能比其他公司更快，当时的实际情况是，有些平台花了七八年的时间才谈下了几个城市的一部分号源而已，远远没办法实现全国覆盖。因此，与医院直接谈合作的方式理论上可行，但是商务资源是个常量无法优化，实际上并不可行。

再说变量，合作的医院数量肯定是变量，显然合作的医院越多，用户可以选择的范围越大，那么挂上号的概率肯定也会更高。同时，医院授权的号源池规模也是变量，医院可以给我们的号源池越大，用户挂上号的概率显然越高。分析到这里笔者发现进入了一个死循环——我们没有优势变量。

医院数量和号源池规模都要依靠对医院的商务拓展能力，而商务拓展能力不但是常量，并且可用资源很少甚至根本不可行。笔者尝试了更多的方法试图去放大商务拓展能力，但收效甚微。

然而，上面的分析过程并不是完全无效的，至少这个过程帮助笔者明确了两个结论。第一，挂号平台的核心价值一定是能够帮助用户更大概率地挂上号；第二，对医院商务拓展的方式一定是行不通的。这两个结论相当于为笔者之后的分析和思考划清了边界。

5.1.4　方案：分发模式的诞生

因为在上面的分析过程中已经明确了边界，所以笔者不再试图从商务资源层面作为突破口。其实在这个阶段笔者被现有挂号平台具体的业务实现方式给框住了，只要能够跳出实现层面，回归"帮助用户更大概率地挂上号"这个本质问题上来就能找到出路。既然挂号平台这个产品与医疗行业本质上关系并不大，那么为什么一定要以现有的医疗类产品作为参照来思考这个问题呢？可否回归互联网的视角？

最终，笔者想到了一个可行的方案——我们可以做一个分发平台。

分发是互联网上常见的产品形态之一。例如，携程本质上是一个机票、酒店的分发平台。我们在携程上搜索深圳飞往上海的航班会发现有很多班次，每个班次的机票又可以通过多个不同的服务商进行订购。携程自身并不产生机票，实际上它是通过网站、App 等方式将海量的订票需求吸纳进来，然后分发给与其合作的服务商完成售票。这就意味着对于某个班次的航班来说，只要其合作的任何一家服务商有票，在前端平台上就可以展示出来并且让用户购买。同理，百度本质上是一个网页流量的分发平台，手机上的应用商店则是一个手机 App 的分发平台。

如果我们的目的只是希望提升用户挂上号的概率，那么就不一定要做一个挂号服务平台，做一个号源的分发平台同样可以解决问题。因此最终笔者给出的方案是如图 5-4 所示的业务架构。

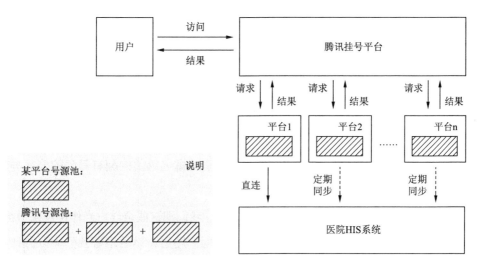

图 5-4 分发模式的业务架构示意图

于是笔者决定不去跟医院谈合作，而是让部门的商务人员跟全国排名靠前的挂号平台谈合作。腾讯挂号平台与这些平台连接，这样的话，当用户来到腾讯挂号平台试图挂号时，我们就可以去搜索与我们有合作的所有平台，任何一个平台如果有号，都可以提供给用户使用。

这样做的好处有很多：第一，节约商务资源，商务谈判的工作量大幅度降低，因为需要谈的机构可能只有 10 到 20 个；第二，节约开发资源，我们只需要承担与头部挂号平台之间的接口打通工作，而这些合作的平台与医院的连通方式不需要改变；第三，更加重要的是，这样的方式相当于将有合作的所有平台的号源池拼在了一起，最终可以实现"提升用户挂上号的概率"的目标，同时可以更快地覆盖全国。

当然，这样做也有一些坏处，比如最初的产品形态可能是一个类似搜索的方式，用户选好医院、科室、医生和时间之后，会像携程一样出现一个可以挂号的服务商列表，用户需要从其中选择一个（有的服务商可能需要用户跳转至他们的网页上）注册并绑定账号才能最终完成服务。但是结合"价值 – 体验金字塔"模型，一方面我们认为在早期的市场环境下这些都是用户体验问题，相比用户价值来说没那么重要；另一方面，所有这些体验问题可以后续逐步优化。

5.1.5　执行：如何构建商务闭环

方案是有了，但是紧接着要面对的是一个更加棘手的问题。分发模式只是在业务逻辑层面上可行，但是执行层面会遇到巨大的挑战，原因很简单，因为号源是一种相对稀缺的资源，如何才能说服那些全国排名靠前的拥有号源的公司与我们合作呢？

要回答这个问题，就要结合场景思维来看。我们把这些合作方当作用户来看待，去分析他们有什么需求，进一步细化他们的用户场景，然后思考我们可以做什么来满足其需求，从而换回号源的使用权。只不过这里的"做什么"并不是研发某种功能，而往往是指进行资源交换。因此笔者通过一些方式深入研究了这些做挂号服务平台的公司的盈利模式。

其中一类典型的盈利模式是流量变现，通过挂号这类相对高频的场景吸引用户使用产品，然后想办法将用户引导给可以盈利的业务。当时这些公司盈利的业务基本包括保险售卖、体检服务、医疗美容服务和疫苗接种服务等。

另外一类典型的盈利模式是外包开发。当时很多做挂号平台业务的公司都会同时承接一些来自医院的外包开发工作，他们做挂号平台的主要目的就是以此打通对医院的商务接口。

对于通过流量变现方式盈利的公司，构建合作的可能性在于我们的产品是否可以为其导入有效的用户。这一点相对困难，因为部门的微信五级入口实际的流量很小，虽然也有一些公司愿意合作，但整体上意愿并不高。而通过外包开发盈利的公司则对与我们合作更加感兴趣。在交流过程中笔者发现这类公司经常会提出一个明确的诉求，就是希望在挂号流程的某个步骤中展现一行字，如"xxx 公司提供技术支持"。深挖下来发现他们的用户场景是这样的：由于盈利模式主要是外包开发，所以会涉及大量的商务谈判，而在与公立机构的商务谈判中，成功的重要因素之一是要证明其技术实力。如果在腾讯的产品中可以注明其与腾讯的合作关系，则相当于腾讯为其提供了背书，从而可以证明其技术实力，利于谈判。

这个诉求听起来很容易，只需要显示一行字，就可以换回号源。但是在产品中显示"xxx 公司提供技术支持"这样的方式我们是不会同意的，因为这样容易产生误导。最终谈判的结果是，在腾讯挂号平台的业务流程中会显示一行字，但是这行字只能是"xxx 公司提供号源"，不涉及任何技术支持之类的信息提示。

5.1.6　迭代：号源优化与数据驱动

在最初的几个月内，我们成功接入了 4 个合作方的号源，如果以城市维度来计算，当时版本的腾讯挂号平台可以支持大约 89 个城市的挂号服务，分发模式初见成效。但是很快我们就发现了新的问题，有一些医院或者科室似乎总是挂不上号。

出现这种情况有两种可能：第一种可能是有一些热门科室或者医生的号源紧张，所以难以挂上号；第二种可能是这些号源是假的。如果是因为号源紧张所以挂不上号，那么也算是正常现象，是可以接受的；但如果是虚假号源，则应该将其下线。那么，面对 89 个城市，数以百计的医院和数以千计的科室，如何才能有效地找到虚假号源呢？直接去问合作的公司他们也许不会很好地配合，这时就要动用运营手段进行数据分析了。

笔者让开发同事写了一段脚本程序，每隔一段时间就通过接口把所有科室层级的号源全部读取一遍，并且记录其状态。对于挂号平台来说，号源的状态大体上分为三类，即可以挂号、无法挂号但有排班、无法挂号且无排班。具体逻辑是这样的，对于一个科室来说，首先看这个科室今天是否有排班，即有没有医生上班，在有排班的前提下，才看当下是否有剩余号源可以挂号。

数据全部读取完成后，汇总所有数据，然后进行统计。最终的结果是，大约有 49% 的科室状态为"可以挂号"；约 5% 的科室状态为"无法挂号但有排班"；剩余约 46% 的科室状态为"无法挂号且无排班"。这些数据如何解读呢？首先，49% 的可以挂号的科室显然是正常的，没有问题；其次，5% 无法挂号但有排班的科室可能是热门科室，即有医生上班，原本有号，但是程序去请求的那个时间恰好挂完了；最后，46% 无法挂号且无排班的科室就比较可疑了，这些科室有可能是虚假的但并不绝对，因为也可能有一些科室并不是每天都有医生出门诊。

因此下一步就是重复运行这段脚本程序，收集足够多的数据。经过一段时间的重复运行，我们大概拼凑出了每一个科室在一天 24 个小时的号源状态情况。在上面提到的"无法挂号且无排班"的科室中，约 89% 的科室连续 7 天都是该状态，约 2% 的科室则是偶尔返回"可以挂号"的状态，还有约 9% 的科室偶尔返回"无法挂号但有排班"的状态。此时已经比较明确了，如果一个科室连续 7 天都没有医生上班，基本上可以确定这些是虚假号源。因此笔者首先做的事情是将这部分科室全部下线，下线后，腾讯挂号平台可以支持的城市下降到约 56 个，医院也少了 100 多所，但是换回的是用户真的可以挂上号。

那么，剩余的 2%+9% 的科室是什么情况呢？因为剩下的科室数据量已经不大了，所以采取了人工分析的方式。最终发现，有一些可能是由于系统 bug 或者系统不稳定的原因，另外还有为数不少的"医技科室"，如类似于"影像科"类型的科室。甚至还有"信息科"，显然，信息科是不出门诊的，即不可能挂上号。究其原因，可能是某些平台的数据清洗做得并不完善，仅仅是将合作医院的 HIS 系统中的全量数据读取出来后直接进行了存储，并未将这些不可能挂上号的科室一一清除。因此最后这一类科室也一并做了下线处理。

至此，我们已经基于数据分析筛选出了那些真正有效的号源，可以更好地为用户服务了。后来，我们将筛选号源的逻辑做成了一套"号源质量优化算法"，按照一定的节奏去读取各个合作方的号源情况并做判定，将无效号源自动下线。一方面我们继续拓展平台合作，一方面优化号源质量，最终只用了大约一年的时间，腾讯挂号平台的号源就覆盖了全国 100 多个城市中的 2000 多家公立医院。2018 年笔者离开了这个部门，后来这个产品被整合到了现在的"腾讯健康"体系中并被继续优化迭代。现在打开微信，点击"我"—"支付"—"医疗健康"，还能看到挂号平台的后续版本，挂号功能依然在为全国的用户提供服务，总体上讲，该产品算是一个成功的数字化产品。

5.2　腾讯在线咨询（失败案例）

挂号平台为"就医流程数字化"这个大方向开了个好头，之后部门继续切入问诊、支付、处方和医疗影像这四个环节，其中：

- 支付环节对应的产品是"微信医保支付"，可以将社保卡与微信绑定，使用手机直接通过社保方式结算；
- 处方环节对应的产品是"处方流转平台"，医生的处方可以流出医院并在院外进行有效性识别，以使患者可以购买处方药；
- 医疗影像环节对应的产品是"腾讯觅影"，前文已经多次提到过，这是一套基于 AI 的医疗影像识别系统；
- 问诊环节对应的产品是"在线咨询"，我们希望以这个产品为核心，配合挂号、医保支付、处方流转等产品，构建一套线上和线下相结合的新型诊疗模式，笔者当时是在线咨询这个产品的负责人。

如果延续之前的思路，在线咨询这个产品其实也可以使用分发模式去构建，但此时部门对战略方向进行了一些调整，互联网医疗这个方向更多的是 2B 服务，并对新型的诊疗模式进行探索。如果是 2B 服务的话，那么再做分发就没意义了，因此相当于笔者需要重新思考在线咨询这个产品的整体战略方向。

5.2.1　战略：如何"撬动"医院参与在线问诊

挂号平台的用户模型比较简单，就是想要去医院看病的患者（商务逻辑部分只是把合作方看成用户来分析问题，他们并不是真的用户）。而在线咨询这个产品其用户模型就变得更加复杂多样了，由于我们的思路是通过与医院合作来获得医生资源，从而构建在线上对患者提供咨询的能力，因此对于这款产品来说，至少涉及三类用户模型，即医院管理者、医生以及患者。医生是资源的提供方，有了医生才能开启咨询服务；患者是资源的消费方；而医院管理者则需要在这个服务过程中进行合理的监管。

在战略层面，必须先分析清楚这三类用户的需求和痛点，这样才有可能找到产品策划的大体方向，而方法则是基于专家访谈、研究报告和宏观政策等进行综合的分析。

医院管理者

在"就医流程数字化"相关的大方向上，对于一个公立医院的管理者来说，他主要会关注两大类问题，第一类是医院线下的流程效率问题，第二类则是医院对于一些宏观政策的配合甚至应对问题。

效率问题容易理解，我国的大型公立医院的门诊基本上每天都是人满为患。人多会引发很多问题，如长时间的等待造成患者情绪产生波动，人群聚集容易造成交叉感染，医生由于长时间高负荷工作导致服务态度变差，甚至有可能引发医患矛盾问题。如果有某种机制可以缓解上述问题，往往会得到医院管理者的关注。

对宏观政策的配合及应对问题比较复杂，作为公立医院，一般需要积极配合并执行国家的政策，而这些政策在具体的医院中并不一定都能顺利执行，甚至有一些政策对整个医疗行业和公众有好处，但会影响医院的利益。这里以当时受关注程度较高的两个政策——"分级诊疗"和"多点执业"为例来说明。

"分级诊疗"简单来说就是希望将所有医疗机构分级，使患者能够去合适的机构就诊，而不是所有患者都聚集到大型的三甲医院里。这是一个很好的想法，但是在实际执行过程中会遇到种种困难。一方面是一部分患者的观念问题，他们只相信大医院的专家，不相信社区医院或者小医院的医生。但是这个问题随着时间的流逝变得越来越不重要，因为持有这种观念的基本上是老一辈的人，现在的年轻人其实对专家并没有那么高的依赖度。另一方面其实是一个操作问题，简单概括来讲就是去社区医院或者小医院就诊并不一定比去大型的三甲医院就诊更方便、快捷。造成该问题的原因很多，例如：不同级别的医院可以开出的药品清单是不一样的，社区医院和小医院有一些药无法开出；社区医院看病的患者可能不多，但是打疫苗、静脉滴注、处理外伤的患者众多，即总体上的患者数量对于自身体量而言也并不少；再加上由于基础数字化能力问题，当时国内的大多数社区医院和小医院并没有被网上的挂号平台所覆盖，也就没办法预约某个时间段的号源，只能到现场挂号，因此挂号和排队等待的时间不一定更少。基于此，对于很多患者来说，反正都要出门去医院，还不如选大型的三甲医院。

"多点执业"的意思是，希望符合条件的医生可以同时在多个医疗机构执业，这样有利于医疗资源的合理流动，有利于基层医疗水平的提升，甚至有利于医生个人收入的提升，本质上也是一个很好的政策。但是这个政策会在一定程度上造成医生和原执业医院之间的对立，因为它将这两者的利益一定程度上放在了相互对立的位置上。医生或许有多点执业的需求，不论是考虑到收入，还是科研；但从医院的角度来看，会认为医生的行为一定程度上是对医院的"背叛"，因为医院培养医生需要耗费很多资源，多点执业则相当于自己培养的医生一定程度上流失掉了。因此一方面，公立医院需要配合执行这些政策，另一方面，很多医院主观上其实是不愿意看到医生多点执业的，以至于一些医院会找各种理由阻碍流程推进，甚至有些医院直接扣留医生的相关资格证书，防止医生"跑路"。

同样，如果有某种机制可以帮助医院缓解上述问题，也会得到医院管理者的关注。

医生

我们再来看医生这个群体，他们在日常工作过程中也会遇到不少的问题，比如工作压力和看诊效率的问题，以及职业晋升压力的问题。

首先是工作压力及效率问题。不同科室的医生其门诊的工作强度也不一样，但是大型三甲医院的医生门诊量一般都不小，有的科室平均一名医生每天要接待近百名甚至更多的患者，毫不夸张地说，一些医生在工作时连上厕所的时间都没有。与此同时，很多医生看病的过程其效率并不高，例如需要不断地跟不同的患者讲解同样的注意事项。这意味着如果有某种机制可以提升医生的工作效率，则会很受医生的欢迎。

其次是职业晋升压力问题，国内的医生必须兼顾治病和科研。如果想要获得职业晋升，就必须要参加各类考试和发表科研论文等。而科研的基础很大程度上又来自对实践的总结，这就要求很多医生必须要见过、治疗过、分析过很多典型患者，甚至疑难杂症的患者，这样才有可能在科研层面有所突破。因此，如果有某种机制可以让医生接触到更多有代表性的病患，这也是医生所需要的。

患者

对于患者来说，问题就更多了。

首先就是所谓的"三长一短"问题，即挂号、看病、取药排队时间长，医生问诊时间短。其实问诊时间短并不是问题，只要能治好病，大家并不在乎问诊时间，只不过这段时间跟前面的"三长"相比实在是太短。总体上这类问题的本质是患者会在医院耗费很多无谓的等待时间。

然后是流程烦琐的问题，患者往往需要拖着患病的身体在医院的相应楼层间活动。例如，在医院门诊一楼挂号，然后到五楼某科室前台激活挂号，等待医生叫号，向医生描述病情。医生如果开具了检验 / 检查项目，还需要排队缴费，前往检验楼层继续等待，叫号后在医生的帮助下做具体的检验 / 检查项目。所做项目的最终报告一般不能马上出来，有的可能要等几十分钟，有的则长达几小时或者几天。所以患者要么继续留在医院等待报告结果，要么第二天或者过几天再到医院取报告。有时需要再次挂号、激活挂号、等待叫号，然后找医生确诊。这还没完，不论是药物治疗还是其他方式治疗，后续还需要再次经历排队缴费、等待医生治疗等环节。

如果有某种机制可以减少患者的等待时间，平复患者的焦虑心情，让就医流程更加简单，那么它也会受到患者的肯定。

在线咨询这个产品必须要同时满足上述三类用户的需求，才有可能产生价值。由于是跟公立医院合作，所以医院管理者这一关如果过不了，这个服务就根本没办法开展；而即便满足了院长的需求，但医生和患者不买单，则没办法有效地把产品用起来。因此这个产品在策划层面的难点就是，必须要平衡这三者的需求。

经过细致的分析推导，笔者得出了在当前整体部门战略的作用下，在线咨询这个产品应该遵循的大方向：

- 首先，产品必须要符合宏观政策的大方向，能够帮助医院管理者更好地应对新政策带来的挑战；
- 其次，要让医生比较方便地使用这个产品，让他们可以利用碎片时间在线上工作，并且有明确的收益；
- 最后，必须能够实际地解决或者缓解患者面临的问题，其中最重要的就是提升效率，缩短患者的等待时间。

5.2.2 市场：在线问诊类产品的优势和问题

带着已经明确的大方向，紧接着要做的事情是研究市场状况。当时，市场上主流的在线问诊类产品只有一种商业模式，即平台模式。

当时，几乎所有的在线问诊类产品都是做互联网平台的思路，具体逻辑是：构建一个平台，一方面通过商务能力去拓展医生，让医生在线上为患者提供服务；另一方面去拓展流量，让患者知道有这个平台，并且付费向医生咨询。这样的模式有好的一面，也有不好的一面。

先说好的一面。互联网平台模式因为所有流程都是在平台上进行，因此几乎可以完全规避与公立医院合作的障碍。例如，不需要医院做任何工作配合这个业务，不需要与医院的任何数字化系统打通；可以绕过医院直接与医生建立商务合作，以便于提升商务拓展的效率。另外，平台模式对于患者来说也有好处，因为商务拓展的效率较高，所以在平台上会有大量的医生供患者选择。

再说下不好的一面。如果抛开产品层面站在更高的位置来看，特别是如果结合上面提到的医院管理者、医生和患者面临的问题来看的话，就会发现一些不好的地方。

首先，互联网平台模式本质上是绕过了医院直接跟医生合作。医生一方面在医院执业，另外一方面在网上为患者解决一些问题，其整体的大方向符合"多点执业"等政策的倡导。但是这种方式可能会放大医生与医院之间的矛盾与对立，有一些医院担心医生在网上提供咨询服务从而影响工作；也有一些医院明令禁止医生上网提供服务。

其次，由于全部流程都是在医院体系之外进行的，所以互联网平台模式没办法构建完整的诊疗闭环。在网上，患者只能进行一些简单的咨询，如果遇到仅通过图文无法确诊的症状，那么患者依然需要前往医院就诊，同时，在网络平台上也没办法使用各类检验/检查手段来辅助诊疗。因此，对于医生来说，他在网上提供的建议需要非常谨慎，以免造成误诊。同时，即使可以确诊，一般也只能给一些用药建议。由于缺乏合理的"处方外流"能力，因此当时的情况是线上一般无法开具处方药，如果需要使用药物之外的治疗手段，也没办法有效地提供。

再次，所有的互联网平台都会将流量向头部资源倾斜，具体到问诊类的服务，其流量往往会向知名医院的医生倾斜——不论是平台有意识这样做还是用户自主的选择行为。所以在一定程度上，这类服务加重了医疗资源分配的不平衡。

5.2.3　方案：基于公立医院的在线咨询

现在，目标已经很清晰了，笔者必须设计一套方案，在部门 2B 的新战略下可以平衡医院管理者、医生和患者这三者的需求与痛点，同时还要具备一定的前瞻性——这样才符合部门的另外一个战略，即探索新型诊疗模式。

在整体的业务模式层面，基于上述分析，方案的基本轮廓已经显现。描述如下：

第一，在线咨询这个产品首先应该是一个隶属于医院的服务，而并非像腾讯挂号平台一样是一个平台型服务。事实上，这个产品并没有利用任何腾讯的入口，而是以 H5 网页的形式内嵌于医院的公众号内。不知情的用户完全不知道它是腾讯的产品。

第二，这个产品必须可以提供完善的监控能力，并且沉淀所有在咨询过程中产生的数据，供医院管理者随时查阅。

　　第三，如果希望构建新型的诊疗模式，则必须打通医院的各类系统。腾讯不可能去做打通工作，所以生态层面必须让服务商一起加入，在产品设计层面要为服务商预留利益点。

　　基于上述规划，笔者决定针对三类用户讲三个不同的故事。这三个不同的故事其实也回答了一个基本的问题：为什么他们要用这个产品？

针对医院管理者

　　在线咨询可以有效地缓解上面提到的"效率问题"和"政策应对问题"。

　　在效率方面，在线咨询可以成为大型三甲医院门诊的"缓冲区"，医院可以通过各类宣传途径让患者知晓在来院就诊之前可以先在网上进行"预问诊"，并且可以将一些常识性和共性内容提早告知患者。而来医院就诊之后，如果在用药等方面有其他问题，也可以在线上咨询医生。另外，对于慢性病等需要监测或者需要定期开药的场景，也可以先在线上完成一些前期的工作，以提升门诊的工作效率。

　　在政策应对方面，在线咨询同时也可以看作大型三甲医院的一个"分流器"。对于部分常见病的轻症患者、复诊患者，以及一些科室常见的非病症类咨询（如妇科和儿科）等，完全有可能在线上直接解决他们的问题；而对于线上无法确诊或无法给出诊疗方案的患者，则可以引导他来院接受更详细的问诊，或者直接预约医院的检验／检查。这个方式本质上就起到了"分级诊疗"的作用，使很多轻症患者以更轻松的方式解决问题，避免占用线下资源。对于医生来说，如果希望去其他机构执业或者与其他问诊平台合作，最核心的动力无疑有两个，即提升收入和遇到更多典型的患者（积累经验推进科研）。如果医院主动开设线上咨询服务，并且能够很好地在线下与就诊的各个环节进行联动，则在一定程度上能帮助医生实现这两个需求，从而减少医生的流失[1]。

---

[1]　在现实情况中，公立体系下的很多医生并不愿意去收入更高的私立医院执业，因为这将使他脱离优越的公立医疗体系。大部分患者是"认医院不认医生的"，如果既能留在公立医疗体系，又能赚到"外快"，即使总体收入不及私立医院，很多医生也依然愿意留下。

当然，率先上线在线咨询服务并且配合度较高的医院，我们也会给予更多的支持。如果服务运营得好，对于医院管理者来说也是一个不错的政绩。

针对医生

针对医生的两个典型诉求，在线咨询服务也可以在一定程度上得到满足。

首先是提升收入，在线咨询适合医生使用碎片时间来回答患者的问题，并且向患者收费。对于很多基层的年轻医生来说，坚持服务可以获得一笔可观的收入，并且并不需要耗费太多的时间。例如，我们合作的某所医院排名最靠前的医生，他通过在线咨询服务每月就可以获得上万元的收入。

其次，在线咨询服务本质上也可以成为医生的一个"获客渠道"，从而有利于医生接触到更多的典型患者并积累经验，以便于更好地做科研。

针对患者

对于患者来说，最大的好处就是对于一些轻症、复诊咨询、用药咨询、日常问题（如处理婴儿的一些问题）等，可以先在网上询问。由于是线上咨询，所以并不需要无谓的排队等待，完全可以一边做自己的事情，一边等待医生回复。

而对于一些"不知道去医院能否解决"的问题，也可以先在线上与医生沟通，然后再采取下一步行动。以前，对于一些居住在乡镇地区的患者来说，去往大城市看病需要付出高昂的成本，因此很多患者都是病情严重后才前往大医院看病，而这时往往已经错过了治疗的最佳时期。有了在线咨询服务后，患者完全可以先在线上与医生进行前期沟通，附带相关的病历、资料等，医生也可以据此做一个初步的判断，还可以帮助患者预约挂号、预约检验/检查日期，甚至预约手术。这样，患者如期到达医院后即可更快速地执行治疗方案，节约更多的时间和成本。当时我们合作的医院中就有过多次异地咨询的案例，他们都是居住在县城或乡镇中的患者，想要前往省会城市或区域中心城市去看病，但又拿不定主意的情况。

另外，其实对于这个方案我们还有更高的期待。因为咨询或问诊这个场景是整个医疗流程的核心，所以我们希望以此为抓手，在线上把整套流程打通，并且连接线下的其他能力来构建一套线上线下相结合的新型诊疗模式。

我们自身已经有挂号平台、医保支付和处方流转这几个产品，如果再加上在线咨询这个产品，则可以更加密切地实现联动。在"就医流程数字化"这条线上，将能够线上完成的环节尽量都在线上完成，以便于提升医疗机构的整体效率。要做到这一点，需要与医院的各类系统打通数据，业务逻辑也需要联动。这些工作可以交由合作方来完成，医院或者第三方付费[②]。这样的话，整个新型的诊疗生态即可初步构建。

5.2.4 反思：为什么这是一个失败的案例

最终，这套在线咨询方案在几家大型的三甲医院落地并很快看到了成效，同时也很快出现了问题。问题的导火索是，最终我们和大多数院方都发现，有一些关键节点在当时的大环境下无法有效突破，最具代表性的是支付环节。由于这是一套基于公立医院的服务，所以要想对外收费，必须要符合一系列的政策要求，但显然，收费标准中并没有"在线咨询"这一项。而对于医院来说，如果没有明确的政策支持，就很难合理、合规地收费，如果没办法有效收费，则没办法调动医生的资源积极地为患者提供服务，最终这个业务就完全没办法运转起来。有个别的医院公关能力比较强，可以推动当地政府发文支持，但大多数医院没有这个能力或意愿。而我们所设想的新型诊疗模式，在个别医院其流程已经"跑通"，但是由于受上述原因及其他因素的影响，最终也未能实现。

然而，支付问题仅仅是整个模式中的一个断点而已，如果深入反思这个产品的失败原因，笔者认为，当时的团队在策划这个产品的过程中，不自觉地落入了笔者一直在反对的工程思维中。

---

② 第三方付费是医疗行业中的一个常见的商业模式，整体逻辑涉及医院、服务商和银行三个角色。具体方式为：服务商为医院开发软件，医院不付费，而是由银行向服务商付费。同时，医院在该银行开设账户，承诺以此账户收款。大型医院的现金流水非常可观，将成为银行信贷业务的基础。在整个模式中，医院免费获得了软件服务，服务商获得了收益，银行获得了存款并以其为基础赚更多的钱，三方共赢。

首先，前文提到的针对不同用户角色的所有好处，其实都只是在理论上成立而已，在实际执行过程中会出现各种各样的小问题，这些小问题积攒在一起会严重削弱这些好处。例如对于医院管理者来说，线上咨询的大方向与分级诊疗和多点执业所想要解决的问题的确是一致的，但是需要大力动员医生进行上线服务、需要监控数据等，这会增加管理成本，由此可以说我们给的方案其实并不完善。同时，线上咨询服务的开展需要一个过程，就像前文多次提到的，数字化产品一定要配合运营，但大多数医院除了在门诊楼摆放宣传资料外，并没有很强的运营能力，而我们当时也实在没有人力去帮助医院做更加有效的运营工作。

其次，在实际合作过程中，每个医院都会有自身的诉求，这跟挂号平台合作的场景完全不一样。而我们当时并没有在较短的时间内搭建起解决类似问题的方案，一方面，我们是不可能做定制化开发的，不论是人力还是成本都不允许，战略方向也并非类似方向；另一方面，有一些功能的确是医院在运营服务过程中需要的。这类问题的标准解法应该是腾讯来搭建平台，然后请服务商完成定制化开发的部分，但是搭建这套生态系统需要相对较长的时间。

最后，虽然我们对于"新型诊疗模式"的探索也只是试探性的，但是依然低估了其客观难度。上文提到，对于医疗行业来说，至少是在目前的阶段应该以医疗机构为主体，数字化能力作为支撑，但是在当时，对于这类新型诊疗模式的探索，公立医院并没有表现出很大的兴趣，甚至大部分医院处于畏缩不前的状态。在任何数字化转型过程中，如果作为主体的机构没有坚定的决心，那么其他力量再如何赋能都是没意义的。事实上，纵观到今天为止真正成功的数字化产品会发现，要么是行业主体本身有强烈的转型意愿，并且有足够的能力和决心；要么是在合适的领域内，互联网公司直接重构或颠覆原行业。前者的典型代表有贝壳找房、VIPKID和学而思等；后者的典型代表则是各类打车平台，以及美团、携程和富途等。而处于中间状态的行业，行业主体本身意愿不强甚至持相对被动的态度，同时，由于网络效应和门槛限制问题，互联网公司暂时无法大规模重构的那部分行业在数字化领域基本上都是处于缓慢而僵持的状态，如医疗、汽车和智能家居等。

5.3 数字化健身（创业案例）

接下来要分享的是我的一段创业经历，这是一个不算成功但也并不算失败的案例。完全的成功和彻底的失败其实都是小概率事件，因此类似这样的案例才是数字化业务中更加常见的状态。另外，在这个案例中，数字化的"思维"属性得到了更明显的体现。

2018年，笔者接受了一位著名企业家的邀请，从腾讯离职与其一同开始创业。我们打算从健身业务切入，最终转向健康管理方向。因此首先我要做的是深入研究健身行业的核心商业模式。

5.3.1 战略：如何突破健身行业的窘境

很遗憾，笔者研究后得到的结论是，国内整个健身行业都面临着一种窘境，传统的健身服务行业其商业模式几乎不成立。同时，正是由于商业模式的问题，这行业为了生存，才会形成一种"强营销、弱服务"的运营模式，甚至以欺骗、威胁的手段逼迫客户交钱，最终使口碑变差，然后倒闭[3]。下面笔者从资产、频率、客单价、覆盖范围和覆盖场景这五个维度来分析一家传统健身房的商业模式的优劣之处。

首先看资产层面，传统的健身俱乐部显然属于重资产，一家标准的健身俱乐部一般需要 $2000m^2$ 左右的场地，这意味着需要付出一大笔房租，并且不论其经营状况如何，房租都会成为固定成本；同样，购买器械、维护器械所需要支付的费用也很高。显然，越是重资产的行业，对投资规模的要求就越高，并且有可能利润率较低，发展速度也较慢。

其次看频率，健身可以说是一个低频服务，即使是健身爱好者，一般一周去两三次健身房已经算是比较频繁了；而大多数以减肥为目的的客户可能一两周只

---

③ 并非所有健身房都是如此，在国内的传统健身俱乐部中也有相当一部分正在努力做好服务，但是整个行业的风气比较差，强营销、弱服务也是该行业的普遍状态。

会去一次，并且不会坚持特别长的时间。相比于餐饮、交通或者网络游戏等服务来说，健身是一个低频服务。越是低频的服务，在其他条件相同的前提下，现金流可能会越差。

重资产并且低频，这是一个非常糟糕的组合，前者意味着经营一个健身房需要投入很多资金，后者则意味着接单的机会不多，这两个维度加在一起已经基本上为这个行业定调了，所以我们再来看一下客单价。如果客单价很高，那么就可以弥补重资产和低频带来的问题，基础的商业模式从逻辑上讲能跑通；如果客单价不高，那问题就比较严重了。仅从数据来看，传统健身房的客单价并不算高，占比较少的私教客户平均每年可以为健身房贡献 7000 多元的收入；而占比较大的年卡客户平均贡献仅 2000 多元[④]，相比于昂贵的场地租金和其他运营成本来说，整体的财务状况显得捉襟见肘。

因此，重资产，低频率，加上客单价相比于投入来说着实不高，这样的现状决定了传统健身房的基础商业模式的成立是很勉强的。超级猩猩的创始人曾在一次对外演讲中说：健身行业是"差中最差"的行业。

另外，作为一个要开线下店的项目，除了资产、频率和客单价之外，笔者还附加了另外两个维度的分析，分别是覆盖范围和覆盖场景。

投资线下业态时要考虑其服务半径，即其服务能够覆盖多大的面积，有效面积乘以渗透率就是服务实际的获客天花板。不同的业态，其覆盖范围显然是不一样的，我们有可能乘车 30 分钟去一家大医院看病；有可能开车 1 小时去郊区的农家乐过一个周末；也有可能乘坐 3 个小时的飞机去往另外一个城市看一场演唱会。但是大多数人并不会打车去另外一个片区的健身房健身。我们认为，一家传统健身房的覆盖范围的极限大约是其方圆 3 公里以内，这个范围是极其有限的，特别是考虑到健身并不是一个大众刚需，因此在这个有效面积内的获客天花板非常低——显然，这又是一个坏消息。

最后一个维度就是这个健身房项目能够覆盖的场景，有的业务只能满足客户

---

④ 相关数据来自《2018 中国健身行业数据报告》。

单一的需求和场景，而有的业务可以满足很多种类的需求和场景，或者可以一个主业配合众多副业来经营。同样是经营，显然后者更有可能获得更多的客户并转化更多的订单。然而对于传统的健身房来说，健身这个业务能够搭售的其他服务很少，基本上只能卖一些饮料和健康餐等，而这些无法明显地提升健身房的收入。

上面这五个维度如果有任何一个维度可以得到足够明显的优化，就可以构建一套更加完善的商业模式。

首先来看资产维度，例如超级猩猩这个新型的健身服务公司，由于它只做团课业务，所以可以只租赁很小的场地（相当于传统的健身俱乐部几分之一甚至十分之一的面积），这极大地缓解了重资产问题，商业模式得到了明显的优化。虽然其业务模式在其他维度上也有诸多创新，但笔者认为资产层面的优化是所有创新的基础。目前该公司已经完成了 E 轮数亿元人民币的融资，证明了其商业模式相比于该行业的其他公司更先进。

接着来看频率维度，很多餐厅也属于重资产，不但要租赁较大的场地，还要求这些场地必须位于人流量充足的地方，租金成本可想而知。但餐饮的特点是频率很高，每天至少可以在中午和晚上集中开市两次，其中一些品类甚至可以将营业时长扩充至 24 小时，在午夜甚至凌晨也有食客光顾。因此很多餐饮机构经营得都很成功，它们可以将连锁店开遍全国甚至上市，并且在资本市场上也有出色表现。例如，根据海底捞的财报所述，2020 年其在全球拥有 1 298 家门店，至本书写作时，该公司的市值达到了 1 700 多亿元人民币。

再看客单价维度。房地产开发公司是明显的重资产，常常需要先投入几个亿甚至更多的资金才能启动项目。而买房的频率却很低，大多数人一辈子可能只会买一次房。但是房地产的好处是客单价极高，特别是北京、上海、广州、深圳这样的一线城市，一套房动辄要几百万甚至几千万人民币才能买到。因此房地产开发的商业模式也是成立的。

然后是覆盖范围维度。很多电商卖家也需要承担较重的资产，如库存压力，同时类似于一些电子产品、服装等，客户购买的频次也并不高，客单价则可高可低。但是电商卖家的优势是可以完全突破地域限制。例如，天猫上的店铺不论其工厂或仓库设在哪个城市，均可为全国客户发货，因此商业模式依然成立。

最后是覆盖场景维度，我们来看便利店。便利店也不能算轻资产，它虽然不需要很大的店面，但是往往需要租在非常好的地段，租金并不低。它的客单价很低，一般一次购买少则几块钱，多则几十块钱。它的覆盖范围更加有限，甚至有效的覆盖范围可能只是一栋写字楼或者一个小区。但是它的服务相对高频，并且它可以覆盖诸多场景，如打完球回家路上买饮料、上班路上买面包、写字楼白领的快餐等。因此相当于它使用同样的业态和运营方式，可以满足非常多的需求和场景，这就意味着可以有更多的客户和订单，所以商业模式依然成立。

反观传统的健身房，不论是其服务能力、盈利能力，还是其他方面，都没有特别出彩的地方，在国内也没有优秀的上市公司存在，这些现象其实与其基础商业模式有关。所以从战略层面，要想突破现有的行业窘境，除了认真做好服务之外，要么是实施一种全新的业务模式，更好地解决客户的问题；要么是从底层至少优化掉一个对商业模式有重大影响的维度。

5.3.2　市场：创新者的模式和方案分析

在笔者开启创业项目之前，已经有一些前辈试图为健身行业带来一些改变，如超级猩猩、乐刻和keep，笔者将它们统称为"新式健身服务"。这三个公司各有优缺点，但是相比于传统的健身行业来说，它们更有优势，已经成为健身行业中最被资本看好的三个公司。但有趣的是，它们的创始人没有一人来自健身行业。

超级猩猩

超级猩猩的商业模式基于三个前提，分别是严控成本、标准化课程，以及零售模式。超级猩猩以团课为主，所以可以只租赁很小的场地，一般也不会配置淋浴等辅助设备，这使成本得以控制。超级猩猩与莱美体系[5]合作，确保健身课程的

---

⑤　莱美（LESMILLS）是标准化的健身管理体系，源自新西兰。它可以为健身机构提供标准化的课程、教练认证及器械等服务。

标准化，一旦做到了标准化，就可以批量培训、交付，快速复制业务模式。同时，超级猩猩打破了传统健身房的年卡模式，采用零售的方式，这极大地降低了客户开始健身的门槛。在这三个前提下，超级猩猩底层的商业逻辑恰恰是以用户（客户）为中心的思维方式，认真研发课程，认真培训教练，做好服务。其创始人的人力资源管理背景也为其教练培训、管理和运营提供了良好的底层专业及思维方式层面的支持。同时，超级猩猩还配备了一些数字化的手段，如网上约课的小程序及长期的社群运营，成功提升了用户黏性和用户体验，从而有效提升了课节数。

超级猩猩的商业模式也有相应的劣势。至少是在其起步阶段以及最初高速发展的几年内，由于它的主要课程是由莱美提供的，这意味着如果其他机构也跟莱美合作，理论上可以为客户提供同样品质的课程。因此，笔者认为超级猩猩的发展一定程度上也是依赖同行衬托——在国内的整个健身行业中，大多数从业者还在传统健身房的运营思路中无法跳出，能够看到这个机会并高效执行的人更是凤毛麟角。

另外，超级猩猩的典型客户其实与传统健身房的典型客户并不完全重合，因为超级猩猩一开始就没有打算做特别专业的健身服务。

乐刻运动

乐刻运动的创始人是一名阿里巴巴的前市场总监，这决定了这家公司从一开始就自带互联网思维。乐刻运动的核心商业模式与超级猩猩很像，同样是砍掉了传统的健身俱乐部里过于专业但利用率较低的设施，实现了小场地加严控成本的运营模式；同样是类似零售的模式，虽然也卖会员卡，但是可以按月购买。然而，乐刻运动的业务比超级猩猩更加丰富，它除了做团课业务外，同时也做场馆租赁和私教业务。乐刻运动的数字化也比超级猩猩做得更好，它的线下店拥有不少智能设备，而且还有自己的 App，除了可以利用 App 约课之外，其 App 内还有很多花哨的功能，如电商、社区和内容等。可以看出，乐刻运动的战略是倾向于打造一个相对庞大的平台，不论是线上还是线下。

但是由于乐刻运动业务品类较多，特别是保留了私教服务，这在一定程度上增加了其管理成本和运营成本，统一质量的服务交付也相对更加难以保障。因此从整体上看，乐刻运动是一个中规中矩的公司，它的线下服务可以看作一个平价健身房，而其线上服务则是一些中规中矩的功能，如工具、电商和社区，每项业务都可以正常运营，但是缺乏特别出彩、有特色的业务。

keep

keep 是一个互联网产品，虽然它也在不断地尝试各类新型业务，如线下的 keepland、各类智能硬件等，但整体上依然算是互联网产品。keep 应该是国内健身类 App 中最成功的一个，它实际在做的是内容分发。将优质的健身视频、课程、社区内容等分发给它的用户，构建相对庞大的流量池，然后进行流量变现或者增值服务变现。具体变现的方法可能是电商、付费内容或者会员——这是一个典型的互联网产品的商业模式。

keep 最大的优势就是轻量和随时随地，它的用户基数是超级猩猩和乐刻运动这样以线下服务为主的公司无法相比的。但 keep 作为互联网产品也有明显的劣势。首先，从业务层面看，内容分发的方式缺乏交互和监督。在线下，教练可以随时指导用户，得到了正确的指导，用户可以达到更好的锻炼效果，也更有利于用户坚持下去。而在 keep 上，用户只能跟随和模仿视频中教练的动作。这导致有的用户可能会跟不上、学不会，或者短期内看不到效果就放弃；另外，如果动作不够标准，也不利于锻炼的效果，甚至有可能让用户受伤。其次，从商业化层面看，流量加电商变现的方式可以算作是垂直领域互联网产品的一个标准的商业模式，但具体到健身这个细分领域中，能够转化的流量有限。这类模式最合适的流量出口是日常的消耗品，如卖给妈妈们奶粉、尿不湿和玩具等。但健身场景中，用户需要购买的商品并不多，频率也更低，并且除了一些饮料和代餐等产品之外，大多数是非消耗品，如运动手环，这使得流量的商业化更加受阻。

但是，无论是超级猩猩、乐刻运动还是 keep，它们的共同点是相比传统的健身房服务，它们都更加认真、细致地服务用户（客户），以此换取更大的商业价值。如果以数字化"Y 路径"演化模型来看，健身这个行业可能要被分成两个部分来分析，因为传统的健身房服务与上文列举的几个新式健身服务完全不同。

对于传统的健身房服务来说，笔者判断其位于阶段 3，即媒体渠道阶段；甚至一部分公司可能还位于阶段 2，即流程电子化阶段。纵观整个传统的健身行业我们会发现，其业务层面与数字化的结合非常有限，基本上是用户自行使用器械锻炼，或者私人教练教授的方式；而在公司运营层面，大多数是用一套管理软件来管理会员、财务和人力资源等信息。一些公司可能会将互联网作为一个营销渠道来使用，但也仅限于上美团和发朋友圈这个层面上。

而如果我们研究新式健身服务会发现，其与传统的健身房服务完全不同，笔者认为它们总体上已经处于阶段 4 即效率提升阶段，甚至有往阶段 5 发展的趋势。以乐刻运动为例，其线下场馆大多数都是基于完全数字化的"无人值守"模式，用户自行购买会员或者约课后，扫描二维码即可开门进入场馆；所有的跑步机都需要扫码启动，锻炼完成后相关的数据则会自动同步到用户的 App 上；约私教课、团课等流程也全部在 App 上完成。这些都是典型的效率提升阶段的特征。超级猩猩的整体情况与之类似，但是因为它的业务比较单一，所以特征并不明显，并且超级猩猩无论是服务的人群还是给用户建立的认知，都和传统的健身房不一样。一定程度上用户去超级猩猩上团课并不是单纯地是为了运动，而是带有浓重的娱乐和社交成分，所以我们也可以认为超级猩猩开创了一个新的品类。而具有互联网背景的 keep 则一直在探索各种各样的新玩法，如将健身与社区结合、引入 AI 能力等。

这个局面很有趣。

一方面，这个行业已经有为数不少的公司进入了效率提升阶段，这代表着先进的数字化能力和思维已经在行业内显现甚至有逐步铺开的趋势；另一方面，该行业内的大多数机构还停留在媒体渠道和流程电子化阶段。这意味着一方面我们可以从效率提升阶段的视角，探索新的业务模式甚至商业模式；另一方面我们的业务的起步城市是某东南省会城市，超级猩猩和乐刻运动当时都还没有进入这个城市，因此从这一点来看，我们的竞争对手是位于媒体渠道阶段和流程电子化阶段的传统健身房。

这样的现状奠定了我们创业的大方向，即以探索新模式为主，以与传统健身房竞争为辅，甚至在一些创新方向上可以相对激进一些。

最后，结合"价值－体验金字塔"模型来看，健身是一个早期市场还是一个成熟期市场呢？显然是成熟期市场。市面上的健身机构众多，服务严重同质化。根据模型，在这样的市场环境下，适合的策略是在确保将用户价值层面做到合理程度的前提下，重度投入用户体验。如果从公司运营的角度来看，其实需要管理层着眼于两个维度，其一是整体服务体验的提升，其二是寻找更优质的业务模式，因为基础服务已经高度同质化，所以构建一个新的金字塔，并让它自然地处于早期市场阶段，其实也是破局的方法之一。

5.3.3　方案：平台模式的再演化

从商业模式层面来说，笔者个人更看好超级猩猩这个公司。然而笔者并不是只打算做健身，我们最终的设想是开一个健康管理公司，面向的用户是当代城市中的广大上班族，他们或多或少都会有一些亚健康问题，如由于久坐而产生的肩颈不适、体态问题及肥胖等。我们的机构中有优秀的康复医学方向的医生和经验丰富的教练，我们设想的业务模式叫作"医健结合"。具体说就是，用户来到我们的线下店，首先会由医生从康复医学的专业角度对其身体状况进行细致的检查，这种检查跟一般健身房的"体测"完全不同，它的目的是定位用户身体有问题的地方。检查完成后，医生会出具一套详细的检查报告，指明用户身体存在的问题及其产生的机理，并制定宏观的解决方案。然后将用户交给健身教练，教练基于医生制定的方案来制作具体的训练计划并执行，最终能够精准地帮助用户解决亚健康问题，从而达到锻炼身体的目的。

最初，我们只是先以健身业务为主来切入这个市场。因为这样的业务方向决定了在服务层面往往更适合采用一对一的方式，所以需要保留私教业务。如果将前文所述的超级猩猩、乐刻运动和 keep 这三个公司作为标杆的话，那么我们的商业模式更接近于乐刻运动。我们最初的业态基本上是健身的全品类，如各类私教和团课等。同时，作为特色及模式探索，我们还有医健和普拉提等课程。我们没有场地租赁服务，也没有年卡服务，所有课程同样使用零售的方式售卖，用户可以买一节上一节；为了方便用户使用，也便于我们促销，虽然也会卖套课，但是套课购买后未用完的部分随时可退；同时我们拥有强大的数字化能力，如线下的智能硬件、线上的 App 及小程序约课等。

但是仅仅是上述方式还不够，依然会落入传统健身房的窘境中。所以在资产、频率、客单价、覆盖范围及覆盖场景这五个核心因素中，必须找到某个变量并对其进行优化，从而让基础的商业模式更优。我们一一分析：资产方面，由于做全品类服务，场地和器械的成本无法避免；频率层面，业务内容决定了其不太容易优化——虽然我们也有团课业务，而且频率肯定比私教要高得多，但所有业务平均下来依然是一套低频服务；客单价方面，由于我们的场馆装修比大多数健身房更好，设施也更完善，所以单次课程的售卖价格可以比行业平均价格稍高，但是没有高到可以影响到商业模式的程度。最后可以讨论的只剩下覆盖范围和覆盖场景这两个因素，最终公司使用了一种叫作 S2b2C 的模式，有效地提升了渗透率，从而优化了覆盖范围这个变量。

前文提到过 S2b2C 模式，与打车平台很像，除少数骨干外，我们不雇佣任何教练，而是以平台的方式为教练和康复医生赋能，连接他们与用户。如果与打车平台类比的话，我们的教练和康复医生相当于打车平台的司机，经过报名和线下的筛选考核，即可上线至平台供用户选择。而我们的顾客就相当于乘客，他们可能会由应用商店、社交网络、线下门店、各类广告等渠道获知我们的服务，然后来到我们的小程序或 App 上挑选合适的教练并开启健身之旅。而我们就相当于打车平台，制定规则、连接并服务这个双边市场，然后通过抽取佣金的方式盈利。作为平台，我们除了提供线下场馆、器械等硬件服务之外，也可以赋能给教练和医生各种能力，比如内容分发、线上约课、收款与结算、用户管理和数据管理等；当然，我们同时也为顾客提供各类服务，如场馆中提供的储物柜、轻食和淋浴等，以及线上的计划管理、个人训练数据查询和教学内容查询等。

那么，这个模式如何提升渗透率，从而优化覆盖范围这个变量呢？

一方面，我们有传统健身房无法比拟的线上流量优势，并且配合各类运营手段可以从线上获得一定的用户。

另一方面，在健身这个领域，在教练认真为用户服务的前提下，用户一般是跟随教练而不是跟随机构。也即，如果一个用户觉得某个教练不错，他会一直跟随这个教练训练，如果教练跳槽去了另外一家健身房，在其他方面能够接受的前提下，用户很可能也会过去。在传统的商业模式中，老板跟教练之间是雇佣关系，他们一般只会雇佣几个到十几个教练，并且教练还需要充当销售角色。而我们由于使用的是平台模式，与教练之间是合作关系而不是硬性的雇佣关系，所以可以在短期内获得大量的教练——数量可以达到传统健身房的 10 倍以上。这些教练基本上都有相对稳定的客户，而且这些客户可能还会介绍其他客户，同时，我们给教练更高的分成比例，因此我们的平台上的教练会主动帮助平台"拉新"。他们会向自己原有的客户介绍我们的服务，推荐他们到我们的场馆来上课。这样就可以搭建起一个良性循环：由于是平台模式，所以可以吸引更多的教练入驻；由于教练的分成比例更高，所以教练有动力为平台拉新；由于诸多教练一同为平台拉新，所以我们可以卖出更多的课程；由于可以卖出更多的课程，所以我们有能力维持对教练更高的分成比例。

利用上述模式，在第一家店开业一年之后，我们已经将单店业务的营收规模做到了行业平均水平的三倍[6]，虽然由于一些运营策略的影响尚未实现盈利，但是通过细致地计算，笔者认为，基于 S2b2C 的商业模式基本可以跑通。至此，我们相当于把对数字化思维属性层面的一些洞察运用在了健身业务上，包括以用户为中心去思考业务模式，借鉴互联网公司常用的平台模式等。而数字化应用属性和技术属性层面的应用，反倒没有那么重要——虽然我们的智能硬件、小程序和 App 也有不少的投入，同时我们拥有近 50 人的互联网团队。

---

[6] 基于《2018 中国健身行业数据报告》相关数据计算。

5.3.4　迭代：数字化思维的再延伸

基础的商业模式可以跑通，这只是第一步，并不值得高兴，它仅仅代表着这家公司有可能存活下来而已。对于我和公司的 COO 来说，更重要的工作是继续迭代公司的商业模式和业务，寻找更多的可能性。

在深入分析公司的财务报表及日常运营数据之后，我们有了一些想法，基本的思路依然是基于"优势－变量推演"框架。

首先是在业务方面，经过深入分析后笔者发现了两个问题。第一，私教这种服务是由人来交付，并且整个业界并没有一套服务标准，以至于服务的好坏、效果的优劣很大程度上是由教练本身决定的。这意味着这类业务没办法标准化，从而没办法快速复制。传统的健身行业之所以没有出现在商业上运作很成功的大公司，与业务本身有很大关系。第二，公司的业务不够聚焦，最初只单纯地追求健身全品类服务，但有一些服务的投入产出比是很低的。比如拳击类的私教课程历史订单量非常少，但是却需要一个专门的场地，从业务层面讲，这是巨大的浪费。而另一方面，不论是从整体的行业认知来看，还是从公司的历史订单数据来分析，都可以得到一个相同的结论：减脂和增肌类课程是订单量最多的两大类课程，加在一起有接近 80% 以上的订单量，其中又以减脂最受欢迎，占所有课程的一半以上[⑦]。而减脂训练所需要用到的场地面积一般仅占健身俱乐部整体面积的很小一部分，所需用到的器械也相对简单。

因此，课程的标准化及课程品类的聚焦可能是一个突破点，并且这不仅仅是针对业务的优化，还有可能反作用于整体的成本结构。如果课程足够标准，那么其对教练个人能力的要求就更低，有利于在节约人力成本的同时提升交付品质；而如果业务足够聚焦，则可以租赁更小的场地，最终优化资产这个之前束手无策的因素。

其次是数字化能力方面，减脂和增肌这两个目标并不是仅靠锻炼就可以实现

---

⑦　占比数据来自《2018 中国健身行业数据报告》，以及我的创业公司 2018 年全年的订单分析。

的，而是必须配合饮食管理，甚至业界存在着"七分吃、三分练"的说法。而传统的健身房无法提供有效的饮食管理服务，大多数情况下它只是作为一个私教课程的附属服务，由教练通过微信等方式对学员进行简单的饮食指导。饮食管理本质上门槛并不算高，但是要做好特别麻烦，需要长期的监督和陪伴。而数字化的方式更有可能提升饮食管理的效率，从而可以更好地服务减脂和增肌这两个核心目标。

至此，一个大体的优化方向已经在笔者的脑海中形成。第一，抓大放小，既然减脂和增肌是健身人群的最核心目标，那么我们完全可以深入地做这两个服务。第二，减脂服务相对来讲并不需要特别专业的教练，因为它的基本原理只是合理地配置热量缺口[8]而已，跟笔者之前做过的医疗、零售和各类互联网产品相比其专业要求并不高，这就为标准化的课程奠定了基础。增肌服务专业性更强一些，但是必要的时候只做减脂服务，放弃增肌及其他服务也不是不可以的。第三，配合有效的饮食管理服务，可以获得更好的效果，数字化的方式可以让营养师更容易地开展饮食管理服务，而放眼整个健身行业，我们在数字化这个领域内绝对是处于领先地位的。因此，公司业务层面的下一步大方向应该是深入研究以减脂为核心的服务方式，以构建一套标准化、可复制的服务体系为目标，从而优化基础的商业模式。

目标清晰，一切就变得清晰起来。由我和公司 COO 牵头，我们利用大约半年的时间在两个方向做了深入的研究，分别是标准化减脂课程模式和线上的饮食管理服务。

标准化减脂课程模式

基于上述方向，我们希望探索标准化减脂课程模式的可能性，甚至希望尝试全线上的服务方式，因此在业务层再拆分一次变量。对于减脂这个具体的目标来说，毫无疑问用户最关注的一定是效果，而效果的影响因素有很多，但逻辑上无疑分为两类，一类是训练及饮食管理的合理性，另一类是持续足够长的时间。将

---

⑧ 热量缺口：减脂的基本原理是让总体摄入的热量小于消耗的热量，这个差值称为热量缺口。

这两类因素再分别拆分，得出核心的影响维度，分别是方案的合理性、训练强度、可操作性、趣味性和陪伴。对这些维度进行——分析，看看哪些有可能成为变量。

首先是方案的合理性，它基本上是个常量，因为不同机构的服务之间所遵循的基本科学原理是完全一致的，同时减脂在技术层面并没有太高的门槛，几乎也就不存在某个机构拥有独特的方法之类的可能性，因此它们在方案合理性层面上都差不多。

其次是训练强度，理论上它是个变量，但是可以变化的范围不大，它更多的是受用户的意志力和其体力极限的影响。但这些都是个人行为，外界很难在短期内改变或优化，所以暂时当作常量来处理。

然后是可操作性，既然方案层面没有明显的差别，那么就应该在操作层面进行深入思考。如果操作层面足够高效、简单，那么一方面意味着运营这个服务的成本有可能大幅度降低；另一方面则有可能引导用户坚持更长的时间，以便于获得更好的效果。

接下来是趣味性，不论如何操作，减脂都是一个艰苦的过程。大多数需要减脂的人往往是不喜欢运动的，同时也可能没有形成健康的饮食习惯，所以减脂的过程实际上是用户对抗自身不良习惯的过程。如果这个过程具备一定的趣味性，则更有利于他们更加长久地坚持下去，从而获得更好的效果。最后的陪伴维度是同样的道理。

至此，我们通过分析得到了影响减脂效果的几个核心变量，分别是可操作性、趣味性和陪伴。我们通过大量的访谈和问卷来试图验证这几个变量，最终的结果是：用户最关注的是可操作性，陪伴次之，而趣味性则并没有很多人关注。这个结果可以有一些合理的解释，比如绝大多数用户对于减脂过程的艰苦是有认知的，既然他决定开始减脂，自然克服了心理障碍，所以是否有趣味性就没有那么重要了。这个结果帮我们更加精确地完成了变量的筛选，我们决定重点关注可操作性和陪伴这两个维度。

除此之外，我们做这个新业务的初衷也可以总结成两点，即希望实现标准化和低成本。所以，下面的业务设计将围绕着可操作性、陪伴、标准化和低成本来展开。这四个维度仅从字面上理解感觉有一定的重合度，但整体上并不影响我们下面的思考与讨论。

针对这四个维度再做一层拆解，可操作性意味着我们需要有一套合理的体系来适应不同用户的减脂需求。满足这个需求相对来说比较简单，我们挑选了几位专业的教练，花了一些时间做了一套标准化的教学大纲和动作库。我们特意去掉了一些相对高难度或者有受伤风险的动作，取而代之的是相对简单的适合大多数用户的动作，甚至还从中精选出了一部分在线上利用远程视频也可以顺利完成的动作。

陪伴意味着这个服务必须是可以交互的，不论是教练与学员之间的交互，还是学员与学员之间的交互。另外，为了达到真正陪伴的目的，如果是线上方式，教练最好是真人或者 AI 教练，而不是单纯的视频内容。

标准化这个维度也比较容易，它本质上就是基于一些基础数据，如性别、年龄、体重指数、身体活动水平（PAL）等，将用户聚类。不同类别的用户可参考实际情况，匹配合适的动作和强度。这一套逻辑在健身行业内部已经相对完善，并且在具体方案的执行过程中，我们还可以基于用户的反馈对方案进行升级或者降级，以便与用户的体力、目标和主观接受程度更契合。这里要特别说明的是，标准化的服务不可能完全适合每一个用户，但如果没有标准化，则模式就不可复制，也就无法做大。因此标准化的过程同时也是一个聚焦的过程，对于一些特殊的用户，正确的做法应该是识别并且放弃为其服务，而不要因为一些特殊情况影响了全局的标准化设定。最终我们需要确认的仅仅是标准化的服务是否可以满足大多数用户的需求。另外，除方案层面的标准化之外，由于服务依然是由人交付，所以对于教练的服务流程、行为管控等方面也需要有相应的方案来支撑，并且一定要配合奖惩制度。

最后是低成本，这个维度稍微复杂一些，但它是决定这个业务成败的关键。影响成本的关键维度又可以拆分为两大类，一个是房租之类的固定成本，另一个是与教练的分成比例。

如果只做减脂这个单一业务的话，一般并不需要很多重型的、专业的器械，并且场地也可以比健身俱乐部小很多。一般的健身俱乐部大概需要 $2000m^2$ 左右的场地，如果只做减脂则只需约 $300m^2$ 的场地即可，即使配备更加完善的辅助设施，如淋浴、轻食柜台，一般也不会超过 $500m^2$。也就是说，按照上文的数据，减脂的需求占整体需求的 50% 以上，但减脂服务需要的场地最多只占整体场地的 25%，因此在资产层面，只做减脂单一品类的投入产出比（ROI）更加理想，当时市场上出现的一些新型健身房的业务也证明了这一点。相当于通过优化业务，反向优化了资产。

一旦训练方案被标准化，则意味着其训练效果不再重度依赖教练个人的经验，从而就具备了批量复制的可能性。举例来说，我们完全可以去寻找体育相关专业的毕业生，一方面他们具备相对完善的专业知识和技能，另一方面他们的人力成本比较低，但是可塑性和配合度比在健身行业从业多年的教练更强。因此，只要标准化方案合理，可以解决用户的问题，再配合完善的培训、管控和考核机制，标准化健身服务的平均交付效果最终反而有可能高于传统私教服务。

线上的饮食管理服务

对于以减脂为目标的用户来说，饮食管理服务同样重要。与训练部分不太一样的是，营养师不可能在用户吃饭的时候突然出现在他身边，然后面对面为他服务。因此饮食管理服务非常适合数字化的方式，但正因为如此，在操作层面肯定会遇到更多不可控的问题。

例如，在常规的中餐体系中，仅通过照片等方式很难相对准确地估计热量，特别是难以估计一份餐食中添加剂所产生的热量。因此现行的大多数服务都会以严格管控的方式来解决问题，要么要求用户自行烹饪餐食，并且在烹饪过程中严控用料，以便于可以相对准确地计算热量；要么要求用户只能从极其有限的食物范围内选择餐食。前者意味着用户每天都需要自行烹饪三餐，对于城市中忙碌的上班族来说难度可想而知；而后者则意味着用户每天的食物比较单一，并且有时还不一定能够找到合适的食物。可以说这两种方式都是在挑战人性，因此很多用户最终都没有坚持下去。

我们对于饮食管理服务设计的出发点是优化可操作性，提升用户的体验。我们希望让用户觉得不那么辛苦，不那么麻烦，以使用户能够长时间地坚持下去，从而获得更好的效果。

因此我们最终采取了"弱管控，事后复盘"的方式来为用户服务。具体来说，我们使用了用户专属微信群的方式，即一个群里包括用户、教练、营养师和助理四人。服务开始时，只会给用户一些基本的饮食原则及一些不可触碰的食物的建议。例如，正餐应该摄入碳水、蛋白质和蔬菜的比例大约是多少，尽量不要吃带有未知成分汤汁的食物，不要喝含糖饮料等。这些基本原则只需要用很短的篇幅就可以传递给用户。然后让用户基于学到的原则，按照感觉去选择餐食，但是每一餐必须拍照并在群内打卡。营养师和助理会根据用户每一餐的照片提出额外的建议，比如这一餐哪些食物选择合理，需继续保持；哪些食物选择错误，错在哪里。通过这样的方式，慢慢地修正用户的饮食习惯，相当于跟随用户一起，在用户爱吃并容易获得的食物范围内，逐渐筛选出适合减脂的食物。这样做的好处是，一方面可操作性极强，用户不需要为了菜谱上的某个原材料去找遍整个超市；另一方面不用强迫用户吃他不喜欢的食物，提升了用户体验，从而促使用户可以更长时间地坚持下去，获得更好的效果。

事实证明，这套方案行之有效。在我们最初测试的大约 50 名用户中，大多数用户都坚持完成了第一个月的服务周期，并且在以减脂为目的的用户中，所有用户的体重和体脂均有不同程度的下降。

至此，我们已经找到了一个更好的商业模式，即构建标准化的课程体系，配合弱管控的饮食管理，只做最刚需的减脂服务。由于标准化，所以教练的人力资源成本更低，同时由于只做单一业务，所以资产得以减轻，最终明显优化了业务的投入产出比。

这个商业模式表面上看跟数字化没有必然联系，实际上它是数字化思维层面的典型应用。在推动这个模式的过程中，我们一直都以用户为中心去思考问题，一直在关注用户的长期价值，而这正是场景思维和运营思维的体现。